KB031215

싱크로니시티
Synchronicity

이 책은 2010년에 발행된 〈리더란 무엇인가〉를 본문 내용을 다듬고 제목을 달리하여 재출간한 것입니다. 전작에서는 이 책의 원제이기도 한 'SYNCHRONICITY'가 '동시성'으로 번역되었는데 이 책에서는 '공시성(共時性)'으로 표현했습니다.

SYNCHRONICITY
Copyright © 2011 by Joseph Jaworski
All rights reserved

Korean translation copyright © 2021 by Eiji21
Korean translation rights arranged with Berrett-Koehler Publishers
through EYA (Eric Yang Agency)

이 책의 한국어판 저작권은 EYA (Eric Yang Agency)를 통해 Berrett-Koehler Publishers와 독점 계약한 ㈜에이지이십일이 소유합니다. 저작권법에 의하여 한국 내에서 보호를 받는 저작물이므로 무단 전재 및 복제를 금합니다.

싱크로니시티

• 내 삶을 바꾸는 힘 •

Synchronicity

조셉 자보르스키 지음
강혜정 옮김

에이지21

Contents

Part 3.

영웅의 여정

Part 4.

선물

이 책은 20년에 걸친 개인적인 삶의 여정을 따라가며 기술하는 형식이다. 도중에 나의 인식과 삶에 새롭고도 중요한 관점을 보태준 훌륭한 사람을 많이 만났다. 많은 이들이 본문에서 언급되지만 그렇지 않은 사람도 있다. 그들 모두에게 진심 어린 감사를 표한다. 직접 본을 보임으로써 나를 이끌어주신 아버지께 이 책을 바칩니다.

서문

오랫동안 나는 사람들에게 리더십 책은 많지만 진지한 관심을 가진 학생들이 읽을 필독서는 로버트 그린리프의 〈서번트 리더십Servant Leadership〉 한 권뿐이라고 말해왔다. 최근에 나온 리더십 책 대부분이 리더는 무엇을 해야 하며 어떻게 움직여야 하는가, 리더 노릇 하기가 점점 힘들어지고 있는데 이유가 무엇인가, 더욱 훌륭한 리더를 육성하기 위해 조직이 무엇을 해야 하는가 등을 다루고 있다. 이들 책은 개인과 조직이 무엇을 해야 하는지 실용적인 충고로 가득 차 있다. 하지만 진정한 리더십의 본질을 꿰뚫는 통찰력을 가진 책은 드물다. 이에 반해 그린리프는 무엇을 하느냐가 아니라 어떠한 상태여야 하는가를 중심으로 리더십 분야의 고민으로 우리를 이끈다. 그는 리더가 하는 최초이자 가장 중요한 선택은 바로 사람을 '섬긴다'는 것이며, 그런 선택이 없다면 사람을 이끄는 리더의 능력이 심각하게 제한될 수밖에 없다고 주장한다. 섬긴다는 선택은 통상적인 의미에서의 '행동'이 아니다. 다시 말하자면 이는 뭔가를 행하는 것이 아니라 존재 방식을 표현하는 것이다.

이 책 역시 리더십을 진지하게 고민하는 사람이라면 반드시 읽어야 한다. 이 책은 그린리프의 사고를 기반으로 하고 있으며 이를 더욱 심화시킨다. 특히 사람을 이끄는 리더가 된다는 선택의 본질과 그런 선택을 하게 되는 내면의 사고방식과 세계관을 조명한다는 점에서는 더욱 그렇다.

그린리프에게 리더가 된다는 것은 필연적으로 리더와 리더의 지도를 받는 아랫사람 사이의 관계와 직결된다. 오직 섬긴다는 선택이 리더의 도덕성을 단단히 뒷받침할 때만 리더와 리더의 지도를 받는 아랫사람을 갈라놓는 위계질서에 따른 권력이 부패하지 않는다. 오늘날 엄청난 비난을 받고 있긴 하지만 계급 제도 자체는 본질적으로 나쁘지 않다. 그린리프에 따르면 리더가 자신이 이끄는 사람들을 섬기기로 마음먹는다면, 자신의 임무와 근본적인 존재 이유를 진정한 섬김으로 생각한다면 계급 제도가 부패할 가능성은 사라진다. 리더십의 부패 가능성과 방지 방안은 그린리프의 중요한 업적이며 우리 모두 감사해야 할 부분이다. 그린리프의 견해는 또한 대부분의 현대 조직이 직면한 '리더 부재' 현상을 설명하는 데도 크게 도움이 된다. 섬김이 아니라 전문성이나 의사 결정 능력, 정치 수완, 부와 권력의 욕망 때문에 권좌에 오른 사람이 이끄는 조직에서 진정한 리더를 찾기가 어려운 것은 어쩌면 당연한 일이다.

조셉 자보르스키는 이런 그린리프의 견해를 한층 발전시킨다. 그는 계급 구조에 바탕을 둔 리더십을 포함하되 여기에 국한하지 않는 모든 상황에서 진정한 리더십을 구현 가능하게 하는 근본적인 선택은 섬기는 삶의 선택이라고 주장한다. 그는 심층적인 의미에서 리더로서 개인의 역량은 자신을 매개로 하여 세상에 펼쳐지도록 하는 선택에서 나온다고 말한다. 이런 선택은 결과적으로 우리에게 매우 낯선, 우리가 간디나 마틴 루터 킹 같은 그야말로 비범한 인물하고만 연관 짓는 그런 형태의 리더십을 낳는다. 사실 이런 리더십 발휘는 누구에게나 가능하며 우리의 미래에 반드시 필요한 것이기도 하다.

나는 그린리프의 원래 견해를 이렇게 확장하는 작업이 오늘날 두 가지 이유에서 의미가 크다고 생각한다. 첫째, 조셉의 책은 '리더'와 '지도를 받은 아랫사람'이라는 예전의 위계질서에 따른 권력 구조를 넘어서는 수준으로 논의를 진전시킨다. 사회 전체적으로 계급 구조가 점점 약화하고 있다. 다국적기업부터 학교까지 온갖 종류의 조직이 필요에 따라 만들어지고 운영되고 사라지고 다시 만들어지는 비공식 네트워크와 자율 경영팀을 중심으로 움직인다. 그러므로 예전처럼 자신이 이끄는 사람들을 섬긴다는 선택만으로는 부족하다. 새로운 조직 구조에서는 예전 개념의 '아랫사람'이 아예 없을 수도 있기 때문이다. 둘째, 조셉의 책은 관심 방향을 개인 차원에서 집단 차원으로, 말하자면 우리가 어떻게 공동으로 스스로의 미래를 창조할 것인가로 바꾸고 있다.

서구에서는 리더십을 특정 인물에게 존재하는 특수한 자질로 보는 경향이 있다. 널리 퍼진 이런 사고는 많은 함정을 갖고 있다. 이런 사고는 누구에게나 있는 잠재적 리더십을 개발하기보다 리더십 자질을 가진 특별한 사람을 찾는 데 몰두하게 만든다. 그리고 이런저런 리더들이 하는 행동에 쉽게 현혹되게 만든다. 자신의 권력을 유지하려 안간힘을 쓰는 권력자와 그들로부터 권력을 강탈하려고 안달하는 반대파의 통속적인 연극에 정신이 팔리기 십상이다. 상황이 잘못되면 사람들은 무능력한 리더라는 상황을 탓하고 그렇게 함으로써 개인의 책임을 회피한다. 상황이 절망적이 되면 사람들은 흔히 자신을 구원해줄 위대한 리더를 기다린다. 이런 행동에 매몰되어 우리는 정작 중요한 질문을 완전히 망각한다. "우리가 공동으로 무엇을 창조할 수 있는가?"

리더의 행동양식과 리더와 추종자 사이의 상호 작용에만 집착한 나머지 우리는 본질적으로 리더십이란 미래를 만들 방법을 배우는 것임을 망각한다. 사람들이 환경의 희생자가 되지 않고 새로운 환경 창조에 참여할 때 리더십이 진정 존재한다고 할 수 있다. 사람들이 이처럼 생성적인 리더십generative leadership 속에서 생활하면 그들은 매일매일 조셉의 표현을 빌자면 '우주가 돌아가는 실제 원리'를 더욱 깊이 이해하게 된다. 그것이야말로 리더십이 주는 진정한 선물이다. 리더십은 지위에서 나오는 권력도, 업적이나 성과와 관련된 것도 아니다. 리더십은 본질적으로 우리가 하는 행동과 관련된 것도 아니다. 리더십이란 사람들이 지속적으로 현실에 대한 이해를 심화시키고, 세상의 펼쳐짐에 더 많이 참여할 수 있는 영역을 만들어내는 일이다. 궁극적으로 리더십이란 새로운 현실을 창조하는 일이다.

한 권의 책을 통해 그런 리더십관을 탐구하는 것은 자체가 모순일 수 있다. 리더십에서도 이런 영역은 개념적으로 완벽하게 이해할 수 없기 때문에 이를 지적으로 완벽하게 이해하고 설명하려는 어떤 시도도

100퍼센트 성공하기 어렵다. 기껏해야 거기로 가는 좋은 지도를 제공할 수 있을 뿐이다. 지도는 어디까지나 지도일 뿐 결코 실제 영토는 아니다. 실제 영토를 이해하려면 노력을 통해서 얻어내야 하는데 그것이 쉽지가 않다. 결국 우리는 실제 삶에서 힘든 경험을 통해서 그런 이해에 도달한다. 불교에서 '삶을 고해(苦海)'라고 하는 데는 이런 이유도 있을 것이다.

이처럼 포착하기 힘든 리더십의 영역으로 '들어가서 살아보는' 한 가지 방법은 이야기를 통해서다. 그린리프가 〈서번트 리더십Servant Leadership〉을 집필할 무렵 그는 깨달음을 구하는 한 남자의 여정을 담은 자전적 이야기인 헤르만 헤세의 〈동방순례Journey to the East〉 '안으로 들어갔다'. 여행에서 화자(話者)의 충직한 하인servant 레오는 많은 시련을 이겨내도록 도와주고 여행을 계속하도록 북돋워준다. 몇 년 뒤에 자신이 찾던 선택된 소수를 위한 결맹(結盟)을 찾은 주인공은 레오가 이곳의 리더임을 알게 된다. 말하자면 하인이 곧 리더이며 리더십은 섬김을 통해서 구현된다.

이 책에서 조셉도 이야기 속으로 들어간다. 바로 자신의 이야기 속으로 말이다. 결과는 한 사람의 여정을 지극히 개인적이면서 사색적인 분위기로 이야기하는 보기 드문 역작이 나왔다는 점이다. 리더십 저서 중에도, 경제경영 관련 저서로도 보기 드문 형식이다. 그래서 온갖 훈계와 심오한 이론을 늘어놓는 소위 전문가의 리더십 이야기에 익숙한 독자에게는 오히려 어렵게 느껴질 수도 있다. 조셉의 리더십 이해와 그런 이해에 이르는 과정은 불가분의 관계에 있다. 조셉의 삶 자체가 배움을 위한 수단이었다.

더구나 책에서 다루는 내용은 단지 조셉의 이야기에 그치지 않는다. 조셉의 개인적인 이야기가 사실은 우리 모두가 참여한 역사적인 사건과 연결되어 있기 때문이다. 단적인 예로 조셉의 이야기는 그의 아버지 레온 자보르스키가 워터게이트 사건 특별검사가 되는 순간부터 시작한다. 수사를 진행하는 동안 닉슨 대통령과 측근이 워터게이터 사건에 연루되었음을 알려주는 증거가 늘어갔다. 자보르스키 대령(평생 변호사로 일했지만 제2차 세계대전 참전 뒤에 사람들은 애칭 삼아 그를 대령이라고 불렀다)으로서는 당연히 고민스럽고 우려도 되는 상황이었다. 대령이 생각하기에 수사에 지장을 주지 않고 이런 사실을 털어놓을 수 있는 유일한 사람이 바로 자식이자 같은 변호사였던 조셉이었다. 아버지와 아들은 마주앉아 머지않아 나라 전체가 던지게 될 질문을 주고받았다. 어떻게 이런 일이 일어났나? 어쩌다 우리가 여기까지 오게 되었나? 나라의 최고위층에 있는 누구보다 믿음직해야 할 공무원이 여느 죄수와 다름없이 행동하는 그런 지경에 이르렀나?

이후로 조셉은 항상 이런 질문을 안고 살았다. 결국 그것이 그를 생각지 못한 미래로 이끌었고, 조셉이 몇몇 분야에서 뛰어난 업적을 남기는 결과로 이어졌다. 처음 몇 년 동안 조셉은 다른 길을 가고 싶은 갈등 속에서도 원래 하던 변호사 일을 계속했지만 결국에는 창립 단계부터 참여해 애착이 컸던 법률회사를 떠나기로 결심했다. 이어서 그는 공공리더십public leadership이라는 전혀 다른 분야로 가서 아메리칸 리더십 포럼American Leadership Forum, ALF을 창설했다. ALF의 비전은 새로운 시대에 어울리는 공공리더십 창출에 뜻을 같이하는 전문가들의 전국 네트워크를 구축하는 것이었다. 조셉의 예상대로 현장에서 활동하는 다양한 분야 전문가가 ALF에 참여했고, 현재 ALF 프로그램은 미국의 여러 지역과 공동체에서 성공적으로 운영되고 있다. 대략 10년의 세월이 흐른 뒤에 조셉은 다국적기업 로열 더치 셸의 시나리오 기획부 부서장직을 수락하면서 ALF 의장직에서 물러났다. 조셉이 참여한 로열 더치 셸의 시나리오 기획 공정은 누구나 인정하는 최고 수준을 자랑한다.

이처럼 공공 영역과 기업 영역을 모두 아우르는 조셉의 개인사는 21세기를 준비하는 우리 모두를 대표하는 개인의 여정이라는 생각이 든다. 새로운 세기는 공공 영역과 기업 영역 모두에서 확실한 변화를 요구하고 있고 우리 모두는 이를 위해 분투하는 중이기 때문이다. 사실 계급에 따라 서열을 가르는 사고방식이 평생 우리를 따라다녔고, 위계질서에 기초한 리더십이라는 틀을 벗어나 사고하는 것 자체가 쉽지 않다. 그렇기 때문에 안타까운 일이지만 워터게이트 사건처럼 위계질서를 이용한 권력 남용이 지금도 계속되고 있다. 이런 이면에는 우리가 스스로를 이끌 수 있다는 집단적인 역량에 심각한 불신과 우려가 깔려 있다. 하지만 ALF의 무용담은 헌신적인 소수로 구성된 집단이 공공리더십에 상당한 영향을 미칠 수 있음을 입증했다.

특히 나에게 흥미로웠던 것은 조셉이 ALF와 셸이라는 성격이 다른 조직을 연이어 경험했다는 사실이다. 몇 년 동안의 셸 근무는 셸의 시나리오 기획 공정이 어떻게 돌아가는지를 내부에서 보는 흔치 않은 경험을 제공했다. 그동안 조셉은 장기적인 글로벌 시나리오 두 편을 내놓았고, 현재 이 시나리오는 세계 각지에 있는 셸 경영진이 미래 전략을 수립하는 과정에서 중요한 길잡이 역할을 하고 있다. 셸처럼 거대한 다국적기업은 엄청난 힘을 가지고 좋든 나쁘든 미래에 영향을 미치는 새로운 형태의 사회 조직을 상징한다. 현재 다국적기업 셸은 국가라는 경계를 초월하여 전 세계에 막강한 영향력을 행사하고 있다. 셸의 영향력은 개별 정부의 힘을 넘어선다. 이 책을 통해서 우리는 이런 막강한 힘이 미래에 긍정적으로 작용하게끔 하는 방식을 일별하게 된다. 특히 이런 시나리오 공정을 통해서 어떻게 미래를 생각하고 미래에 영향을 미치는 '새롭고 창조적인 사고방식'을 촉진시키는지도 보게 된다. 비록 기업에서 진행하는 시나리오 공정이지만 기업 내부뿐 아니라 기업을 넘어선 외부까지 영향을 미칠 수 있다는 사실도 보게 된다.

비범한 인물과의 만남

이 책과 나의 인연도 역시 하나의 이야기에서 시작된다. 1992년 가을이었다. 나는 당시 런던에 있었고 유럽 여행을 마치고 집으로 돌아가려던 참이었다. 그날 나는 조셉과 아침을 먹었다. 약 5년 만에 처음 보는 것이었다. ALF 초창기인 1980년부터 1983년 사이에 나는 ALF 사업을 도와준 적이 있었고 우리는 자주 만났었다. 하지만 1992년 당시 조셉은 ALF를 떠나 이미 2년째 셸에서 일하고 있었다. 공교롭게도 나는 조셉의 진임자로 시나리오 기획팀을 이끌었던 피에르 왝과 피터 슈워츠, 셸의 총괄기획팀의 전직 팀장이었던 아리 드 호이스와 아는 사이였다. 따라서 조셉이 현재 하는 독특한 업무를 잘 알고 있었고 옛 친구를 만나 근황을 듣고 싶던 차였다.

셸에서 새로운 글로벌 시나리오를 구상하는 흥미로운 이야기에 나는 점점 빠져들었다. 이어서 조셉은 자기가 쓰고 있는 책에 대해서 이야기했다. 여러 면에서 조셉은 수줍음이 많았는데 그런 사람이 자기의 삶을 이야기하는 책을 집필하기란 결코 쉬운 일이 아니다. 하지만 조셉은 자신의 이야기가 오로지 책을 통해서만 공유될 수 있는 중요한 교훈을 담고 있다고 믿었다. 조셉의 이야기에는 당연히 ALF나 셸에서의 활동과 관련된 성공적이고 매혹적인 내용이 포함되었다. 하지만 이런 굵직한 활동이 아닌 세세한 내면을 보니 상당히 다른 이야기가 등장했다. 거기에는 조셉이 그동안 경험한 심오한 개인적인 변화 과정이 있었다. 도중에 그를 이끌어준 존 가드너, 할런 클리블랜드 같은 우리 시대를 대표하는 몇몇 학자를 포함한 뛰어난 인물과의 만남. 나는 특히 1980년에 물리학자 데이비드 봄과 만난 이야기를 듣고 적잖이 놀랐다. 그동안 조셉을 알고 지냈지만 처음 듣는 이야기였다. 처음에는 조셉 자신도 몰랐지만 시간이 흐르면서 봄과의 만남이 자신의 변화에 무엇보다 중요한 역할을 했다는 사실을 깨달았다고 한다. 그날 봄과 나눈 대화가 그의 내면에 씨앗을 뿌리고, 세월이 흐른 뒤에 씨앗이 발아하여 오늘날 인간이 어떻게 스스로의 운명을 설계할 것인가에 대한 근본적인 새로운 견해로 그를 이끌었음을 말이다. 아침 식사가 끝날 무렵 나는 조셉에게 책을 마무리하는 데 필요한 일이라면 무엇이든 최선을 다해 돕겠노라고 말했다.

나도 역시 데이비드 봄과 그런 중대한 만남을 가졌었다. 1989년으로 〈학습하는 조직The Fifth Discipline〉의 막바지 작업을 하고 있던 시기였다. 봄은 당시 그가 진행하던 대화dialogue에 관심을 가진 사람을 위해서 MIT에서 소규모 세미나를 열었다. 당시 나는 집단 안에서 목격한 특정 현상을 논리적으로 설명해줄 심층 이론을 간절히 찾아 헤매고 있었다. 내가 보기에 학습 조직의 규칙을 이해할 핵심이라고 생각되는 현상이었다. 오랫동안 나와 동료는 특정 집단에서 구성원이 실질적으로 '전체로서' 움직이기 시작하는 순간에 일어나는 현상을 설명하기 위해 '합일alignment'이라는 단어를 사용해왔다. 우리는 합일이 도대체 무엇인가를 설명하기 위해서 보기 드물게 훌륭한 연주 실력을 보여주는 재즈 합주단, 우승한 야구팀을 예로 들곤 했다. 하지만 마음 깊은 곳에서는 내가 이런 신비로운 움직임이 전체적으로 어떻게 일어나는지를 제대로 설명하지 못한다는 사실을 알고 있었다.

동시에 나는 내가 찾는 것이 팀이나 집단을 다룬 현대의 주류 경영 이론에서는 얻을 수 없다는 사실도 주지하고 있었다. 현대 경영 이론의 다수가 본질상 기본적으로 개인주의적이고 개인심리학 혹은 집단심리학에 토대를 두고 있었다. 하지만 나는 이런 합일 현상은 개인적인 현상과는 거리가 멀고 근본적으로 집단적이라고 깊이 확신하고 있었다. 나는 어떤 식으로든 겉보기에 신비로워 보이는 '신들린 상태'(재즈 음악가는 이렇게 부른다) 혹은 '무아지경'의 상태가 실제로 어떻게 일어나는가를 설명하려는 이론은 접해본 적이 없었다. 개인적인 추론, 대인 관계에서의 상호 작용, 집단 안에서의 행동 유형 등에 관한 이론은 근본적으로 맞지 않았다.

해당 세미나에서 봄이 대화에 관한 자신의 작업을 이야기하자 나는 속으로 '적어도 내가 미친 것은 아니구나' 하는 생각을 했다. 봄은 사고라는 현상을 설명하고 우리의 사고방식이 어떻게 우리를 자신의 포로로 만드는지 이야기했다. "사고는 세계를 창조한 다음 '내가 그런 게 아니야.'라고 말합니다." 이어서 그는 '생성적 질서generative order'를 설명했다. 생성적 질서 안에서 우리는 깨어 있는 상태에서 '실재가 펼쳐지는 방식에 참여한다.'고 이야기했다. 봄의 이론은 상호 의존성을 넘어 전체성으로 향했다. 상호 의존성은 실제 볼 수 있는 어떤 것이다. 예를 들면 어머니와 아이는 눈에 보이는 무수히 많은 방식으로 서로를 의존한다. 이런 상호 의존은 전체성이라는 심층 영역으로 들어가는 일종의 창이다. 상호 의존은 봄의 표현을 빌면 '드러난explicate' 차원에 존재한다. 반면에 전체성은 '감춰진implicate' 차원에 존재한다. 이는 분명하게 드러나지 않거나 드러나기 이전의 차원이다. 우리가 매우 의미 있는 어떤 일에 참여하면서 서로 동조하여 한마음으로 움직이면 인간은 감춰진 전체성이 명백한 질서, 즉 드러난 질서로 '펼쳐지는unfolding' 과정에 직접 참여할 수가 있다.

이제 보니 1989년 봄과의 대화는 나에게도 일종의 씨앗이었다. 물론 내가 봄이 말한 내용을 미약하게만 이해했다는 것은 잘 안다. 나에게 깊은 반향을 불러일으킨 부분을 중심으로 이해했고, 어떤 부분은 내 사고방식에서는 아무래도 생경하게 느껴진 것도 사실이었다. 그래도 오랫동안 봄이 자신의 기본 이론을 소개한 〈전체와 접힌 질서Wholeness and the Implicate Order〉를 반복해서 읽은 것이 많은 도움이 되었다. 그날 아침 조셉이 봄과의 만남 이야기를 꺼냈을 때 나는 우리의 대화 자체가 아주 특별한 선물이라는 것을 깨달았다. 나중에 조셉의 녹취록을 보고 (조셉은 만남에서 오간 대화를 녹음할 만큼 준비성이 철저하고 침착한 사람이었다) 나는 봄이 조셉에게 자기 생각을 너무나 단순 명료하게 설명하는 것에서 깊은 감명을 받았다. 여러모로 조셉의 질문이 개인적이고 직접적이다 보니 봄도 그런 특성을 고려하여 대답하는 것 같았다. 말하자면 조셉의 질문 방식이 봄의 단순 명쾌한 대답을 끌어내고 있었다. 봄의 책을 보고도 명확하게 알 수 없었는데 대화 녹취록을 통해 비로소 이해한 미묘한 부분도 있었다. 그런 의미에서 보면 조셉의 과거와 현재의 이야기는 데이비드 봄의 사상을 더욱 널리 전파하는 데도 일조하는 것이었다. 자신의 책을 통해서는 결코 만나지 못했을 봄의 통찰을 훨씬 많은 대중에게 알릴 좋은 기회가 아닐 수 없다.

어쩌면 데이비드 봄을 비롯하여 조셉이 만난 저명한 사상가들은 그와의 만남이 또 다른 기회가 될 수 있다는 사실을 이미 감지했는지도 모른다. 그렇지 않고서는 그런 만남이 어떻게 가능했는지 이해하기가 쉽지 않다. 1980년 조셉이 봄을 만났을 무렵 봄은 이미 세계적인 명성을 얻은 물리학자였다. 봄을 통해서 양자론을 이해했다며 아인슈타인이 생전에 인정한 동료이자 제자이기도 했다. 봄은 이미 1950년대 초반 양자론에 관한 중요한 저작을 발표했다. 이런 대단한 인물이, 더구나 상당히 내성적이고 개인 생활을 중요하게 생각하는 그런 사람이 불과 하루 전에 전화 연락을 받고 낯선 미국인 변호사에게 한나절을 할애한 이유가 뭘까?

부분적인 이유는 조셉의 자질에 있다. 그에게는 타인의 마음을 열게 만드는 묘한 능력이 있다. 조셉은 누구보다 겸손하고 웬만해서는 아는 체를 하지 않는 그런 사람이다. "저어, 제가 제대로 이해한 것 같지가 않습니다." "제대로 했는지 모르겠네요." 조셉은 이런 말을 종종 한다. 그가 지금까지 이룩한 업적과 아버지에게서 물려받은 명성을 지켜내는 강단을 보면 호기심도 많고 놀라기도 잘하는 아이 같은 모습을 아직까지 잃지 않은 것이 신기하다. 나는 조셉처럼 궁금한 것이 많은 사람을 아직까지 보지 못했다. 어쩌면 이런 아이 같은 모습이 사람들이 그에게 쉽게 마음을 여는 이유이리라.

명시적으로 드러나지는 않지만 내가 생각하는 또 다른 이유가 있다. 봄 같은 사람한테는 아마도 조셉과 이야기를 나누는 것이 중요하다는 사실을 감지하는 능력이 있으리라는 것이다. 말하자면 조셉과 시간을 보내야 한다고 느꼈을 것이다. 조셉과 함께하는 것이 운명이라는 느낌. 이는 설명하기 쉽지 않은 매우 미묘한 현상이다. 더구나 많은 사람이 나름의 원대한 목표가 있고 스스로가 중요하다는 의식을 갖고 있기 때문에 이런 느낌을 인정하기가 쉽지 않다. 하지만 조셉은 절대 그런 부류의 사람이 아니다. 나는 실제로 조셉에게서 운명이라는 느낌을 받았다. 운명이라는 느낌은 조셉의 안이 아니라 주위에 있었다. 그것은 그의 성격 안에 있는 것이 아니었다. 만약 조셉이 뭔가가 정말 중요하다고 말한다면 이는 의견의 표출이 아니라 그가 보고 있는 현실이기 때문이다. 흔히 사람들은 고정 관념을 비롯한 여러 가지 장애물 때문에 현실을 있는 그대로 보지 못한다. 하지만 조셉에게는 이런 장애물이 거의 없다.

나는 예술가의 특별한 자질 중에 하나가 세상을 있는 그대로 보는 능력이라고 생각한다. 화가나 조각가가 창조하고자 하는 비전은 무척 중요하다. 하지만 그들이 창작품의 현재 상태를 정확하게 보지 못한다면 쓸모가 없다. 안타깝게도 대다수 사람은 현실을 있는 그대로 지각하는 데에 그리 능숙하지 않다. 우리가 '보는' 것의 대부분은 우리의 인상, 과거, 부담, 편견 등에 의해 형성된다. 타인을 볼 때도 마찬가지다. 우리는 타인을 있는 그대로 보지 못한다. 그들이 불러일으키는 우리 내부의 감각과 경험에 반응하느라 정신이 없기 때문이다. 그렇기 때문에 우리는 있는 그대로의 실체와 관계하는 경우가 거의 없다. 우리는 주로 자신의 과거 속에 있는 내면의 기억과 관계한다. 외부에서 무엇이 우리를 자극하고 기억을 환기시키든 상관없이 말이다.

아무튼 조셉은 대다수 사람에 비해 외부의 사물과 더욱 직접적으로 관계를 맺는 편이고 예민한 촉수를 가진 이들이 조셉의 이런 점을 간파하고 가치를 인정한다는 것이 나의 생각이다. 이는 단지 조셉이 훌륭한 청자(聽者)이자 질문자라거나 아이 같은 순수함을 가진 학습자이기 때문만은 아니다. 내가 보기에 데이비드 봄 같은 사람한테는 조셉에게 자기 이야기를 들려줌으로써 이를 더욱 널리 전파할 수 있으리라는 느낌이나 선견지명이 있는 것 같다. 바로 이런 느낌에서 신뢰가 생성된다. 조셉은 자기 이야기를 한다. 하지만 우리가 느끼는 것은 영화를 본다는 느낌보다 창을 통해 들여다본다는 느낌에 훨씬 가깝다. 그의 기억을 들을 뿐만 아니라 그의 경험을 통해 실제로 거기 있었던 뭔가를 '본다'. 그리고 우리가 진실을 볼 수 있을 때 새로운 뭔가가 나타난다. 나는 이것이 바로 데이비드 봄과 생물학자 프란시스코 바렐라 같은 '주어진 순간을 충실히 산다'는 것이 어떤 의미인지를 아는 이들이 조셉과 시간을 보내야 한다고 생각한 이유라고 본다.

내가 굳이 이런 생각을 이야기하는 것은 조셉을 치켜세우기 위해서가 아니다. 그저 여러분이 그가 들려주는 이야기의 의미를 개인적인 차원에서 더욱 깊이 이해하도록 돕고 싶은 마음에서다. 우리가 있는 그대로의 현실을 지금보다 명확하게 보기만 해도 무엇을 해야 할지가 훨씬 분명해진다. 그러면 자신의 과거, 욕구, 혹은 순전히 방어적인 대응 차원에서 행동하는 일은 없을 것이다. 해당 순간에 필요한 행동이 무엇인가를 알 수 있을 테니까. 그러므로 우리는 지금 여기서 우리에게 요구되는 바로 그것을 정확하게 하게 될 것이다. 이것이 바로 데이비드 봄이 삶이란 '펼쳐짐에 참여하는 것'이라고 표현했을 때 그가 말한 내용이다. 우리 바로 앞에 무엇이 있는가를 제대로 보지 못하면 불가능한 일이다. 이렇게 보면 조셉의 이야기는 학습 조직이 효율적으로 기능하려면 개인에게 어떤 태도가 필요한가를 실증적으로 보여주는 훌륭한 예이기도 하다.

중요한 역사적 사건과 인류 지식의 핵심적인 발전 사이를 오가며 펼쳐지는 조셉의 이야기는 자연스럽게 우리를 빠져들게 한다. 현대는 절망할 이유도, 희망을 품을 이유도 참으로 많은 놀라운 시대다. 당연히 현대를 살아가는 사람이라면 누구나 시대를 더욱 깊이 이해하고자 한다. 정치적, 제도적 리더십이 존경과 신뢰를 잃고 중요한 사회 문제는 악화되어 곪아터지기 직전이다. 하지만 우주의 원리에 대한 이해는 한층 깊어지고 있다. 동시에 서구 세계의 과학과 물질만능주의 세계관에 중대한 변화가 일어나고 있다. 이런 두 가지 흐름은 어쩌면 서로 연관되어 있다는 생각이 든다. 현재의 제도와 리더십은 주로 이제는 쓸모없는 퇴물로 변해 역효과를 내는 과거 세계관에 토대를 두고 있다고 봐야 한다. 아마도 그렇기 때문에 우리의 신뢰를 잃고 붕괴되어 가는 것일 것이다.

새로운 리더십은 근본적으로 새로운 세계관에 바탕을 두어야 한다. 16세기 뉴턴식의 기계적 우주관이 아직도 우리의 사고를 지배하고 있다. 하지만 상호 의존과 변화가 중시되는 현대에는 점점 기능을 상실하고 있다. 우리 아이들과 아이들의 아이들에게 건강한 세상을 약속하기 위해서는 반드시 필요한 변화가 있다. 하지만 이런 변화는 질적인 변화 없이 양만 늘려서는 얻을 수 없다. 아인슈타인은 '우리가 창조한 세상은 우리 사고방식의 산물'이라고 말했다. 근본적으로 새로운 사고방식 없이는 미래가 와도 아무것도 변하지 않는다. 바로 이를 가능하게 하는 것이 리더십의 진정한 역할이다. 그리고 이 책은 그 일을 시작하기에 더없이 좋은 출발점이다.

사고방식의 근본적인 변화

책이 완성되어 감에 따라 조셉의 여러 경험에 내재된 이야기가 놀라운 일관성을 갖고 모습을 드러내기 시작했다. 굳이 꾸밀 필요가 없이 저절로 이야기가 진행되는 그런 느낌이었다. 나와 편집자인 베티 수 플라워즈, 조셉은 작업이 진행되는 동안 계속해서 관련 회의를 했다. 뭔가 불확실하다고 생각될 때마다 우리는 조셉에게 이렇게 말했다. "자, 실제로 무슨 일이 있었는지 말해봐요." 그러면 조셉이 이야기했고 우리는 주의 깊게 듣다가 가끔씩 이렇게 주문했다. "그렇군요. 지금 말한 그대로 쓰세요." 결국 전체 과정이 개인의 과거를 더듬는 고고학 같은 형태가 되어 갔다. 베티 수와 나는 조셉이 직접적인 경험을 공유하도록 이끌어주기만 하면 되었다.

그런 다음에는 이야기에서 한발 뒤로 물러서서 전체 여정을 넓게 성찰할 필요가 있다는 생각이 들었다. 어떤 면에서 보면 이 책을 집필하는 가장 중요한 목적은 생각지 못한 방식으로 우리가 미래를 창조할 수 있다는 사실을 알리는 것이었다. 조셉의 이야기가 강한 설득력을 갖는 이유는 이런 일이 어떻게 가능한지 새로운 견해를 제시하기 때문이었다.

어느 날 오후 내가 조셉에게 물었다. "이 책에서 중요하게 생각하는 주된 원칙, 즉 전체를 아우르는 핵심 원칙이 뭡니까?" 조셉은 잠시도 망설임 없이 대답했다. 구체적인 내용은 반드시 필요한 사고방식의 변화와 이런 변화로 인한 결과였다. 물론 그는 이런 아이디어가 자신에게도 완전히 새로운 영역으로, 여기서 자신이 말하는 것은 아직 아주 초기 단계의 통찰에 불과하다는 사실을 인정했다. 그리고 아직 탐험하지 못한 광대한 신대륙이 기다리고 있다는 사실도 인정했다. 나도 그의 생각에 동의하지만 이런 한계에도 불구하고 조셉의 아이디어는 특히 조셉의 여정에 본격적으로 합류하기 전에 개념을 잡아줄 길잡이를 바라는 독자에게 충분히 유용하다.

첫째로 조셉은 우리가 근본적인 사고방식의 변화에 마음을 열어야 한다고 했다. 우리는 세상이 어떻게 돌아가는지 스스로가 생각하는 것보다 훨씬 뿌리 깊은 멘탈 모델mental model(우리가 자신과 타인은 물론 사물, 환경, 세계 등에 갖고 있는 내재된 이미지와 사고방식-옮긴이)을 갖고 있다. 이런 멘탈 모델이 변하지 않고 세상이 변할 수 있다고 생각하는 것은 어리석은 일이다. 내가 이런 변화에 대해 구체적으로 묻자 조셉은 세상이 사물로 구성되어 있다는 생각에서 세상은 열린 공간이며 주로 관계로 구성되어 있다는 생각으로의 변화라고 설명했다. 그리고 세상에서 분명하게 드러나는 모든 것, 우리가 보고 만지고 느끼고 맛보고 듣는 모든 것, 너무나 사실처럼 보이는 모든 것이 사실은 실체가 없음을 깨닫는 것이라고 했다. 또한 심층의 실체는 우리가 말로 설명할 수 있는 사물과 현상 너머에 존재한다고 했다.

일단 이것을 이해하면 미래가 고정되어 있지 않으며, 따라서 우리가 무엇이든 가능한 가능성의 세계에 살고 있음을 알게 된다. 그런데 대부분의 사람은 항상 깊은 체념 속에 살고 있다. 우리가 세상에 어떤 영향도 주지 못한다는, 적어도 의미 있는 정도로는 그렇게 하지 못한다는 사실을 받아들인다. 결국 우리는 주위의 작은 일에만 집중한다. 최소한 거기서는 우리가 영향력을 행사할 수 있다고 생각하기 때문이다. 자녀 양육에 최선을 다하거나 부부 관계에 공을 들이거나 직업에서의 성공을 위해 전력 투구한다. 하지만 내심으로는 넓은 세상에서 완전히 무력하다는 사실에 절망감을 느낀다. 모든 구성원이 무력하다고 느끼는 그런 세계에 산다면 우리의 미래는 이미 정해진 것이나 다름없다. 희망이 없고 무력하고 절망적인 상태에서 하루하루를 살게 된다. 사실 이런 절망은 아인슈타인의 말대로 우리 사고방식의 소산이다. 스스로 그렇다고 생각하고 자기 암시를 걸면 결국은 그렇게 되는 것이다.

이런 종류의 절망은 털어놓고 이야기할 수 있는 주제가 아니다. 나름 성공했다는 사람이라면 더욱 그렇다. 삶을 함께 나누고 있다는 허울을 유지하고 싶은 마음에 이런 절망을 이야기하기를 꺼린다. 대신에 우리는 절망감을 감춰주고 관심을 분산시킬 다른 활동이나 오락거리를 만들어낸다. 문화 자체가 많은 관심거리를 제공하기 때문에 어려울 것은 없다. 예를 들면 우리 문화는 외모가 전부이므로 거기에 신경을 집중하라고 말한다. 운동을 하라, 몸매 관리를 하라, 멋진 옷을 입어라, 삶에서 가장 중요한 것은 외모다. 우리가 세상을 이야기하는 자체가 주의를 딴 데로 돌리는 역할을 하기도 한다. 정치와 개인의 이익 추구가 세상을 지배하는 원리라고 말하면 결국 우리는 개인적인 부분에만 신경을 쓰면 되니 세상에 영향을 미치지 못하는 데서 절망 따위를 느낄 필요가 없다. 하지만 이런 것은 모두 미래 앞에서 무기력하다는 데서 오는 깊은 절망감을 감추는 수단에 지나지 않는다.

하지만 사고방식의 변화를 경험하고 나면 우리가 느끼는 절망감은 기본적으로 순진한 세계관에서 기인한다는 사실을 깨닫는다. 사실 우리 주위의 모든 것은 전적으로 부단히 움직이고 있다. 자연 안에 움직이지 않고 그대로 있는 것은 아무것도 없다. 나무에 매달린 잎을 보고도 우리는 멈추지 않는 생명의 흐름을 생생하게 그려볼 수가 있다. 두어 달이 지나면 나뭇잎은 그 자리에 있지 않을 것이다. 물론 우리가 바라보는 순간에도 나뭇잎은 변화하고 있다. 머지않아 색이 달라지고 이내 바닥에 떨어져 나뒹굴 것이다. 그리고 곧 토양의 일부가 되고 다시 다른 나무의 일부가 될 것이다. 자연 속에 움직이지 않고 그대로 있는 것은 분명코 아무것도 없다.

우리의 현재 의식 상태에서 가장 불가사의한 일이 아무것도 고정되지 않은 세상에 살면서 의식은 '고정된' 세계를 인지한다는 사실이다. 하지만 현실을 있는 그대로 보면 변하지 않는 것은 없다는 사실을 깨닫는다. 그런데 어떻게 미래가 고정될 수가 있겠는가? 어떻게 우리가 끊임없는 가능성의 세계가 아닌 곳에 살 수 있겠는가? 이런 사실을 알면 예전보다 훨씬 활력을 느낀다. 데이비드 봄이나 경영 혁신 전문가 에드워드 데밍W. Edwards Deming 같은 사람이 갖고 있던 바로 그런 활력이다. 그들은 어디서 그런 활력을 얻었을까? 아마도 고정성이라는 환상 유지에 묶인 의식을 어느 정도 풀어주었기 때문에 일반인보다 활기찬 생활을 할 수 있었으리라. 사실 우리는 순전히 사고방식 때문에 스스로의 생명력을 옥죄어 죽이고 있다. 일단 세상을 있는 그대로 보면 자신의 숨통을 조이는 행동을 중단한다.

우리가 이야기를 나눈 그날 오후 조셉은 이런 말을 했다. "이런 근본적인 사고방식의 변화가 일어나면 우리의 정체성 역시 바뀌고, 서로를 진정한 인간legitimate human being으로 받아들이기 시작합니다." 나는 이제야 이런 단계에 도달했다. 서로를 진정한 인간으로 받아들인다는 것이 실제 어떤 의미인가를 제대로 인식하기 시작한 단계 말이다. 우리에게는 고정성이라는 환상을 지키는 철갑이 씌워져 있고, 이는 주위의 사물뿐 아니라 우리 자신과 타인까지 고정된 존재로 간주하게 만드는 작용을 한다. 이런 상황에서는 내가 누군가를 봐도 사실은 그를 보는 것이 아니다. 나는 단지 그가 상기시킨 내면의 저장된 이미지, 판단, 느낌, 의심, 신뢰, 호감, 비호감 따위를 보는 것이다. 하지만 우리가 서로를 진정한 인간으로 받아들이기 시작하면 실로 경이로운 세상이 펼쳐진다.

아마 이것이 바로 사랑이리라. 사실 세상의 모든 종교는 어떤 식으로든 사랑의 힘, 즉 서로를 진정한 인간으로 보는 데서 오는 장점을 알고 있었다.

조셉은 계속해서 말했다. "우리가 이런 근본적인 사고방식의 변화를 받아들이기 시작하면 스스로를 펼쳐짐의 일부로 간주합니다. 그리고 우리 삶이 의미가 없을 수 없다는 사실을 알게 됩니다." 자기 삶이 무의미하다고 느끼려면 스스로에게 의미가 없다고 말하면서 미친 듯이 일하는 방법밖에 없다. 현실의 깊은 속을 들여다보면 우리의 삶은 의미가 있을 수밖에 없기 때문이다. 왜냐면 모든 것이 끊임없이 펼쳐지고 있으며, 우리는 그런 펼쳐짐에 상상도 못할 다양한 방식으로 연결되어 있기 때문이다. 펼쳐짐과의 연결에는 의식적인 노력, 특정한 기술, 학습, 지식 따위 전혀 필요 없다. 그저 타고난 권리다. 살아 있다는 정의가 바로 이것이니까. 시인 로버트 프로스트는 '집이란 우리가 힘들여 얻어야 하는 그런 공간이 아니다.'라고 말했다. 마찬가지로 우리는 삶에서 이런 종류의 '의미 있음'을 굳이 노력해서 얻을 필요가 없다. 이미 존재하고 있으니까.

조셉의 이야기는 이어졌다. "이렇게 달라진 사고방식과 존재 상태에서 활동하면 '헌신'의 의미도 전혀 다르게 생각합니다." '헌신' 하면 떠오르는 전통적인 이미지는 힘든 노동으로 뭔가를 해낸다는 것이다. 그리고 희생을 해야 한다. 상황이 잘못되기 시작하면 우리는 더욱 열심히 하거나 능력이 부족하다고 혹은 충분히 헌신하지 못해서 그렇다고 자책한다. 그리하여 우리는 두 가지 존재 상태에서 갈팡질팡한다. 하나는 일종의 자기 최면으로 내가 더욱 열심히 하지 않으면 일이 끝나지 않을 거라고 스스로에게 말함으로써 어떻게든 일을 끝내게끔 만든다. 다른 하나는 죄의식을 느끼면서 능력 부족을 한탄하는 상태다. 하지만 어느 쪽도 헌신의 깊은 본질과는 무관하다.

우리가 펼쳐짐의 일부임을 깨달은 그런 정신 상태에서 움직이면 헌신적일 수밖에 없다. 사실상 헌신적이지 않은 상태라는 것이 불가능하다. 우연히 일어나는 일은 아무것도 없다. 사건 하나하나가 지금 일어나야 하는 무언가의 일부이다. 실수마저도 마찬가지다. 우리는 지금 여기서 배워야 하는 것을 배우는 과정에서 반드시 해야 하는 그런 실수를 한다. 헌신적으로 행동하는 것이 아니라 헌신적인 존재 상태가 되는 것이다. 말하자면 우리의 존재가 본질적으로 펼쳐지는 변화의 일부로서 헌신 상태에 있는 것이다. 이런 상황에서 헌신적이지 않을 유일한 방법은 이런 깨달음을 망각하고 다시금 삶에 참여하고 있지 않다는 환상에 빠지는 것이다. 이런 깨달음은 '온전한 내맡김', 말하자면 헌신적인 상태에 모든 것을 맡기고 굴복하는 역설적인 상황으로 우리를 이끈다. 그저 귀를 기울임으로써 헌신을 실현하고 거기서 나의 '행동'이 나온다. 때로는 가장 헌신적인 행동이 아무것도 하지 않고 앉아서 기다리는 것을 의미하기도 한다. 다음에 무엇을 해야 할지 알 때까지 말이다.

요즘 같은 조직에서 이런 태도를 취하는 관리자가 있다면 관리 태만이라는 소리를 듣기 십상이다. 문제가 있어도 바로잡으려는 행동을 하지 않으니까. 우리는 헌신과 행동은 불가분의 관계에 있다는 관념에 사로잡혀 있다. 따라서 우리는 끊임없이 계속되는 행동을 만들어낸다. 내가 많은 일을 하는 모습을 모두에게 보여주고 그들이 나를 정말 헌신적이라고 생각하도록 만들기 위해서다. 정신없이 바쁜 상태는 자신의 삶이 의미 있다고 스스로가 믿게 하는 데도 도움이 된다. 물론 마음 깊은 곳에서는 무의미하다는 사실을 알고 있을 테지만 말이다. 모든 상황이 절망적이고 우리 자신도 절망적이며, 그럼에도 우리가 이런 상황에 어떤 식으로도 영향을 미치지 못하기 때문이다.

우리의 절망감과 끊임없는 활동 사이의 역설적인 연관 관계를 보여주는 흥미로운 지표 중 하나는 우리가 실제로 '있잖아, 내가 할 수 있는 일이 아무것도 없어.'라고 솔직히 말하는 것을 얼마나 힘들어 하는가이다. 실제 상황이 그런데도 말이다. 조직에 몸담고 있는 이들이 자신의 무의미한 행동을 정당화하기 위해 변화를 일으킬 수 있다는 믿음을 만들어내야 하는 그런 상황도 종종 본다. 그리하여 사람들은 엄청난 모순의 덫에 빠진다. 한편으로 그들은 자신이 아무런 영향도 미치지 못한다고 믿는다. 하지만 다른 한편으로 그들은 '우리는 변화를 일으킬 수 있다'면서 이야기를 꾸며낸다. 그리고 아무런 영향도 미치지 못한다는 사실을 스스로 알고 있는 그런 일을 하느라 분주하게 움직인다. 러닝머신 위의 생쥐와 다를 바 없는 모습이다. 녀석들은 잠시 후면 피곤해진다. 최근에 아주 성공한 경영자가 나에게 이런 말을 했다. 어느 날 문득 그동안 자신의 모든 삶이 선헤엄처럼 제자리걸음이었다는 사실을 깨달았노라고. 우리는 실제로 전혀 전진하지 못한다는 사실을 알면서도 광적인 헌신을 보이며 선헤엄을 치는 모순된 상태에서 살고 있다. 하지만 멈추면 익사하지 않을까 두려워 멈추지도 못한다.

조셉이 말한 새로운 형태의 헌신이 발휘되면 우리 주위에 하나의 흐름이 생긴다. 사건들이 그저 우연히 일어나는 것처럼 보인다. 시간과 장소만 맞으면 아주 작은 움직임으로도 여러 결과를 발생시킬 수 있음을 알게 된다. 이렇게 해서 우리는 예술가들이 '간결함economy of means'이라고 부르는 능력을 키우게 된다. 그런 상황에서는 노력과 완력으로 일을 진행하는 것이 아니라 공기가 흐르듯이 부드럽고 자연스럽게 움직여 일을 처리한다. 우리 주위에 '의미의 흐름'이 만들어져서 우리가 더 큰 대화 속에 참여하고 있는 느낌이 든다. 이것이 바로 데이비드 봄이 강조하는 '대화,' 즉 '다이얼로그dialogue'의 고전적인 의미다. 사람들 사이를 흐르는 '의미의 흐름'.(봄은 'dialogue'의 어원을 라틴어 'dia'와 'logos'가 합쳐진 말로 'dia'는 'through'를 'logos'는 'word' 혹은 'the meaning of word'를 의미한다고 풀이했다. 그러므로 봄의 풀이에 따르면 'dialogue'는 사람들 사이로 지나다니는(dia/through) 말 또는 말의 의미(logos/word, the meaning of word)가 된다-옮긴이) 사물들이 다소 이해하기 힘든 방식으로 우리에게 끌려온다는 느낌을 받기 시작한다. 기저의 원인들과 일련의 힘들이 작용하기 시작한다. 마치 우연히 이곳에 모인 자석이 만들어내는 자기장에 둘러싸여 있는 기분이다. 하지만 이는 결코 우연이 아니다. 자석이 겉으로 드러나지 않는 미묘한 인과 관계에 반응하고 있기 때문이다.

몇 년 전 MIT 조직학습센터를 시작했을 무렵 이런 놀라운 일이 나에게도 일어났다. 말 그대로 사람들이 그냥 나타나기 시작했다. 불과 두세 달 동안에 생각지도 못했던 세 명의 여인이 나타났다. 11년 전에 한 모임에서 만난 이들이었는데, 당시 그들이 하던 일이 우리 센터에서 준비하는 새로운 프로젝트와 중요한 연관이 있어서 오랜만에 그들을 다시 떠올렸다. 하지만 연락 방법은 물론 지금 어디 사는지도 몰랐다. 그런데 두어 달 사이에 그들이 한 명씩 전화를 해서 센터 관련 소식을 들었다면서 돕고 싶다고 알려왔다.

이런 일이 발생하는 원인을 설명하기란 정말 쉽지가 않다. 하지만 우리가 조셉이 말하는 다른 의미의 헌신을 토대로 새로운 정신 상태로 움직이면 정말로 뭔가가 우리 주위에서 작용하기 시작하는 것 같다. 어쩌면 이를 '끌림'이라고 부를 수도 있으리라. 온전한 내맡김 상태에 있는 사람들이 자기도 모르게 발휘하는 자석처럼 끌어당기는 능력이라고 말이다.

마지막으로 헌신과 '내맡김' 상태에 있을 때 우리는 때로 '공시성'이라 불리는 것을 경험한다. 말하자면 공시성은 하나의 결과다. 그러므로 근본 원인을 이해하는 것이 중요하다. 근본 원인을 이해하지 못하면 삶의 다른 영역을 통제하려 했던 것과 똑같은 방식으로 공시성을 유발하려고 노력할 것이기 때문이다. 공시성을 일종의 신비롭고 불가사의한 경험으로 끌어올리는 경향이 있다. 하지만 이는 아주 현실적인 경험이다. 물은 중력 때문에 위에서 아래로 흐른다. 물론 중력 자체는 아주 불가사의한 현상이긴 하다. 중력은 어찌 보면 일종의 자기장 같다고 말할 수도 있다. 중력 때문에 우주 안의 모든 물체가 서로 끌어당기는 것처럼 보이니 말이다. 누구도 중력이 어떻게 작동하는지 정확히 모르지만 물이 위에서 아래로 흐른다는 결과는 볼 수 있다는 사실이 중요하다. 이는 분명하게 관찰되는 사실이므로 이런 결과를 놓고 누구도 왈가왈부하지 않는다. 깊은 헌신이라는 영역에서 공시성이 작용하는 방식도 마찬가지다. 미묘한 원리를 설명하기는 힘들지만 공시성이라는 결과는 분명히 볼 수 있기 때문이다.

같은 맥락에서 이런 사고방식의 변화를 경험한 사람 주위에 생기는 끌림, 일종의 자기장은 조셉이 '예측 가능한 기적'이라 부르는 현상을 만들어낸다. '기적'은 이례적이고 신비롭다는 의미를 함축하고 있다는 점에서 흥미로운 단어다. 하지만 사실 '기적'이라 함은 그저 우리의 현재 이해력과 생활방식을 초월한다는 의미일 뿐일 수도 있다. 우리가 기를 쓰고 스스로를 진정한 삶에서 떼어놓으려 하지만 않는다면 우리의 하루하루, 순간순간이 실제로 '예측 가능한 기적' 같은 그런 삶이 되리라.

_ 피터 센게

prologue

내 삶의 여정으로 초대

살다 보면 누구나 그야말로 절묘하다고 생각되는 순간을 경험한다. 모든 상황이 믿기지 않을 정도로 기막히게 맞아떨어지고 통제는 고사하고 예상조차 못한 일이 일어나 우리에게 확실한 길을 알려주는 그런 순간 말이다. 그런 순간에 일어나는 제반 상황을 묘사하기에 가장 적격인 단어는 바로 '공시성synchronicity(共時性)'이 아닐까 한다. 심리학자 칼 구스타프 융은 명작으로 꼽히는 〈싱크로니시티: 비인과적 연관 원리Synchronicity: An Acausal Connecting Principle〉라는 논문에서 공시성을 다음과 같이 정의한다.

"둘 혹은 그 이상의 의미심장한 사건이 동시에 발생하는 현상으로 여기에는 우연한 가능성 이상의 뭔가가 작용하고 있다."

이런 흐름이 이어지는 아름다운 순간에 우리는 마치 '보이지 않는 손'의 도움을 받는 기분이다. 나는 일에서나 개인 생활에서 종종 이와 유사한 우연의 일치를 경험했고 어떻게 그런 기묘한 일이 일어나는지 항상 궁금했다. 시간이 흐르면서 나의 궁금증은 더욱 커졌다. 특히 이런 경험이 때로는 특정 집단이나 조직에 속한 사람들 사이에서 공동으로 일어나는데 어떻게 그런 일이 가능한지 참으로 궁금했다. 그리고 나는 이것을 리더십에서 가장 미묘하고도 어려운 영역으로 간주했다. 이것이 바로 '예측 가능한 기적' 발생에 필요한 조건을 만들어낸다는 생각이 들었기 때문이다.

내가 공시성이라는 주제에 천착하게 된 것은 나를 내면의 변화 과정으로 이끌었던 일련의 사건 때문이었다. 이런 내면의 변화를 겪은 결과 나는 오랜 세월 마음속에만 담아두었던 꿈을 좇기로 마음먹었다. 삶에서 가장 힘든 결정이었지만 결정을 내린 그날 나는 문턱을 넘어 새로운 세계로 들어갔다. 그리고 문턱을 넘어선 순간부터 나한테는 무어라 말하기 힘든 신기한 일들이 일어났다. 모든 상황이 마치 알아서 돌아가는 기계처럼 착착 맞아떨어졌고, 크게 힘들이지 않고도 내가 하는 일을 도와줄 뛰어난 인물을 속속 찾아낼 수 있었다. 이런 신기한 상황이 1년 넘게 지속되었다. 그러다가 어느 날 문득 나는 이런 흐름을 잃어버렸고 그동안 공들였던 꿈도 물거품이 될 뻔했다. 우여곡절 끝에 나는 훗날 '펼쳐지는 창조적 질서unfolding creative order'라고 이해하게 되는 흐름에 다시 참여하게 되었다.

이런 경험들이 나로 하여금 신비롭고 놀라운 순간의 숨은 의미를 탐구하게 했다. 내가 결심을 하고 문턱을 넘은 뒤에 왜 그렇게 많은 문이 열렸던 것일까? 갑자기 내가 마음속에 그리던 미래를 창조할 능력을 잃고 방황한 이유는 뭘까? 이런 경험에서 어떤 원칙을 끌어낼 수 있을까? 이런 역학이 개인에게 나타난다면 조직이나 사회 전체에서 집단적으로 나타나지 못할 이유는 뭔가? 도대체 리더십의 어떤 자질이 이런 역학이 나타나게끔 하는 것일까?

이런 문제를 다루고 고민하는 과정이 새로운 지식 영역을 탐구하는 것임을, 말하자면 이쪽 분야의 연구가 시작 단계일 뿐임을 인정한다. 그럼에도 내가 이런 질문의 해답을 찾으려 노력하는 것은 그것이 나의 개인 여정의 이야기이자 거기서 얻은 내면의 변화에 관한 이야기이기 때문이다. 나의 여정에 여러분을 초대한다. 도중에 우리는 현대 학문 분야의 르네상스를 주도하는 몇몇 비범한 인물을 만날 것이다. 철학, 물리학, 신경생물학, 리더십 이론, 학습 조직 등 다양한 분야에서 활동하는 사람들이다. 이들은 이질적인 학문들 사이의 경계를 허물면서 예전과는 다른 새로운 경지로 끌어올리고 있다. 내가 보기에 이런 경지에 이르면 모든 학문이 하나로 수렴된다. 이런 단계에서 모든 학문은 인간이 개인적으로 그리고 집단적으로 세상에 모습을 드러내려 하는 미래를 파악하는 능력을 개발하도록 돕는다. 그리하여 외부의 힘에 대응만 하는 것이 아니라 스스로 미래를 만들 기회를 갖도록 이끈다.

이 책은 조셉 캠벨이 저서 〈천의 얼굴을 가진 영웅The Hero with a Thousand Faces〉에서 묘사한 영웅의 여정을 따라 네 부분으로 구성된다. 캠벨은 영웅의 여정에서 하나의 합성사진을 제시한다. 캠벨이 말하는 영웅의 여정은 모든 인간, 그리고 내가 보기에는 조직이 경험하는 변화 과정의 전형을 보여준다. 여기서 다루는 내용은 어디까지나 나의 이야기이다. 하지만 그렇다고 자서전을 쓰자는 것은 아니다. 오히려 누구의 이야기가 될 수 있는 그런 내용을 다룰 예정이다. 그렇기 때문에 이야기 전개상 반드시 필요하다고 생각되는 경우에 나의 여정에서 아주 중요한 역할을 한 가족의 이름을 구체적으로 거론했다. 캠벨이 지적한 것처럼 '영웅의 여정'은 자신의 진정한 운명을 찾기로 마음먹은 '누군가'의 여정이다. 우리 중에 누구라도 여정의 주인공이 될 수 있다. 영웅의 여정은 미래를 창조할 방법을 알아가는 도중에 마주치는 불가피한 과정을 나타낸다. 앞에서 말한 '펼쳐지는 창조적 질서'에 참여하게끔 만드는 근본적인 심리 변화를 설명할 마땅한 표현이 우리에게는 아직 없다. 이야기story가 가장 효과적인 방법이고 사실상 내가 아는 유일한 방법이기도 하다.

나는 일부러 여정 자체를 구체적으로 나타내는 방식으로 책을 썼다. 그래서 책의 전반부는 과거 특정 시기에 내가 경험한 자각 단계를 나타내는 식으로 꾸몄다. 독자를 여정 자체로 끌어들일 최선의 방법은 내가 실제 겪은 일을 되풀이하여 들려주는 것이다. 내가 아는 한은 그것이 최선이다. 전반부에 나오는 몇몇 사건은 드러내놓고 광고할 만한 자랑스러운 내용이 아니기에 이런 결정을 내리기까지 적지 않은 고심을 해야 했다. 하지만 개인이 겪는 모든 경험은 그 사람의 발전 과정에서 필수 부분을 구성한다. 변화를 겪은 개인이 결과적으로 현재의 모습이 되는 데는 모든 경험이 일조하는 것이다. 그런 의미에서 생각하다 보니 부끄러운 초창기도 예전보다 너그러워질 수 있었다. 여러분도 스스로의 여정을 돌아볼 때 이렇게 해보라고 권하고 싶다.

이야기는 '여행 준비'에서 시작된다. 진짜가 아니었던 나의 삶과 때로는 흐릿하게, 때로는 명시적으로 다양한 형태로 나타났던 '모험에의 부름'에 관한 내용이다. 이는 애초 운명이 예정한 존재가 되라는 부름, 태어난 목적을 달성하라는 부름이다. 2부 '문턱을 넘다'는 모험에의 부름에 '네!'라고 대답하는 결정의 순간을 이야기한다. 전심전력을 다해 꿈을 추구하다 보면 우리 자신은 물론 우리가 자각하는 의지를 넘어서는 강력한 힘이 존재한다는 사실을 깨닫는다. 꿈을 좇아가고 변화하는 과정에서 우리에게 자양분을 제공하고 정한 길을 가도록 끊임없이 도와주는 어떤 힘이 존재함을 느낀다. 3부에서는 '영웅의 여정'을 이야기한다. 선택한 방향에서 우리의 헌신성을 시험하고 실패를 통해 배울 기회를 제공하는, 누구도 피해갈 수 없는 큰 시련도 다룬다. 마지막 '선물'은 꿈을 좇아 떠난 뒤에 달성한 목표와 그것이 개인과 사회 전체에 무엇을 가져다주었는지, 그리고 여정에서의 변화 과정도 이야기한다.

피터 센게가 쓴 서문은 독자를 위한 일종의 길잡이로 준비한 것이다. 센게는 세계적으로 학습 조직learning organization의 관심을 고조시킨 혁신적인 저서 〈학습하는 조직The Fifth Discipline〉의 저자다. 오랫동안 센게와 MIT 동료들은 조직을 학습의 길로 이끌 방안을 찾기 위해 노력했다. 이들은 학습 조직이 새로운 능력의 개발뿐 아니라 개인과 집단 모두에게서 나타나는 근본적인 사고의 변화를 수반한다고 믿는다. 이들이 말하는 근본적인 사고의 변화는 바로 이 책의 주제이기도 하다. 이들에 따르면 이런 근본적인 변화 없이는 실질적인 의미가 있는 어떤 일도 일어나지 않는다. 센게는 오랫동안 변화와 그것이 가장 효과적으로 일어나게 하는 방법을 연구해왔기 때문에 이 책의 서문을 쓰기에 더할 나위 없는 적임자라는 생각이 들었다. 서문을 그에게 부탁한 데는 다소 개인적인 이유도 있었다. 서문에서 말하는 것처럼 그는 이 책의 집필에 깊이 관여하여 나를 도와주었고, 내가 책에서 말하는 전체성wholeness을 향한 여행을 하는 대부분의 시기에 나와 함께했다.

마지막으로 책을 쓰고 출판하는 것에 내가 적지 않은 의구심을 품었다는 사실을 고백한다. 변화를 향한 개인적인 여정을 돌아보면 당연히 나의 못난 모습, 결점과 마주친다. 그것도 빈번히 그런 사실을 알면서도 어떻게 내가 타인에게 개인적인 여정을 이야기할 용기를 낼 수 있었을까? 헨리 나우웬Henri Nouwen의 저서 〈영적 발돋움Reaching out: The Three Movements of the Spiritual Life〉을 읽고 크게 위로를 받았다. 나우웬은 그 책에서 책을 쓸지를 놓고 오랫동안 고민하고 망설이다가 7세기 금욕적인 수도사이자 로마 가톨릭에서 성인으로 추대한 성 요한 클리마쿠스의 글을 읽고 위로와 함께 용기를 얻었노라고 말했다.

> 과거의 나쁜 습관에 여전히 지배당하면서도 말로는 남을 가르칠 수 있다는 사람이 있다면 그들로 하여금 가르치게 하소서 … 어쩌면 자기가 한 말이 부끄러워서 언젠가는 자신의 가르침을 실천하게 될지도 모르니까요.

이 책이 여러분의 개인적인 변화에 도움이 되기를 바란다. 이러한 '예측 가능한 기적'이 여러분의 삶에서, 몸담고 있는 조직의 리더십에서, 사회 전체에서 어떻게 일어날 수 있는지 여기서 설명한 것보다 더욱 깊은 이해에 도달하기를 진심으로 바란다.

할 수 있는 것이 무엇이든,
꿈꾸는 것이 무엇이든 시작하라.
시작하는 대담함 속에
천재성, 힘, 마법이 함께한다.

-괴테

Part 1

여행 준비

1

워터게이트 사건

1973년 10월 당시 나는 서른아홉이었다. 워터게이트 사건은 전해 9월에 터졌다. 당시 나는 한참 잘나가는 변호사로 근사한 생활을 하고 있었고, 워터게이트 사건 기사를 꼼꼼히 챙기기는 했지만 내 삶 전체로 보면 배경 소음 이상은 아니었다. 당시 내 관심은 텍사스 주 휴스턴에서 변호사로 일하고, 다국적 법률회사를 세우고, 사업체를 경영하는 데에 집중되어 있었다.

상원 워터게이트 특별위원회가 풀가동되고 있었다. 대통령 법률고문인 존 딘이 닉슨 대통령이 워터게이트 사건 은폐 공작을 늦어도 1972년 9월에는 알고 있었다고 증언했다. 또한 대통령 최측근 보좌관이었던 존 에릭먼이 워터게이트 호텔에 침입한 범인에게 현금을 지급한 사실을 인정하는 다른 증언도 나와 있었다. 특별위원회는 대통령이 백악관 집무실에 음성 녹음 시스템을 설치했고, 방문자에게 알리거나 동의를 구하지 않고 거기서 일어나는 모든 대화를 녹음했다는 증언을 들었다.

닉슨의 최측근이었던 에릭먼과 해리 로빈스 홀드먼이 사직했고 존 딘은 해임되었다. 아치볼드 콕스 워터게이트 특별검사는 백악관에 사건과 관련된 녹음테이프 제출을 요구하는 소환장을 발부한 다음 닉슨 대통령의 요구로 특별검사에서 해임되었다. 애초 콕스를 특별검사로 임명한 법무장관 엘리엇 리처드슨은 닉슨의 해임 요구를 거부하고 자진 사퇴했다. 리처드슨의 보좌관이었던 윌리엄 러클즈하우스도 마찬가지로 콕스 해임을 거부했고 해임되었다. 다음 서열이었던 법무차관 로버트 보크가 법무장관 대리로 임명되었고 마침내 닉슨이 요구하는 콕스 해임 건을 처리했다.

해임과 자진 사퇴로 얼룩진 일련의 사건을 언론은 '토요일 밤의 대학살'이라고 불렀다. 이즈음에는 대부분의 미국인이 그랬듯이 나도 적잖이 놀랐고 표면에 드러난 것보다 훨씬 많은 뭔가가 감춰져 있다고 생각했다.

10월 말 닉슨 대통령의 수석보좌관이었던 알렉산더 헤이그 장관이 아버지 레온 자보르스키에게 전화를 해서 특별검사직을 맡는 문제를 상의하고 싶다고 알려왔다. 아버지는 다음 날 비행기를 타고 워싱턴으로 날아갔다. '토요일 밤의 대학살'에 대한 대중의 반응은 백악관에서 생각한 것보다 훨씬 격렬했다. 국회는 대통령의 통제 밖에 있는 독립적인 특별검사실 신설 방안을 검토하고 있었다.

그날 면담에서 헤이그는 아버지가 특별검사직을 맡아야 한다고 설득했다. "나라 상황이 거의 혁명 전야입니다. 분열로 치달을 기세예요. 상황을 진정시킬 유일한 희망은 국민이 신뢰할 수 있는 사람이 특별검사 직무 수행을 수락했다고 공포하는 것밖에 없습니다." 아버지는 완전히 독립적으로 수사를 진행할 수 있고, 필요하다면 대통령을 법정에 세울 권한을 보장한다는 조건이라면 직무를 맡겠다고 했다.

이후 몇 달 동안 특별검사직을 수행하면서 아버지는 워터게이트 음모의 경악스러운 면모를 알았고 그들에게 배운 대로 극비로 아들인 나와 공유했다. 그리고 이것이 나한테는 삶을 바꾼 중대한 계기가 되었다.

^

아버지가 헤이그 장관과의 면담을 마치고 집에 돌아온 것은 할로윈 저녁이었다. 아버지의 수락 소식이 워싱턴에서 흘러나왔고, 언론사 통신원들이 집에 모여 있었다. 우리 가족도 대부분 모였는데 분위기는 그야말로 흥분의 도가니였다.

하지만 그날 늦게 나는 혼자서 장시간 산책을 했다. 아버지가 하려는 희생을 생각했다. 아버지는 68세였고 은퇴를 준비 중이었다. 아버지의 건강과 앞으로 몇 달 동안 아버지가 겪을 엄청난 스트레스도 걱정이었다. 일반인은 아버지를 미국에서 가장 영향력 있는 법률회사의 창립 멤버이자 사장으로, 미국에서 가장 유능한 법정변호사trial lawyer(법정 소송을 전문으로 하는 변호사. 소송변호사라고도 한다-옮긴이)로 알고 있었다.

하지만 내가 아는 아버지의 모습은 사뭇 달랐다. 아버지는 폴란드 이민 후세였고 더없이 훌륭하고 위대한 미국인이었다. 겸손하고 나서기를 좋아하지 않았지만 사회의 부름을 받으면 가서 봉사해야 한다는 확고한 믿음을 가진 분이었다. 또한 세상의 주목을 받는 일은 질색하는 분이었다. 법정변호사로 항상 중압감을 느끼고 논쟁을 해야 했던 아버지는 단순한 일에서 생의 즐거움을 찾았다. 흙을 가까이하면서 일하고 정원 가꾸는 일에 많은 시간을 쏟았다. 아버지는 아름다운 철쭉이며 동백나무를 키웠고 이것들을 사진에 담는 작업도 좋아했다.

어린 시절 저녁이면 나는 자전거를 타고 버스정류장으로 아버지를 마중 나갔고, 아버지와 함께 걸어서 우리 가족의 보금자리로 돌아왔다. 아버지가 저녁을 먹은 다음 다시 차를 몰고 사무실로 돌아가는 일도 많았다. 소송이 진행 중일 때는 특히 그랬다. 생각하면 그렇지 않은 때가 드물었던 것 같다. 그래도 아버지는 아이들에게 많은 시간을 할애했다. 공원에서 놀아주고, 주말이면 야구를 함께하고, 해변에서 즐거운 시간을 보내고, 낚시도 했다. 일요일 아침이면 자녀 셋을 무릎에 앉혀놓고 흥미로운 신문기사를 읽어주었다. 말하자면 그는 훌륭한 아버지였다. 그러던 어느 날 제2차 세계대전이 일어났고 모든 것이 변했다.

어느 날 오후 내가 밖에서 놀고 있는데 갑자기 아버지가 나타났다. 평소 귀가 시간보다 훨씬 이른 시간이었다. 아버지를 따라 집으로 들어가니 가구를 닦으며 여느 때와 다름없이 집안일을 하고 있는 어머니가 보였다. 어머니가 아버지를 보고 물었다. "이런, 자보르스키 씨, 이 시간에 집에서 뭐하는 겁니까?"

그러자 아버지가 대답했다. "자보르스키 대령이 인사드립니다." 그때 어머니 얼굴에 서리던 당황한 표정이 아직도 뇌리에 선연하다. 그때 이후로 우리 가족의 삶은 예전과 많이 달라졌다.

이후로 아버지를 보기가 힘들어졌다. 아버지가 해외에 있는 동안이 어머니한테는 너무 힘든 시간이었다. 어머니는 아버지 편지를 손꼽아 기다렸고 편지가 도착하면 가족이 모두 거실로 나와 어머니 주위로 모였다. 우리 형제가 아주 가까이에 둘러서 있는 동안 어머니가 편지를 읽어주었다. 어머니는 어떻게든 울지 않고 마치려고 안간힘을 썼지만 결코 성공하지 못했다. 편지를 읽으며 우는 어머니를 우리 형제가 꼭 끌어안았다. 때로는 건잡을 수 없이 서럽게 울기도 했다.

유럽에서 돌아온 아버지는 전혀 다른 사람이었다. 가족이 기차역으로 아버지를 마중 나갔는데 처음 내 눈에 띈 것은 아버지의 줄담배였다. 예전에는 담배를 피우지 않던 분이었다. 집에 돌아와서 며칠 동안 무엇보다 선명하게 기억나는 것은 아버지가 계속 욕설을 했다는 것이다. 전에는 아버지에게서 한 번도 들어본 적이 없는 말이었다. 아버지의 목소리에는 날이 서 있었고 거칠었다. 예전에 지극정성으로 보살피던 식물에도 그리 관심이 없었다. 아버지는 초조해보였고 돌아오자마자 미친 듯이 일했다.

나중에 내가 나이가 든 다음에 아버지는 많은 친구가 전쟁에 나가지 않고 집에 있었다고 말해주었다. 그동안 친구들은 많은 돈을 벌었지만 우리는 참전 대가로 경제적으로도 상당히 쪼들렸다. 아버지한테는 잃어버린 시간이며 금전 같은 보충해야 할 것이 산더미였고 그래서 그쪽으로 전력을 다했다. 내 기억에는 그때 이후 상당히 오랫동안 그런 식이었던 것 같다. 회사에서 아버지의 동업자와 젊은 동료들은 아버지를 '대령'이라고 불렀고 어느 순간 나도 그러기 시작했다. 지금 생각하면 이런 호칭의 변화가 우리의 관계 변화를 말해주는 듯하다.

돌아온 첫 주에 아버지는 내가 권투를 배워야 한다고 고집했다. 권투를 배우기 싫었던 내가 솔직하게 말하자 아버지는 겁쟁이라고 창피를 주었다. 아버지는 나에게 많이 실망한 것 같았고 그것이 나에게는 상처가 되었다. 이것은 이후로 내가 '대령'과 맺게 되는 변화된 관계를 보여주는 최초의 사건이었다. 나는 철부지에 생각도 모자라지만 한편으로 예민하고 상처받기 쉬운 그런 아이였다. 또한 호기심이 왕성하고 상상력이 넘치며 온갖 가능성을 생각해보는 열린 마음을 가진 아이기도 했다. 항상 아버지의 관심을 얻으려 했고 아버지가 나를 있는 그대로, 내가 바라는 모습 그대로 받아들이도록 노력했다. 이는 아주 오랫동안 지속된 나의 투쟁이었다. 오랜 투쟁 결과 나는 매우 자립심이 강한 사람이 되었고, 나를 통제하려는 사람에게는 무조건 반항했다. 지금 생각하면 도를 넘었다는 생각이 든다.

내가 오랫동안 그렇게 제멋대로 굴었던 것도 어쩌면 그 때문이리라. 5학년도 되기 전부터 나는 항상 이런저런 못된 짓을 꾸몄다. 누나에게 도와달라고 해서 기차 선로에 커다란 돌을 갖다 놓고 어떻게 되나 본 적도 있다. 또 한 번은 마당을 불태웠다. 고의는 아니었지만 불을 갖고 놀다가 그런 것이었다. 소방서에서 신속하게 불길을 잡았기에 망정이지 그렇지 않았으면 주거 지구 한 블록 전체를 홀라당 태워버릴 뻔했다. 4학년 때는 노새 몇 마리가 들판에서 풀을 뜯고 있는 것을 보고 녀석들을 학교에 풀어놓으면 재밌겠다는 생각이 들어 그렇게 했다. 열세 살 때는 밤에 몰래 집을 빠져나와 대령의 차를 몰고 드라이브를 하기도 했다. 자동차 엔진 소리가 들리면 안 되므로 차를 조심스럽게 굴려 집 앞 진입로를 빠져나온 다음 두어 시간씩 드라이브를 하고 동트기 직전에 집에 돌아갔다. 대령이 일어나서 출근하기 전에 차를 가져다 놓아야 했으니까. 열여섯 살에는 아버지의 소형 트럭을 몰고 친구 둘과 함께 일주일 동안 멕시코에 다녀오기도 했다.

▲

워싱턴에 가서 워터게이트 특별검사직을 맡은 아버지는 사무실에 있는 누구를 진정으로 믿어야 할지 알 수가 없었다. 처음 몇 달 동안이 아버지한테는 특히 힘든 시기였다. 초기에 아버지는 대통령의 사람이라고 알려져 있었다. 사람들은 당연히 아버지가 같은 변호사 출신인 대통령의 통제를 받으리라 생각했다. 과거 정계 거물인 린든 존슨의 친구라는 사실도 아버지한테는 불리하게 작용했다. 사람들은 이런 사실을 가지고 아버지가 권력의 소재를 알고 거기에 복종하는 전형적인 사람이라고 지레 결론을 내렸다. 해임된 콕스 검사 시절부터 특별검사실에 일한 75명의 직원은 대부분 젊은 변호사였다. 일부 직원이 불만을 품고 아버지 일을 방해했고, 그런 상황에 있는 사람들이 대부분 그렇듯이 아버지도 어느 정도 자신에게 회의를 느꼈다. 어쨌든 아버지가 특별검사직을 맡은 초기 우리는 자주 통화를 했다.

크리스마스 직전의 전화 통화에서 대령의 목소리가 아무래도 심상치 않았다. 아버지는 전화로는 얘기하기 곤란하다면서 크리스마스에 며칠을 가족 목장에서 보낼 생각인데 나도 올 수 있는지를 물었다.

가족 목장은 텍사스 주 윔벌리와 오스틴이라는 작은 마을 사이 12번 랜치로드 변에 있다. 대령은 전쟁에서 돌아와서 1940년대 말에 에이커당 30달러를 주고 그곳 땅을 샀다. 삼나무와 관목으로 덮인 곳이었다. 초기 5년 동안 말하자면 내가 열네 살 때부터 열여덟 살까지 나는 여름방학과 대부분의 휴일을 그곳에서 보내며 땅을 개간하는 일꾼들과 함께 일했다. 대령도 종종 우리와 함께 일했고, 풀조차 자라지 못할 만큼 빽빽한 관목과 삼나무로 뒤덮인 지역이 공원 비슷한 모습으로 바뀌어 가는 것을 보면서 무척 흡족해했다. 나중에는 목장 가꾸기가 집안일이 되었고 일종의 의식이 되다시피 했다. 대령, 매형, 나는 주말이면 농장에 와서 견디기 힘들 정도로 더워지는 낮을 피해 일찍 일어나서 삼나무를 베고, 죽은 그루터기를 뽑아내고, 관목을 불태웠다. 이곳은 대령에게 성스러운 공간이었고 거기서 아버지는 마음을 정화하고 힘을 얻었다.

▲

대령의 전화를 받은 다음 나는 이틀 휴가를 내고 목장에서 시간을 보낼 채비를 했다. 목장으로 가는 동안에도 심각했던 아버지의 전화 음성이 떠올랐다. 지난 몇 주 동안 워싱턴에서 일한 결과 조사에 진전이 있었다는 소식을 들었으면 하는 마음이 간절했다.

그날 저녁 목장에 도착해서 보니 대령은 지쳐 보였다. 저녁을 먹은 다음 일상적인 정보를 나누면서 시간을 보냈다. 목장에서 하고 있는 단거리 경주마 사업 이야기도 했다.

다음 날 아침을 먹은 뒤 지프차에 필요한 모든 용품을 실었다. 휴대용 사슬톱, 양날도끼, 곡괭이, 다량의 찬물, 과일, 맥주 약간. 7시 30분쯤 우리는 대령이 '오지'라고 부르는 곳을 향해 힘차게 출발했고 도착해서는 평소대로 일을 시작했다. 두 시간 동안 쉬지 않고 삼나무를 쳐낸 다음 장시간 휴식을 가졌다. 휴식 시간에 대령과 나는 커다란 참나무 아래에서 대화를 나눴다.

과거 20년 동안 이곳에서 아버지는 한결같았는데 목장에서는 항상 같은 옷을 입었다. 어머니는 목장에서 아버지의 모습을 고양이가 물고 들어온 물건 마냥 지저분했다고 말했다. 헐렁한 바지를 부츠 속에 쑤셔넣고 허리에는 유행이 한참 지난 벨트를 맸다. 아버지는 참전 당시 입었던 카키색 군용 셔츠를 입었고, 머리카락이며 눈썹 등에는 톱밥, 검댕, 먼지 등이 자욱했다. 그걸 생각하면 지금도 웃음이 난다. 얼굴은 영락없는 굴뚝 청소부였다. 하지만 아버지가 가장 편안하고 행복한 순간이기도 했다.

나무 밑에 쭈그리고 앉은 채로 대령은 마음속 이야기를 털어놓기 시작했다. "지금 우리는 백악관에서 나온 녹음테이프 내용을 듣고 있단다. 대통령이 빠져나갈 여지가 없는 상황이야. 미합중국 대통령이자 너나 나처럼 변호사 서약까지 했다는 사람이 여느 죄수처럼 위증을 교사하고 있더구나. 대통령은 보좌관인 홀드먼에게 법정 선서를 한 다음 거짓 증언을 하고도 위증죄를 피하는 법을 말해주고 있었어. 미합중국 대통령, 대통령의 법률고문과 수석보좌관이 함께 있는 자리였지. 나라에서 가장 막강한 힘을 가진 3인이고, 정부에서 가장 큰 책임을 맡고 있는 사람들이기도 하지. 나는 그런 사람들이 거리의 폭력배나 다름없이 사법 목표에 반하는 이야기를 하고 더러운 음모를 꾸미는 소리를 들었단다. 추잡하기 이를 데 없는 삼류 범죄자의 모습이었다." 아버지의 목소리가 높아지고 눈빛이 형형해졌다. 아버지가 일어나서 지프차로 가더니 갈색 봉투를 꺼내 내 발밑에 거의 내동댕이쳤다. "이거다. 그냥 한번 훑어봐라!"

우리는 녹음테이프 내용을 기록한 문서를 대충 훑어보았다. 대령이 말한 부분은 닉슨 대통령과 존 딘, 해리 홀드먼이 나눈 1973년 3월 21일의 대화로 지금은 모르는 사람이 없을 만큼 유명한 내용이다. 아버지가 말한 대로 거기에는 닉슨 대통령이 홀드먼에게 법정 선서를 하고 위증죄에 걸리지 않게 거짓말하는 법을 코치해주는 부분이 포함되어 있었다. 그들의 대화에는 앞뒤가 안 맞는 문장과 물성스럽고 외설스러운 내용이 혼탁하게 섞여 있었다. 반쯤 취한 두 남자가 밀실에서 주사위 노름이라도 하는 것 같았다. 그들은 비밀을 지키고자 입막음용으로 1백만 달러를 준 사실도 이야기했다. 내가 보기에 문서에 나온 내용은 판사가 의심의 여지없이 대통령이 음모에 가담했다는 결론을 내리기에 충분했다. 닉슨이 전체 음모에 그것도 깊이 관여되었다는 사실이 너무나 명백했다.

닉슨 대통령이 미국인을 상대로 TV에서 여러 차례 워터게이트 사건을 언급한 내용이 재빨리 뇌리를 스쳤다. 대통령은 자신은 이 일과 무관하며 일이 너무 부풀려져 있다고 거듭 맹세했었다. 그것이 공개적인 닉슨의 모습이었다. 그리고 나는 지금 은밀한 닉슨의 모습을 보고 있었다. 리처드 닉슨이라는 사람의 진모를 말이다. 헌법을 아무렇지 않게 어기고 터무니없이 권력을 남용하는 모습이 충격적일 뿐만 아니라 속이 다 메스꺼울 정도였다. 충격과 혐오감이 솟구쳤다. 나라 전체가 걱정스러웠다. 인격이라곤 손톱만큼도 없는 그런 사람이 지금까지 나라를 이끌어왔다는 사실을 깨달은 뒤에 국민이 느낄 공포와 불안이 느껴졌다. 도덕성과 윤리 의식이 저렇게 형편없는 사람이 어떻게 세계 최강대국의 수반 자리에 오를 수 있었을까? 어떻게 이런 일이 일어난 걸까? 누구의 책임인가? 이런 일이 재발하지 않게 하려면 어떻게 해야 할까?

대령을 보니 그의 가슴과 영혼도 나만큼이나 아파하고 있다는 것을 알 수 있었다. 아버지는 바닥을 내려다보며 잔가지를 들고 흙을 후비고 있었다. 그러더니 고개를 들어 나를 보고는 말했다. "특별검사직을 수락하고 워싱턴으로 갈 때만 해도 사건의 한가운데 있는 대통령의 모습은 상상도 못했단다. 대통령이 주모자일 거라고는 생각도 못했지. 파장이 엄청날 거야. 하지만 누구한테도 이런 사실을 입도 뻥긋할 수가 없구나. 이건 타인의, 결국에는 닉슨 대통령 자신의 공정한 재판을 받을 권리를 해치는 일일 테니까."

대령이 굳이 말하지 않았더라도 나는 이해했다. 당시 아버지에게는 그저 비밀을 털어놓을 누군가가 간절히 필요했던 것이다. 아버지가 믿는 사람이고 이런 비밀을 공유해도 좋은 사람. 아버지는 누구도 상상하지 못할 만큼 상황이 악화될 것 같다는 확실한 예감이 든다고 했다. 이는 분명 미국 역사상 가장 충격적인 사건 중에 하나로 남을 터였다. 그리고 이런 충격적인 상황을 나라 전체가 견디고 극복하도록 도울 책임이 아버지의 어깨 위에 걸려 있었다. 나는 아버지를 안심시켰다. "대령님, 계속하세요. 아버지가 옳은 일을 끝까지 해내리라고 믿어요."

"신이 도와주시겠지." 아버지가 덧붙였다.

⋏

이후 몇 주 그리고 몇 달이 흐르는 동안 나에게 가장 힘들었던 일은 이런 정보를 알고 있으면서 동시에 대통령이 TV에 나와 국민에게 거짓말하는 모습을 지켜보는 것이었다. 대통령을 보는 동안 내가 느낀 경멸감은 무어라 형언하기 힘들다. 나는 정치 리더십에 환멸을 느끼면서도 한편으로 워싱턴에서 일어난 일에 우리 모두가 어느 정도 개인적인 책임이 있다는 사실도 인정했다. 국민도 잘못에 대한 대가를 치르고 있는 셈이었다. 나는 우리나라에서 나 같은 평범한 시민이 해야 하는 역할을 진지하게 생각하기 시작했다.

대령을 만난 한 달 뒤에 법무장관과 여섯 명의 공동 피고인이 법정에 모습을 드러냈다. 워터게이트 사건 은폐 혐의의 기소 여부를 심사받기 위해서였다. 당시 판사는 존 시리카였다. 여섯 명 모두 재판 방해 공모 혐의로 기소되었다. 대령의 표현을 빌자면 이는 '사상 유례가 없는 미국의 비극이자 참으로 역사적인 순간'이었다. 거기에는 전직 사법부 수장, 전직 대통령 보좌관, 전직 대통령 특별보좌관, 대통령재선위원회 임원, 미국정보부 법률고문 등이 있었다. 한 사람을 제외한 모두가 변호사였다. 대령과 내가 여러 차례 이야기한 것처럼 정말 가슴 아픈 일이었다.

이를 계기로 대령 밑에서 일하는 직원, 언론, 대중은 대령을 신뢰하게 되었고, 이어지는 몇 달 동안의 작업을 보면서 신뢰를 더욱 굳혔다.

자체 특별검사를 임명하게 해달라는 의회의 목소리도 잦아들었다. 추가로 64개의 테이프가 증거물로 제출되었다. 여기에는 대통령이 워터게이트 사건 은폐 음모를 도왔을 뿐만 아니라 대통령 스스로가 직접 가담했다는 사실을 입증하는 1972년 6월 23일자 테이프도 포함되었다. 결정적 증거인 테이프 제출 문제는 연방대법원까지 가서 다툰 사안이었고, 1974년 7월 24일 대령과 팀원이 연방대법원에서 테이프 제출의 정당성을 주장하는 자리에 나도 있었다. 3주 뒤 연방대법원은 대통령이 특별검사로서 자보르스키에게 보장한 권리에는 대통령을 포함하여 누구든지 법정에 세울 수 있는 권리가 포함되어 있음을 확인하는 결정을 만장일치로 내렸다. 연방대법원은 대통령이 특별검사에게 내린 '특허장'이 법률과 동일한 효력을 가지며, 법률의 최종 결정권자는 연방대법원이라는 사실을 명확히 했다. 법원의 이런 결정은 이미 워터게이트 사건의 기소되지 않은 공모자로 지명된 대통령이 사건과 관련된 64개의 테이프를 특별검사팀에 넘겨주어야 한다는 확인이었다. 그전까지 닉슨은 몇몇 편집된 요약본과 알아보기 힘든 녹취 원고를 넘기는 것으로 상황을 마무리하려고 했다. 나중에 밝혀진 것처럼 이들 자료는 불완전할 뿐 아니라 오류투성이였다.

그로부터 몇 주 뒤에 대령은 이들 테이프를 받았고, 거기에는 워터게이트 사건이 터지고 불과 6일 뒤인 1972년 6월 23일에 닉슨 대통령과 홀드먼이 나눈 대화도 포함되어 있었다. 해당 테이프에 녹음된 대화에서 두 사람은 CIA를 이용하여 FBI가 수사에서 손을 떼게 하는 방안을 논의했다. 헤이그와 닉슨의 수석 상담 변호사였던 제임스 클레어도 해당 테이프에 대해서는 모르고 있었다. 클레어는 닉슨에게 해당 테이프를 대중에게 공개하지 않으면 본인이 사직하겠다고 말했다. 8월 5일 오후 대통령은 성명을 발표하여 테이프 내용이 과거 자신이 했던 말과 '상충된다는 사실'을 인정했다. 그의 말을 그대로 옮긴 녹취록이 그가 워터게이트 사건 발발 6일 뒤에 이미 은폐 음모를 알고 있었고 거기에 가담했다는 사실을 보여주고 있었으니까.

나중에 대령은 당시를 회고하며 이렇게 말했다. "테이프 공개가 나한테는 악몽의 끝이었다 … 닉슨이 유죄라는 내 결론이 이제야 확증을 갖게 되었고 명명백백해졌다 … 테이프 공개 전까지 진실을 아는 나는 침묵해야 했던 반면 대통령은 각종 기회를 틈타 끊임없이 사실을 왜곡하려고 했다. 이런 사실을 너무나 잘 알았기에 나는 불안한 마음으로 워싱턴 거리를 배회했었다. 당시 내가 느낀 안도감은 이루 형언할 수 없었다."

성명을 발표한 이틀 뒤인 1974년 8월 7일 닉슨 대통령이 사퇴했다. 남은 것은 마무리 활동이었고 10월 말에 대령은 특별검사직을 사임하고 휴스턴으로 돌아왔다.

▲

겨우 한 해 동안의 일이었지만 엄청난 1년이었다. 워터게이트 사건은 미국 헌법이 여전히 기능하고 있음을 증명했다. 대령이 말한 대로 절대적으로 누구도 법 위에 있지 않다. 하지만 해당 사건은 국가의 비극을 직접 겪은 대다수 미국인에게 그랬듯이 개인적으로 나에게 깊은 흔적을 남겼다. 나는 대통령 자리에 있는 사람을 다시 온전히 신뢰할 수 있을지 의문스러웠다. 나아가 나는 이를 정치 리더십의 문제가 아니라 조직 리더십 전반의 문제라고 보았다. 나는 스스로 상황을 악화시키는 우리 사회의 근본 문제점을 생각하기 시작했다. 주어진 권력을 남용하는 파렴치한 리더들과 사실상 이런 종류의 행동을 자초하는 나태하고 자기중심적인 시민이 악순환의 고리를 만들고 있었다.1 나는 이런 상황에 깊은 우려와 함께 개인적으로 진정한 책임감을 느꼈다. 하지만 정작 나를 괴롭힌 것은 이런 상황을 근본적으로 바꾸지 못하리라는 스스로의 무력감이었다. 과연 어떻게 이런 문제에 대처하고 진정한 변화를 가져올 것인가?

나의 남은 인생을 바칠 중대한 변화를 향한 씨앗은 이미 뿌려진 셈이었다. 하지만 내가 씨앗이 자랄 환경을 만들고 능력을 키우기까지는 아직 많은 시간이 필요했다.

2

성공한 인생

워터게이트 사건이 터질 때까지 나는 13년 동안 변호사로 일했고 누가 봐도 성공했다고 할 수 있는 위치에 있었다. 고등학교 시절의 여자 친구 프랜과 결혼해서 아들 하나를 키우고 있었다. 우리는 말하자면 보통 사람이 원하는 모든 것을 손에 넣었다. 고수익이 보장되는 전문직, 아름다운 동네에 있는 넓고 안락한 집, 누구나 갖고 싶어 하는 온갖 물건, 건강하고 다재다능한 열한 살 아들, 휴스턴에 있는 많은 친구와 친척. 이는 일종의 그림 같은 생활이었고 그런 생활이 지속되었다.

1960년대 후반 나는 법률회사를 이끌어가는 공동 경영자 중에서도 핵심 인물로 꼽혔다. 회사 운영위원회 위원이었고 수임료나 신규 고객

유치 실적에서도 최고를 자랑하는 변호사였다. 직업 변호사로 일하는 이외에 나는 몇몇 동문을 도와 함께 생명보험사를 설립했다. 나중에 회사는 전국적으로 지명도가 있는 금융회사에 매각되었다. 한편으로 몇몇 친구와 알래스카에 최초의 정유공장을 세우는 일에도 참여했다. 회사가 설립되자마자 상장기업이 회사를 매입했다. 정말 운이 좋았다. 위험 부담은 컸지만 상당히 남는 장사였다.

그래도 내가 가장 관심을 기울인 일은 변호사 업무와 법률회사 설립이었다. 자신의 사업체를 설립하는 과정은 모두에게 신나는 일이었다. 성공하면 할수록 우리는 더욱 열심히 일했다. 최고의 사무 환경을 약속하면서 일류 법학 대학원을 나온 가장 유능한 변호사를 뽑기 시작했다. 오랫동안 나는 법률회사에서 신입 채용 업무를 담당했다. 최고의 인재를 두고 대형 법률회사와 경쟁하는 일은 결코 쉽지 않았지만 그만큼 희열도 컸다. 회사 최고의 변호사들로 팀을 만들어 전국을 도는 신입 채용 행사를 펼치기도 했다. 졸업생들을 만나 맨손으로 시작한 무용담을 들려주고 꿈에 동참시키는 일은 더없이 흐뭇한 경험이었다. 일류 법률회사에서 눈독을 들이던 스타급 신참을 끌어들일 때마다 성대한 자축 행사도 벌였다.

⋏

이즈음 나와 대령의 관계는 전보다 많이 나아졌다. 법률회사가 커질

수록 명성도 높아졌고 대령도 흡족해하는 기색이었다. 나의 성취에서 아버지의 자부심은 나에게 무엇보다 중요한 일이었다. 아버지에게 그런 사실을 말하지는 않았지만 말이다.

화려한 명성을 자랑하는 대령의 그늘 아래서 성장하는 것은 쉽지 않았다. 아버지는 전국에서 가장 존경받는 최고의 변호사에 속했고 경력의 정점에 있었다. 법정에 설 때마다 나는 아버지와 끊임없이 비교를 당했다. 열아홉에 변호사가 되어 배심 재판에서 한 번도 패소해본 적이 없는 사람이었다. 이는 넘볼 수 있는 실적이 아니었다. 더구나 대령에게 깊은 인상을 주고 칭찬을 받기란 쉬운 일이 아니었다. 그야말로 '무식한' 방식으로 고생고생해서 얻어야 하는 것이 아버지의 인정이었다. 아버지는 속마음을 쉬이 드러내지 않는 과묵한 성격이었지만 그래도 가끔은 자신을 표현했다. 형제자매 중에 누구든 아버지의 칭찬을 받으면 두고두고 잊지 못했다.

대령은 미국 최고의 법정변호사가 모이는 엘리트 클럽인 미국법정변호사협회 회원이었고 나중에는 회장직을 맡았다. 미국 내의 법정변호사 중에 1%도 안 되는 사람만이 가입 자격을 얻었다. 대령과 어머니는 1년에 두 번 협회 모임에 나갔고, 1960년대 후반에는 가끔 나와 프랜을 초대해서 데려가기도 했다. 아버지는 미국에서 내로라하는 훌륭한 법정변호사를 소개해주었고 나는 그들 곁에 앉아서 이야기를 경청하곤 했다. 당연히 나에게는 너무나 신나는 경험이었다. 대선배들에게서 나는 많을 것을 배웠다. 나에게는 스승이나 마찬가지였고 나는 그들처럼 되고 싶어 안달이었다.

어느 날 협회 모임에서 월가에서 제일 명망 있는 법률회사로 꼽히는 셔먼앤스털링Shearman & Sterling의 사장 로버트 클레어를 소개받았다. 그는 휴스턴에 있는 일류 법률회사에게 일을 맡아볼 의향이 있냐고 문의한 중요한 소송에 대해 말했다. 그 법률회사는 사건을 그에게 돌려보내면서 승산이 없으므로 손을 터는 것이 좋겠다고 충고했다. 클레어는 그것 때문에 기분이 엉망이라면서 분명 방법이 있을 것이라고 했다. 그는 나에게 그 사건을 간략하게 설명하고 의견을 물었다. 나는 그를 똑바로 보면서 우리 회사에서 맡아 원하는 결과를 얻게 해주겠다고 했다. 클레어가 해당 사건을 우리에게 넘겼고 우리는 크게 승소했다.

덕분에 클레어는 다른 사건도 우리에게 보내기 시작했고 우리는 그쪽 회사와 훌륭한 협력 관계를 유지했다. 1976년 나는 협회 회원 자격을 얻은 다음 어느 모임에서 클레어가 대령에게 다가가서 말하는 것을 들었다. 그는 아버지의 가장 친한 친구다. "세계 2등 변호사께서는 요즘 어떻게 지내시나?" 어리둥절해진 대령이 뭐라고 하기도 전에 클레어가 덧붙였다. "당연히 1등은 아드님이지요." 모두 사실이 아니라는 것을 알지만 나를 칭찬하는 클레어 나름의 방식이었고 아버지도 흡족해했다. 이후로 대령과 만날 때마다 클레어는 같은 말로 인사를 건넸고 대령은 싱글거리며 인사를 받았다. 나는 전쟁을 마치고 돌아온 이래 처음으로 아버지가 나를 '봐주었다'는 느낌을 받았다.

법정변호사 생활은 정신없이 바쁘게 흘러갔고 흥미진진했다. 프랜과 나는 바쁜 생활을 그럭저럭 잘 헤쳐 나가는 것 같았다. 아주 이례적인 상황 앞에서도 그랬다. 아들 조이가 태어나던 무렵 나는 휴스턴 연방법원에서 소송 중이었다. 진통이 시작되었지만 프랜은 나에게 그날 곁에 있어줄 수 있는지 묻지도 않았다. 오히려 프랜은 이렇게 말했다. "가서 일해요. 아기가 나올 것 같으면 사무실에 알릴 테니 그때 병원으로 오면 돼요."

회사 동료가 프랜의 상황을 계속 알려주기로 했다. 원래는 법원에 사정을 알리고 판사에게 재판을 하루 연기한다는 확약을 받은 다음 병원으로 갈 생각이었다. 하지만 상황이 그렇게 풀리질 않았다. 하필이면 담당 판사가 다소 고지식한 사고방식을 가진 사람이었기 때문이다. 동료가 프랜의 진통이 많이 심해졌다고 알려와서 나는 판사석에 가서 말했지만 판사의 대답은 냉정했다. "당신 없어도 아기는 낳을 수 있어요. 당신이 꼭 가야 하는 것은 아닙니다. 자, 변호인은 다음 증인을 부르세요." 다행히 조이가 태어나는 순간 병원에 도착할 수 있었다.

1967년 대령과 나는 목장에서 단거리 경주마 사육 사업을 시작했다. 회사명은 '서클 J 엔터프라이즈'였는데 원래는 절세 수단 정도로 생각하고 시작했는데 이내 자체만으로 훌륭한 수익 사업이 되었다. 내 직함은 경영 파트너였는데 실제 경영은 분야 전문가로 꼽히는 로이스 베이커가 담당했다. 나는 여유가 되는 주말마다 목장에 와서 일했다. 금요일 오후면 우리 부부는 조이를 데리고 휴스턴에서 차를 몰아 목장으로 갔다. 프랜이 운전을 하는 사이 나는 뒷자리에 앉아 사무실 일을 마무리했다. 밤늦은 시간에 목장에 도착해서 일요일 저녁에 휴스턴으로 돌아가는 식이었다.

경주마 사육 사업이 제법 규모를 갖추자 우리는 전국대회에 우리 말을 내보냈다. 우리는 매그놀리아 페이Magnolia Pay라는 어린 종마를 사서 경기에 내보냈는데, 녀석은 미국단거리경주마협회 대회에서 당당히 챔피언이 되었다. 매그놀리아 페이는 번식용 암말과의 교미에도 멋지게 성공해서 새끼가 비싼 가격에 팔렸다. 서클 J 사업의 성공은 주말이면 주로 목장에 모였던 자보르스키 일가에게 큰 자랑거리가 되었다. 또한 단거리 경주마 사업을 로이스와 함께 운영하는 일이 나에게는 또 하나의 직업이 되었다.

1970년에는 법률회사 일이 늘어나면서 동료와 함께 장시간 휴스턴을 떠나 있는 일이 늘었다. 정기적으로 동해안, 서해안, 해외로 나가서 진행하는 소송들이 있었다. 내가 관여하는 생명보험회사 정기이사회도 이국적이고 재미난 장소에서 열렸다. 동문들과 준비한 사업이어서 이사회에 참석하면 텍사스 대학 동아리 시절로 돌아간 것 같아 마냥 즐거웠다.

나는 똑똑하고 젊은 법정변호사들과 함께 일했다. 업계에서 새롭게 부상하고 있는 그야말로 높이 나는 새, 초엘리트들이었다. 소송을 진행하는 과정에서 그야말로 신나는 경험을 많이 했다. 열정적으로 일하고 승리를 자축하는 파티에도 열심이었다.

샌프란시스코에서 중요한 소송을 성공적으로 마친 다음 떠들썩하게 자축한 일은 지금도 잊을 수가 없다. 어찌 보면 흥미롭고 독특하지만 당시 우리의 이중생활을 전형적으로 보여주는 에피소드이기도 하다.

중요한 유언 소송을 성공적으로 처리한 다음 나와 젊은 동료 켄 윈은 자축하기 위해 하루를 더 머물렀다. 다음 날 라스베이거스에서 열리는 보험회사 이사회에 가서 즐거운 시간을 보내자고 내가 켄을 초대했다.

켄과 나는 이튿날 비행기를 타고 라스베이거스로 갔다. 토요일에 이사회가 있었고 5시까지 회의를 했다. 그날 오후 늦게 사람들이 모인 자리에서 내가 말했다. "오늘 밤 7시에 크랩스(주사위 두 개로 하는 도박의 일종-옮긴이) 테이블에서 만나는 거 어때요? 다들 현금 두둑이 챙겨서 오세요. 아무래도 내가 여러분 돈을 싹쓸이할 것 같은 강렬한 예감이 드니까요." 그날 저녁 크랩스 테이블에는 열세 명이 모였다. 사실 나는 크랩스를 썩 잘하지 못하지만 가끔씩 하는 것을 무척 즐겼다. 게임에서 느끼는 스릴과 모험을 좋아했고 나름 관련 책도 읽었다. 그래서 게임을 어느 정도는 알고 있었다.

사람들이 모이고 주사위가 내 손에 쥐어지자 한껏 분위기를 띄웠다. "자자, 여러분, 돈들 꺼내세요. 이번 판은 아무래도 오래 갈 것 같으니까요." 솔직히 내가 왜 그런 말을 했는지 지금도 모르겠다. 왠지 그래야 될 것 같아서 한껏 너스레를 떨었던 것이다. 다들 테이블 위에 돈을 올려놓은 뒤에 내가 주사위를 던졌다. 내가 졌고 모두 돈을 잃었다. 주사위가 옆 사람에게 넘어갔고 모두 나를 향해 소리를 지르며 투덜거렸다. 주사위가 나에게 돌아오자 나는 다시 사람들을 부추겼다. "좋습니다. 아무래도 믿음이 가지 않겠지만 진정한 믿음을 아는 분이라면 다시 돈을 올려놓으세요. 이번 판은 정말 대단할 테니까요. 자, 갑니다."

빈털터리 신참 변호사였던 켄은 수중에 있는 돈이라고는 고작 25달러가 전부였는데 첫 판에 이미 절반을 잃었다. 내가 켄을 보고 말했다. "켄, 나머지 돈을 모두 꺼내." 내가 주사위를 흔들었고 이후 48분 동안 내내 주사위는 내 손에 있었다. 48분 동안 주사위를 흔들면서 나는 판위의 모든 돈으로 숫자를 두드렸다. 카지노 측에서 게임을 중단시키고 100달러짜리 칩을 두 번이나 가져와야 했다. 결국에는 우리 테이블을 빼고 카지노 전체가 텅 비는 사태가 벌어졌다. 손님이 우리 테이블을 몇 겹으로 둘러싸고 구경했다. 나는 코트를 벗고 소매까지 걷어붙인 참이었다. 몰려든 사람들로 인한 소음 때문에 귀가 먹먹할 정도였고, 그야말로 짜릿하기 이를 데 없는 순간이었다. 나는 300 혹은 400 정도를 그들에게 주는 팁이라 생각하고 30대 1의 비율로 딜러 편에 걸었다. 주사위를 던져서 둘 다 1이 나오거나 둘 다 6이 나오면 딴 돈이 그들에게 가는 식이었다.

내가 마지막으로 주사위를 던질 무렵에는 테이블 전체가 100달러짜리 블랙 칩으로 덮여 있었다. 마지막 던지기에서 나는 실패했다. 당시 테이블 위에 몇 천, 몇 만 달러가 놓여 있었는지 나는 모른다. 다만 내가 마지막으로 던졌을 때 엄청난 함성이 터져 나왔다는 것만은 기억한다. 비록 막판에 그렇게 끝나고 말았지만 놀라운 경험이었다. 게임을 접은 우리는 모두 칵테일 라운지로 가서 내가 전체에게 술을 샀다. 다음 날 늦게 우리는 휴스턴으로 출발했고 비행기에서 돈을 세면서 시간을 보냈다.

▲

지금 생각하면 내가 어떻게 파편화된 존재 양식을 그렇게 오래 유지할 수 있었는지 이해가 안 된다. 전체를 관통하는 일관성도 없고 헌신적인 마음 자세도 결여된 그런 생활을 말이다. 당시 나의 삶은 그야말로 흐릿해서 앞이 보이지 않았다. 전체 방향을 돌아볼 잠깐의 여유도 없이 나는 이 일에서 저 일로 정신없이 옮겨 다녔다.

당시는 그것이 멋진 삶인 줄 알았다. 하지만 사실은 삶을 전혀 몰랐던 것이었다. 그때 나의 삶은 말하자면 디즈니월드 같았다. 보기에는 환상적이지만 진짜가 아닌 허구에 너무나 편협하고 빤해서 어떤 실질적인 의미도 찾기 힘든 그런 삶 말이다.

많은 사람에게 그러하듯 환상의 끝은 개인의 위기라는 형태로 나를 찾아왔다.

3

여행이 시작되다

1975년 마흔 살에 나의 세계가 무너져 내렸다. 나는 추수감사절 주말에 대령과 몇몇 동료와 목장에서 사냥을 한 다음 일요일 저녁에 차를 몰고 휴스턴으로 돌아왔다. 막 서재로 들어와 소지품을 내려놓는데 프랜이 들어와서 말했다. "이야기 좀 해요. 정말 중요한 일이에요."

내가 자리에 앉자 그녀가 말했다. "조, 우리 이혼해요. 사랑하는 사람이 생겼어요."

나에게는 청천벽력 같은 소리였다. 당시 프랜은 휴스턴 대학에서 공부하고 있었는데 수업에서 누군가를 만나 사귀고 있다는 것이었다.

대화를 나눈 뒤에 프랜이 말했다. "오늘 밤부터 당신이 집을 나가줘으면 해요." 솔직히 당시 대화에 대해 많은 것을 기억하지는 못한다. 아마 완전히 충격을 받은 상태였던 것 같다. 하지만 망연자실한 와중에도 분노, 혼란, 배신감, 공포감 등이 뒤섞인 고통스러운 감정을 맛보았다. 이런 감정이 거대한 물결처럼 밀려들었다. 무엇보다 강했던 것은 뼛속까지 스미는 철저한 불신과 절망감이었다. 20년간의 결혼 생활이 이렇게 끝나는구나. 쾅하고 문이 닫히는 소리가 들리는 것만 같았다.

가방을 몇 개 챙겨서 차를 몰고 고속도로 변에 있는 하워드 존슨 모텔로 갔다. 멀고 외딴 곳일수록 좋았다. 너무 창피했고 아무한테도 내 꼴을 보이고 싶지 않았다. 엄청난 충격으로 망연자실한 상태에서 그렇게 홀로 있었다. 아내와 아들을 잃었을 뿐만 아니라 그림 같던 삶 전체가 산산이 부서져 버렸다. 어찌나 순식간에 박살이 났는지 누군가 망치를 들고 작정하고 후려친 것만 같았다.

▲

별거 기간에도 이후에도 이혼한 다음에도 나는 사무실에서 일을 했지만 이른 아침과 늦은 밤이면 혼자였고 그런 시간이면 스스로를 곰곰 들여다보았다. 여러 면에서 내 눈에 보이는 내가 마음에 들지 않았다. 자아와 나의 감정과 접촉하기 시작하면서 상실의 고통과 혼란이 내면에서 솟구쳐 나를 휘감곤 했다. 책을 읽다가 글을 쓰다가 때로는 운전을 하면서 깊은 생각에 잠겨 있거나 어딘가를 걷고 있을 때도 문득문득 그런 감정이 밀려들었다. 나는 계속해서 깊은 나락으로 떨어지고 있었다. 그리고 주체 못할 감정이 나도 모르게 흘러나오곤 했다.

누나 조니가 내가 빠진 고통을 간파했다. 어느 날 일이 끝나고 집에 와보니 조니에게서 작은 소포가 와 있었다. 휴 프레이더Hugh Prather가 쓴 〈조금만 더 일찍 나를 알았더라면Notes to Myself〉이라는 제목의 책과 함께 어쩌면 이것이 도움이 될지 모르겠다는 누나의 메모가 들어 있었다. 그날 저녁 읽기 시작했는데 다 읽을 때까지 손에서 책을 놓을 수가 없었다. 이후 며칠에 걸쳐서 크지 않은 책의 구절구절을 읽고 또 읽었다. 자아 발견을 위한 여행을 시작한 사람의 자아 성찰 내용이었다. 작가는 '자신이 누구이며, 여행을 하는 이유가 무엇이며, 여행의 목적이 무엇인가'라는 문제에 정면으로 맞서 해답을 얻으려 노력하고 있었다. 책을 읽으면서 나는 자아 성찰적인 글쓰기의 위력을 알 수 있었다. 작가는 글을 씀으로써 자신을 둘러싼 상황을 명료하게 파악하고, 그런 통찰을 통해 자기 치유 방법을 찾아내고 있었다.

나도 낱장 메모지에 같은 형식으로 글을 써서 매일 서류철에 보관하기 시작했고, 몇 달 전에 쓴 글을 찾아 다시 읽어보곤 했다. 그렇게 시간이 흐르면서 내가 변해가는 모습, 생활에서 특정 패턴이 나타나는 모습을 보고 적잖이 놀랐다. 어떤 때는 과거 글을 전혀 보지 않았다. 글쓰기는 그래도 여전히 도움이 되었다. 성찰의 과정, 나를 압도한 감정을 종이 위에 자연스럽게 펼쳐놓는 과정 자체가 도움이 되었다. 이런 과정이 혼란스러웠던 마음에 질서를 가져왔고 의식에 일관성을 가지게 했다. 또한 내가 다른 어떤 활동에서도 찾지 못한 평화로움과 이해심을 갖게 해주었다.

다음에는 노트를 한 권 사서 자아 성찰 내용을 계속 기록했다. 시간이 흐르면서 이런 나와의 대화가 더없이 소중해졌다. 혼자 보내는 고독한 시간이 내게 일종의 정화 과정이 되어 주었는데 일생일대 위기에 직면에 있던 내게는 바로 이런 과정이 절실히 필요했다. 지금 생각하면 그런 말 없는 대화 속에서 중요한 선택의 순간에 나를 이끌어준 중요한 깨달음을 얻었던 것 같다.

생각이 점점 명료해지면서 나도 모르게 속이 뒤집힐 만큼 깊고 서럽게 울곤 했다. 아마도 가족을 잃은 슬픔 때문에 울었겠지만 한편으로 생각 없이 무분별하게 살아온 과거 때문에도 울었다. 더불어 오랜 세월 안고 살면서 억눌러온 모든 고통을 그렇게 방출하고 있었으리라. 어쩌면 이는 내가 감정을 맘껏 분출하도록 자아를 풀어준 최초의 경험이었는지도 모른다. 어른이 되고 이혼을 하기 전까지 내가 눈물을 흘린 적은 단 한 번밖에 없었다. 누나의 아들인 마이크가 오토바이 사고로 죽었을 때 잠깐 눈물을 보인 것이 유일했다. 마이크는 대령과 아주 친했다. 대령은 마이크가 자신에게 주어진 아들을 제대로 길러볼 두 번째 기회로 생각했다. 대령은 마이크와 많은 시간을 보내면서 아이의 이야기에 귀를 기울이고, 자주 안아주고, 아이에게 할아버지가 자신을 얼마나 사랑하고 아끼는가를 말해주었다. 나는 마이크의 죽음이 아버지를 반쯤 죽인 것이나 마찬가지라고 생각한다. 아버지는 걷잡을 수 없이 무너지기 시작했고 2년 동안 외부에 모습을 드러내지 않았다. 사건 직후 대령이 충격에서 헤어나지 못했으므로 내가 곧장 아버지의 공백을 메우고 모든 일을 처리해야 했다. 그러다 보니 내 감정을 드러낼 시간조차 많지 않았다. 당시 몇 방울의 눈물이 뺨을 타고 흘러내리기는 했으나 그것은 어디까지나 사랑하는 조카를 잃은 삼촌의 눈물로 의미가 그리 복잡하지 않았다. 혼자가 된 이후에 경험한 가슴 깊은 곳에서 복받쳐 오르는 그런 눈물이 아니었다.

별거와 이혼을 하고 며칠 그리고 몇 달이 흐르고, 그렇게 시간이 흐르면서 서서히 내가 느끼는 감정에 마음을 열다 보니 하루하루가 소중하다는 것을 경험하기 시작했다. 전에는 그런 식으로 하루하루의 생활을 제대로 느껴본 적이 없었다. 과거 시간은 모두 흐릿하고 몽롱했다. 말하자면 진정한 감정의 기복이 없는 그런 생활이었다. 물론 좋았던 시간이 있었다. 하지만 이상하게도 그것들이 그렇고 그런 평범한 생활이었다고 생각되기 시작했다. 이제는 감정이 고조될 때면 화들짝 놀랄 만큼 강렬하게 다가왔다. 그렇게 대단한 사건이 아니어도 불로 지진 것처럼 기억 속에 깊이 각인되었다. 어찌 보면 너무 평범하고 단순한 일인데도 묘한 느낌이나 깨달음 때문에 엄청난 의미로 다가오는 때도 있었다. 어느 일요일 이른 아침 일출 직후에 파리의 작은 풀밭에서 비둘기에게 먹이를 주는 꼬마를 우연히 만났을 때처럼 말이다. 너무 갑작스레 맞닥뜨린 완벽한 조화 앞에서 나는 그만 얼어붙고 말았다. 처음에는 그런 일이 흔치 않았지만 시간이 흐르면서 더욱 잦아지고 편안해지고 다가기도 쉬워졌다.

나는 내가 어떻게 살고 있으며, 어디로 가고 있으며, 삶에서 무엇을 바라는지 성찰하기 시작했다. 일기를 쓰는 것 이외에 책을 읽고 처음으로 철학적이고 개인적인 문제를 깊이 사색했다. 여행을 할 때도 같은 세대 혹은 연장자와 대화를 나누었다. 내가 나에 대해 느끼는 감정이 누구나 느끼는 것인지 알고 싶어서였다. 실제로 어느 정도 성공했다는 동년배 중의 대다수가 나처럼 느끼고 있었다. 물질적인 욕구는 대부분 충족되었지만 진정으로 사는 것 같지 않았고 정말로 자유롭지도 않았다. 뭔가 의미 있는 일을 하고 사회 공헌도 하기를 바랐지만 두려움과 더욱 많은 물질에 대한 욕구 때문에 박차고 나가지 못하고 현실에 묶여 있었다. 이는 '존재 방식'이 아닌 '소유' 욕구에 발이 묶여 있었다. 사람들과의 대화를 통해 우리가 진짜 두려워하는 것은 물리적인 죽음이 아니라는 사실도 알았다. 그들이 두려워하는 것은 지금까지 진정한 삶을 살지도, 고차원적인 삶의 목표를 깊이 생각하지도, 그런 목표를 향해 과감히 떨쳐 일어나 보지도 못했다는 사실이다. 그리고 세상을 변화시키기 위한 최소한의 노력조차 해보지 못했다는 사실이다.

당시가 내게 새로운 삶의 여정이 시작된 시기라는 사실을 깨달은 것은 이후로 많은 시간이 흐른 뒤였다. 여정은 이미 그때 내 안에서 시작되었다. 아직 모르고 있었지만 내가 전에 선택한 것과는 완전히 다른 새로운 길로 들어선 시작의 순간이었다. 삶에서 없어서는 안 될 필수 요소가 예전과는 완전히 달라졌다. 삶을 통제하려 하지 않고 삶이 나를 통해 흐르도록 한다는 것이 어떤 의미인가를 마침내 깨달았다. 통제하지 않으므로 당연히 삶의 기복이 심해졌고 따라서 예전보다 훨씬 위험하다는 생각이 들었다. 하지만 이는 내가 말하려는 그런 길을 가려면 감수해야 하는 부분이다. 걷는 동안 저절로 모습을 드러내는 그런 길을 가려면 말이다. 하지만 이런 부분을 구체적으로 논하기는 아직 이르다. 이때만 해도 나에게 그리 명확하지 않았기 때문이다. 이런 이해와 깨달음 자체가 시간을 두고 아주 천천히 모습을 드러냈다. 마치 겹겹의 양파 껍질을 벗기듯 그렇게 서서히 단계적으로 말이다.

4

자유

이혼까지의 시간은 정신적으로나 감정적으로나 상처로 점철된 시기였다. 프랜과 나 모두에게 아주 힘든 시기였다. 상담을 받으면서 부부 사이의 앙금을 정리하고 결혼 생활을 유지할 가능성은 없는지 판단하는 노력도 했다. 결국 우리는 가망이 없다는 결론을 내리고 이혼 절차로 넘어갔다.

다행히 우리는 이혼 수속에 필요한 절차를 비교적 차분하고 성숙하게 처리했다. 크리스마스가 머지않은 어느 날 저녁 우리는 벽난로 앞에 앉아 재산 분할, 생활비, 양육권 합의 사항을 서류 세 장에 정리했다. 프랜의 요구로 내가 집을 나간 지 겨우 한 달 만이었다. 성난 파도에 휩쓸린 것처럼 혼란스럽고 불안하던 시기에 그나마 차분한 반성과 사랑이 함께한 순간이 아닌가 싶다. 이후 우리는 당시 합의를 결코 어기지 않았다.

어수선하기 짝이 없는 상황에서 경주마 사육장도 팔기로 했다. 시간이 되는 모든 주말을 서클 J에 바치는 그런 생활을 하고 싶지 않았다. 사실 거기까지 신경 쓸 마음의 여유가 없었다. 대령도 이런 심정을 이해했고 2월 15일 일요일 오후에 경매를 통해서 완전히 처분하기로 합의했다. 경매는 텍사스 주 산마르코스라는 작은 마을의 시민회관 앞 광장에서 열렸다. 오스틴 바로 남쪽, 목장에서 불과 20여 킬로미터 떨어진 곳이었다.

경매는 제법 근사하게 진행되었다. 많은 관중이 모였고 분위기도 열광적이었다. 말들은 모두 최상의 상태였고 경매인과 판매팀도 일을 훌륭하게 처리했다. 결과적으로 모든 말을 높은 값을 받고 팔았다. 오후 2시 30분에 처음 낙찰을 알리는 망치 소리가 났고 5시에는 상황이 모두 종료되었다.

말을 파는 결정은 우리 모두에게 감정적으로 쉽지 않은 문제였다. 경주마 사육으로 삶이 크게 바뀐 사람은 비단 우리 가족만이 아니었다. 지난 9년 동안 이곳에서 일하면서 서클 J를 잘나가는 경주마 사육장으로 만든 모든 직원의 삶이 이로 인해 극적으로 바뀌었다. 대다수 직원은 텍사스 서부의 목장에서 나고 자라 가축 사육을 생업으로 삼아온 이들이었다. 당연히 말을 키우는 일에도 애정이 깊었고, 이런 애정과 그들이 흘린 땀방울이 성공의 열쇠였다.

우리 일곱은 경매가 진행되던 건물 뒤편에 서 있었다. 사람들은 모두 떠났고 이제 우리도 작별해야 할 시간이었다. 둥그렇게 둘러서서 과거 화려했던 무용담을 늘어놓으며 호탕하게 웃었지만 마지막에는 모두 눈물을 글썽였다. 오랜 시간 많은 것을 함께한 사람들이었다. 누군가 말한 대로 그것은 '멋진 경주'였다.

그날 저녁 거기 모인 모두가 힘들어 했는데 특히 해럴드가 그랬다. 해럴드는 말하자면 거친 사내였다. 72킬로그램에 불과한 크지 않은 체구지만 부츠를 신고도 번개처럼 빠르고 바위처럼 단단했다. 천성이 거친 편이다 보니 완력을 쓰다가 궁지에 빠지는 일도 가끔 있었다. 로이스가 문제를 일으킨 해럴드를 도와달라고 늦은 밤에 종종 내게 전화를 했었다. 해럴드는 겨우 열일곱에 매그놀리아 페이를 타고 포트워스에서 열리는 '로데오 앤 라이브스톡 쇼Rodeo and Livestock Show'에 나갔고 당당히 우승했다.

이제 모든 것이 끝났다. 나는 마지막으로 한 사람 한 사람 악수를 나누었다. 해럴드 차례가 되자 그는 참았던 울음을 터트렸다. 가슴 깊은 곳에서 터져 나오는 울음이었다. 내가 그를 와락 움켜잡고 꼭 안아주었다. 우리 둘 다 한참 동안 말을 하지 못했다. 마지막에 해럴드가 여전히 눈물을 흘리면서 말했다. "왜 예전처럼 안 되는 거예요? 프랜은 왜 떠난 건가요? 왜 이런 식으로 끝나야 되는 건가요?" 내가 해럴드를 안은 채 귀에 대고 속삭였다. "모르겠네. 나도 모르겠어."

모든 이혼 절차가 마무리되었다. 이후로도 2년 동안 상황을 되돌리려는 노력을 계속했지만 결국에는 그렇게 되지 않았다. 너무 멀리 와 버렸고 이미 굳어져 버린 거리를 좁힐 수 없다는 사실만 거듭 확인했을 뿐이었다.

1976년 4월 나는 예전에 프랜과 조이와 함께 살던 넓은 집에서 혼자 살았다. 프랜은 도심의 작은 주택으로 이사했고 나는 집을 내놓은 상태였다. 당시 나는 회사에서 중요한 소송을 진행하고 있었는데 규모도 커서 해당 사건에만 전력을 쏟아야 하는 그런 소송이었다. 9월 초 재판이 13주째로 접어들었을 무렵 판사가 7주간의 휴정을 명했다. 향후 1, 2년은 해당 사건과 거기서 파생되는 부수적인 소송에 집중해야 했으므로 내가 맡은 다른 사건들을 동료에게 인계한 뒤였다. 그래서 법원이 7주간 휴정을 명하자 나는 생각지 않은 자유의 몸이 되었다. 어른이 되고 나서 처음으로 완전히 기분 내키는 대로 뭔가를 해보았다. 갑자기 짐을 챙겨 파리로 가는 항공권을 사서 무작정 7주간의 유럽 여행을 떠났다. 정해진 계획이나 사전 예약도 없이 짐도 아주 간소했다. 평소 스타일을 감안하면 이는 심하게 비정상적인 일이었다. 나는 꼼꼼하기로는 둘째가라면 서러울 그런 사람이었고, 모든 일정을 세세한 부분까지 미리 계획한 다음 여행을 떠나곤 했다. 과거 인상 깊게 읽은 책도 몇 권 챙겼다. 그때는 몰랐지만 챙겨간 책이 당시 내 사고를 발전시키는 데 중요한 역할을 했다.

프랑스를 여행하는 내내 나는 성당에 매료되었다. 특히 파리에서 남서쪽으로 멀지 않은 곳에 위치한 중세풍의 작은 도시 샤르트르에 있는 대성당에 끌렸다. 샤르트르 대성당은 고딕 양식 전성기였던 13세기 중반에 건설된 것이다. 양쪽 첨탑 모양이 다른 독특한 대칭 구조에 전체적으로는 통일성을 유지하고 있다. 내부를 둘러보는 동안 나는 주위의 모든 것과 하나가 되는 일체감을 느꼈다. 세상 전체를 향해 완벽하게 열려 있는 그런 느낌을 말이다. 원래는 1시간쯤 성당을 둘러볼 예정이었는데 결국 하루 온종일 그곳에서 보냈다. 처음에는 고즈넉이 앉아 있다가 나중에는 생각을 하며 드넓은 성당의 내부와 외부를 구석구석 걸어 다녔다.

거기 있는 내내 나는 너무나 독특한 느낌을 받았다. 귀와 머릿속 전체에 종소리가 들리는 그런 느낌이었다. 설명하기는 쉽지 않지만 분명 익숙한 느낌이었다. 마치 내가 전혀 다른 에너지장 안에 들어와 있는 것 같았다. 자연에서는 여러 번 경험한 감정이지만 인간의 손으로 만든 건축물 안에서 그런 느낌이 들기는 처음이었다.

그날 오후 늦게 여전히 성당 주위를 서성이며 나는 자유의 두 가지 개념을 생각했다. 두 가지 모두 7주간의 여행에서 내내 느꼈던 것이다. 첫 번째는 '벗어나는 자유freedom from', 말하자면 환경의 억압에서 벗어나는 자유였다. 내가 대령의 그늘에서 생존 투쟁을 벌이던 과거 15년 동안 내가 주로 느낀 것이 바로 순응하는 삶에서 벗어나고픈 욕구였다. 하지만 이즈음 또 다른 개념의 자유가 깊은 심연에서 의식의 표면 위로 떠오르기 시작했다. 전심전력을 다해 삶의 목표를 좇아가는 자유,

동시에 통제하거나 억지로 '만들어내지 않고' 삶의 창조적 기운이 나를 통과하여 움직이도록 내버려두는 자유. 오랜 시간에 걸쳐 배워야 하는 것일수록 강력한 법이다.

샤르트르에서의 경험은 나의 내면에서 발견한 각종 억압 요소, 특히 두려움을 뚫고 나가야겠다는 생각을 하게 만들었다. 다시 읽으려고 가져간 책 중에 가장 도움이 되었던 것은 리처드 바크의 〈갈매기의 꿈〉이었다. 지금도 '갈매기의 꿈'이라는 말을 하면 얄팍한 책을 처음 탐독하던 때의 감동이 생생히 떠오른다. 당시 나는 주와 주 사이를 잇는 10번 고속도로를 타고 휴스턴에서 오스틴으로 업무상 회의를 하러 가던 참이었다. 그때 강렬한 뭔가가 책을 읽으라고 명령하는 것만 같았고, 나는 도로변에 차를 주차한 채로 책을 읽기 시작했다. 읽는 내내 여러 구절에 밑줄을 긋고 속으로 생각했다. "그래, 그래, 정말 맞는 말이야."

갈매기 조나단 리빙스턴이 들려준 중요한 진실 중에 하나는 '생각의 사슬을 끊어라, 그리하면 육체의 사슬도 끊어진다.'는 것이다. 이 부분을 읽으면서 나에게 해당되는 이야기라고 느꼈다. 흥미로운 소설 형식이었지만 삶의 진실임을 알 수 있었다.

조나단은 자유에 대해서 아주 많은 것을 알고 있었다. 그는 복종의 사슬을 끊는 방법을 알고 있었기 때문이다. 〈갈매기의 꿈〉은 조나단 리빙스턴을 배움으로 이끈 힘에 관한 이야기다. 우리 자신의 가장 고결한 부분과 접촉하고, 거듭 접촉하게 만드는 그런 책이다. 자신을 무지에서 해방시켜 스스로가 지성과 창조력을 가진 우수한 창조물임을 깨닫게 하는 그런 책이다. 〈갈매기의 꿈〉은 또한 고차원적인 삶의 목표를 찾아가는 이야기다. 나도 간절히 바라는 것이었다. 나는 왜 여기에 있는 것인가? 내가 지구에 있는 이유는 과연 무엇을 하기 위함인가? 책은 지루함, 공포, 분노를 어떻게 극복하는지 이야기하고 새로운 인식 능력, 즉 조나단의 표현을 빌자면 '편안한 텔레파시easy telepathy'를 이야기한다. 조나단은 삶에는 생존, 투쟁, 권력을 넘어서는 고결한 뭔가가 있다는 삶의 원칙을 이야기한다. 〈갈매기의 꿈〉은 또한 시각화를 이야기한다. 궁극적인 꿈을 이룬 자신의 모습을 상상하고, 상상 속의 나를 느끼고, 상상 속의 나와 접촉하는 과정을 이야기한다. 배움의 공포와 우리 내면에서 신과 같은 존재를 보는 두려움을 극복하는 이야기이기도 하다.

나는 본연의 내가 될 자유, 가장 고귀한 자아가 될 자유를 가져야 하며 내가 진정으로 원한다면 무엇도 나를 막을 수 없다는 것을 깨달았다. 이런 자유는 찾고자 하는 모든 이에게 있다. 방법은 자신의 의식 수준과 사고방식을 바꾸는 것이다. 만약 우리가 경험을 통해 참맛을 알면 계속해서 그런 변화를 실천하려 할 것이고 결국 우리 내면의 무한한 존재를 찾게 된다.

5

그랑프리 참관 도전

공원, 박물관, 성당, 조용한 장소를 거닐며 파리에서 며칠을 보내는 동안 나는 〈갈매기의 꿈〉에서 배운 교훈을 계속 생각했다. 이따금 책을 휙휙 넘기면서 표시해놓은 구절을 읽었다. "삶에서 나의 보다 높은 이상은 무엇일까? 내가 이 세상에 있는 진정한 이유는 무엇일까?" 이런 질문을 곰곰 생각하면서 묘한 외경심과 희열을 느꼈다. 예전에는 결코 생각한 적이 없는 주제였다. 하지만 지금 생각하면 그처럼 중요하고 심오한 문제를 당시 내가 깊이 있게 제대로 다룰 수 있었던 것은 아니다. 말하자면 파리에서 나는 이런 방향으로 '첫걸음마'를 떼는 수준이었다.

나는 또한 어떻게 궁극적인 꿈을 실현할지 깊이 생각하기 시작했다.

궁극적인 꿈을 이뤄가는 과정은 구체적으로 어떤 모습일까? 과연 어떻게 해야 마음속에 그리는 새로운 환경 혹은 미래를 실제로 창조할 수 있을까? 꿈을 이룰 방법론이라는 측면에서 나는 또 다른 걸음마를 떼고 있었다. 찬찬히 이런 고민을 하던 중에 문득 드는 생각이 있었다. 불가능해 보이는 단기 도전 목표를 세워 정말 할 수 있는지 해보는 건 어떨까? 멋진 실험이자 유럽에서의 모험을 시작하는 근사한 방법이라는 생각이 들었다. 십대 이후로 나는 페라리와 사랑에 빠졌고 이런 애정은 자연히 그랑프리 자동차 경주 대회의 관심으로 이어졌다. 1970년대 중반까지 페라리는 25년 동안 그랑프리 대회에 참여해서 큰 성공을 거뒀다. 1976년에는 니키 라우다Niki Lauda(F1의 불사조로 불린 카레이서-옮긴이)가 페라리를 몰았다. 무엇보다 나는 이탈리아 북부 도시 몬차에서 열리는 그랑프리 대회장에 가서 라우다를 비롯한 페라리 경주팀과 함께 그곳에 있고 싶었다. 그것이 나의 도전이 되었다.

나는 모데나에 있는 페라리 본사에 전화를 하고, 미국에 있는 친구들에게 연락해서 이탈리아 그랑프리 관람 티켓을 구하는 데 도움을 줄 사람이 있나 알아보았다. 마침내 한 친구가 페라리 회사 임원인 고티 박사와 연락할 길을 터주었다. 고티는 그랑프리 관람 티켓 구하기가 불가능하다고 말했다. 이미 6개월 전에 전 좌석이 매진되었고 최근 몇 달 동안은 내야infield(경주에 출전한 자동차가 달리는 경주로를 가리키는 서킷 내부 구간-옮긴이) 티켓만 살 수 있었다. 고티는 내야에만 2만여 명이 몰려 있는데 아주 위험하다고 경고했다. 엄청난 인파 때문에 보통 사람은 겁을 먹을 수도 있고, 더구나 폭력 사태가 발생할 수도 있다는 것이었다. 경주는 실제로 9월 12일에 시작되지만 사람들은 입장 이틀 전부터 경기장 주위에 텐트를 치고 생활한다고 했다. 기차에서 내린 다음 이런 인파를 뚫고 가야 하므로 오후 3시 30분 경기 시간에 맞추려면 밀라노에서 아침 8시에는 기차를 타야 한다는 계산이 나왔다. 어쨌든 입장이 불가능하다는 것이 고티의 대답이었다. 하지만 나는 대회장에 가서 경주가 시작되기 전에 어떻게든 라우다 옆에 있겠다는 꿈을 실현하기로 결심했다.

나는 밀라노에서 하룻밤을 보냈다. 그런데 새벽 4시에 일어나 보니 비가 억수처럼 퍼붓고 있었다. 낭패다 싶었다. 몬차 기차역에 내려서 그랑프리 대회장까지 장장 45분이나 걸어야 한다는 것을 알고 있었기 때문이다. 우비 없이는 물에 젖은 생쥐 꼴이 될 테고 홀딱 젖은 몸으로 저녁까지 밖에 있는 것은 생각해볼 필요도 없이 미친 짓이었다. 너무 이른 시간이라 상점도 문을 열지 않았을 것이다. 나는 호텔 로비에 앉아 어떻게 해야 좋을지 고민했다.

문득 고개를 들어보니 몸집이 나만한 남자가 안내데스크 쪽으로 걸어오고 있었다. 비옷을 입고 우산까지 들고 있었다. 걸어가서 팔꿈치를 가볍게 건드렸다. 남자가 돌아보자 내가 얼굴을 똑바로 보면서 말했다.

"실례합니다. 선생님! 저는 조 자보르스키라고 합니다. 휴스턴에서 왔는데 선생님 비옷과 우산을 낮에 썼으면 합니다."

남자가 아무 말이 없어서 내가 계속해서 말했다. "저는 오늘 몬차에서 열리는 그랑프리 자동차 경주를 보러 갑니다. 그런데 비옷과 우산을 스위스에 두고 왔습니다. 어떻게 해서든 몬차로 가서 경주를 봐야 합니다. 저에게는 정말 중요한 일입니다. 선생님 우산과 비옷을 꼭 좀 빌려 주십시오. 내일까지 반드시 돌려드리겠습니다."

남자가 잠시 나를 쳐다보더니 웃을락 말락 하는 표정으로 말했다. "그러세요. 안 될 거 있습니까?" 그는 서류 가방을 내려놓고 비옷을 벗어 나에게 내밀면서 말했다. "나는 매니 디에츠요. 여기 이틀 동안 머물 예정인데 내일 돌아와서 전화 주시오." 그가 내게 명함을 내밀었고 나는 그에게 너무 감사하다는 인사를 하고 밖으로 나왔다.

몬차 국립 자동차 경기장으로 가는 길에 마주친 광경은 믿기지 않을 정도였다. 엄청난 인파가 말 그대로 흘러 들어가고 있었다. 나는 당시 상황을 일기에 이렇게 썼다. "슈퍼볼(매년 미국 프로 미식축구의 우승팀을 결정하는 경기-옮긴이) 대회의 10배는 된다고 말할 수밖에 없다. 슈퍼볼 대회가 열리는 라이스 경기장이 8만 5천 명을 수용한다면 거기 있는 사람은 족히 50만 명은 될 것 같다." 입장은 예상대로 만만찮은 일이었다. 1시간 넘게 여기저기를 기웃거렸다. 안으로 들어갈 상상할 수 있는 모든 방법을 생각했다. 도처에 경비견, 가시철사가 있는 높은 울타리, 경찰, 군인이 깔려 있었다. 나는 먼저 눈에 띄는 가장 그럴 듯한 출입구로 갔다. VIP 전용으로 보통 '트리뷴tribune(호민관)' 출입구라고 불린다. 계급이 높은 장교가 지키고 있었다. 20년 변호사 일을 하면서 갈고 닦은 온갖 언변을 동원해서 어떡하든 설득해보려 했고 사실 거의 성공할 뻔했다. 하지만 아랫사람이 '대장'이라고 부르는 장교가 오더니 결국 나를 쫓아냈다.

다음으로 나는 온갖 방송사 트럭이 모여 있는 곳으로 갔다. 방송사 스포츠 기자를 사칭해볼 생각이었다. 지금이야 스스로 이런 속임수를 용납하지 않지만 당시 나는 아직 그런 수준이었다. 먼저 방송국 트럭 주위에 있는 일꾼들과 이야기를 하면서 정보를 수집한 다음 그들의 상관 몇 명과 대화를 나눴다. 마침내 기자실로 가는 입구로 가서 경비원에게 기자단 책임자를 만나고 싶다고 말했다. 책임자를 만나 CBS 기자인데 통행증을 호텔에 놓고 왔다고 말했다. 텍사스에서 여기까지 먼 길을 왔고 이미 들어간 동료를 만나야 한다고 사정했다. 책임자는 남은 출입증은 하나뿐이라면서 스페인 기자를 위해 남겨둔 것으로 금세 올 거라고 했다. 그녀는 지갑에서 출입증을 꺼내 손에 들고 있었다. 나는 그녀의 얼굴을 똑바로 보면서 힘주어 말했다. "출입증이 꼭 필요합니다." 잠시 망설이던 그녀는 위쪽 서류철 속에 있던 여분의 출입증을 꺼내 나에게 내밀었다. 나는 그녀의 볼에 감사의 인사를 하고 밖으로 나왔다.

통행증은 녹색 플라스틱으로 만들어져 있었는데 목에 걸게 되어 있었다. 이것만 있으면 어디든 갈 수 있었다. 정문으로 뛰어가서 경비견, 감독관, 경찰과 군인 사이를 유유히 지나갔다. 나는 먼저 '준비 구역'으로 갔다. 경주에 참가할 모든 자동차가 준비를 하고 연료를 넣는 장소였다. 나는 니키 라우다의 페라리, 조디 쉑터Jody Schekter(남아프리카공화국 출신의 카레이서-옮긴이)의 티렐Tyrrell, 클레이 레가조니Clay Regazzoni(스위스 출신의 전설의 카레이서-옮긴이)의 페라리 312-T 옆에 섰다. 다가올 결전을 바삐 준비하는 사무적인 분위기였지만 그런 와중에도 단순한 준비 이상의 뭔가가 느껴졌다. 거기서 느낀 것을 확실하게 말하기는 어렵다. 하지만 곧이어 펼쳐질 드라마에 대한 기대로 잔뜩 흥분되었던 것만은 확실하다.

경기 시간이 다가오자 점심을 먹으러 준비 구역 근처에 있는 개인 후원자를 위한 식당으로 갔다. 사람들이 많았지만 경주가 시작되기 전에 차들이 대기 중인 곳으로 돌아가려고 서둘러 식사를 마쳤다. 식당을 나서려는데 한 남자가 다가와 자기소개를 했다. 프랑스인이었지만 영어를 유창하게 구사했다. 이름은 베르나르 카이에르로 파리에 본사가 있는 국제자동차경주보도협회 회장이었다. 그는 후원자 전용 구역에 자리를 잡는 것보다 관람에 최적의 장소를 스스로 찾는 것이 낫다며 어디가 좋은지 알려주었다. 후원자 전용 구역은 안락하긴 하지만 멀어서 관람에는 적합하지 않다는 것이었다. 그는 구체적으로 쿠르바 파라볼리카Curva Parabolica(몬차 경기장 서킷 마지막 곡선 주로의 명칭으로 포물선 모양의 커브라는 뜻-옮긴이)에 있는 특정 지점을 추천했다. 그에게 도와줘서 고맙다고 말한 다음 재빨리 레이서를 비롯한 참가팀이 있는 대기 구역으로 갔다.

나는 경주 직전에 참가팀이 대기 구역에서 경주로로 차를 밀고 가는 모습을 지켜보았다. 차들은 규칙에 따라 톱니처럼 엇갈리게 배열된 그리드grid(자동차 경주에서 차량의 출발점-옮긴이)에 섰고, 규정대로 공식 예선에서 가장 빨랐던 운전자가 폴 포지션pole position(서킷의 첫 번째 구간을 공략하는 데 가장 유리하다-옮긴이)을 차지했다. 출발을 알리는 깃발이 내려가기 직전 몇 분은 너무나 특별했다. 자동차 경주를 매력적으로 만드는 온갖 요소, 말하자면 극적인 분위기, 긴장감, 기대감이 극대화되는 순간 같았다. 이 순간 출발선에서는 엄청나게 많은 활동이 벌어지고 에너지가 분출되고 있었다. 그럼에도 불구하고 흥분한 관중석의 온갖 소음과 대비되는 묘한 고요가 출발선 주위를 지배했다. 라우다가 차에 오를 때 나는 그와 3미터 정도 떨어진 곳에 있었다. 헬멧 너머로 그의 눈동자가 보였는데 진정한 두려움과 동시에 매서운 결의가 느껴졌다. 그리고 거기 한 남자가 있었다. 6주 전에 삶의 끔찍한 붕괴를 겪으며 파멸 직전까지 갔고 이제 다시 경기장으로의 복귀를 준비하고 있는 그런 남자가. 그곳 출발선에는 뭔가 특별한 에너지가 있는 것 같았다. 잠시지만 나는 그것이 샤르트르 대성당에서 경험한 느낌과 묘하게도 비슷하다고 생각했다.

출발 뒤에 나는 카이에르가 추천한 쿠르바 파라볼리카의 특정 지점으로 이동했다. 그의 말대로 정말 좋은 관람 위치였다. 경주가 서서히 자체 리듬을 타기 시작하는 모습이 보였다. 선두 그룹이 형성되고 선두 그룹 내부에서, 그리고 나머지 그룹과 사이를 벌리고 경주에 흐름이 생기고 자체적으로 하나의 질서가 만들어지기 시작했다. 차들이 쿠르바 파라볼리카 근처를 통과할 때는 엄청난 속도감과 시간과 공간을 최대한 절약하며 코너를 돌 때의 아찔함, 불과 몇 인치를 사이에 두고 순위를 다투는 현장의 치열함이 생생하게 느껴졌다. 거기 있었던 것은 너무나 즐거운 경험이었다.

▲

다음 날 매니 디에츠를 찾아가서 비옷과 우산을 돌려주었다. 그리고 감사의 표시로 점심 식사에 초대했다. 그날 점심을 먹으며 매니는 자기 이야기를 들려주었다.

제2차 세계대전 당시 매니는 미국 공군에서 전투기 조종사로 복무했다. 이탈리아 해안에서 벌어진 공중전에서 이탈리아 전투기 한 대를 격추시켰고, 해당 전투기 조종사는 가까스로 낙하산을 타고 탈출했다. 연료가 충분하지 않았기 때문에 현장을 떠나야 마땅했지만 매니는 탈출한 조종사의 구명조끼가 완전히 부풀어 올랐는지, 그가 무사한지를 확인하려고 기다렸다. 그러고는 무선으로 격추된 전투기 조종사 구조를 요청했고 구조대가 도착할 때까지 상공을 선회했다. 구조대가 해당 비행사를 찾아내자 매니는 저공 비행으로 내려가 비행사에게 엄지를 들어 보였다. 이탈리아 비행사도 화답을 해왔다. 현장을 떠나면서 매니는 작별 인사를 하듯이 비행기 날개를 흔들어 보였다.

전쟁이 끝나고 매니는 필라델피아로 돌아왔다. 어느 날 그날 구조된 이탈리아 비행사에게서 편지가 왔다. 비행기 날개에 적힌 번호를 보고 매니를 찾아낸 것이었다. 비행사가 이탈리아를 방문해줄 수 있느냐고 물었고 매니는 승낙했다. 마침내 두 사람이 만난 자리에서 이탈리아 비행사가 말했다. "그러니까 당신이 저를 구해주었지요. 꼭 연락을 해야 할 것 같았어요. 함께 일을 하고 싶은데 어떠세요? 우리 가족은 신발과 지갑을 만드는 가죽제품 공장을 운영하고 있어요. 동업자가 되어 주시겠어요? 미국에 지사를 내는 것부터 시작하면 될 것 같은데." 그리하여 전쟁 이후 이탈리아 비행사와 매니는 이탈리아에서 신발과 핸드백을 만들어 유럽과 미국에서 판매하는 제조업체를 공동으로 운영하게 되었고 사업도 꽤 성공적이라고 했다. 그들은 좋은 동업자일 뿐 아니라 더없이 좋은 친구가 되었다.

매니와 그가 들려준 개인사, 현장에서 체험한 자동차 경주, 그동안 일어난 모든 일을 참으로 많이 생각했다. 그때는 몰랐지만 당시 모험은 훗날 의미 있는 배움으로 나아가는 중요한 초기 단계였다.

나중의 삶에서 당시의 경험은 새로운 환경을 창조하려고 할 때 어떻게 하면 안 되는지 기억 속의 이정표가 되었다. 세상이 가능성으로 가득하다는 사실을 아는 것은 분명 중요하다. 우리의 세계관을 체념에서 충만한 가능성으로 바꾸는 것은 당연히 중요하다. 하지만 우주의 펼쳐짐에 참여하려면 삶을 통제하려 하기보다는 삶이 우리를 통과하여 흘러가도록 내버려두어야 한다. 나의 평소 방식은 이와 정반대였다. 특정 목표를 세우고, 목표 달성에 그야말로 전투적으로 매진하고, 필요하면 무엇이든 해서 그것이 일어나도록 만든다. 이것이 과거 내 방식이었다. 그리고 내가 그랑프리 자동차 경주 대회에서 했던 행동이 정확히 그랬다. 성공 가능성이 희박하다는 판단이 들자 속임수까지 동원했다. 이후 오랜 세월이 지난 뒤에야 확실히 깨닫게 되지만 이는 삶을 운용하는 데에 훨씬 효과가 떨어지는 방식이었다.

당시 경험은 또한 훗날 내가 집단 흐름 상태the collective state of flow라고 이해하게 되는 초기 단계의 통찰을 제공했다. 당시만 해도 내가 왜 그렇게 자동차 경주에 끌렸는지 분명하게 알지 못했다. 그러나 사람들이 이것 외에 어떤 것도 중요하지 않다고 느낄 만큼 한 가지에 열중할 때 도달하는 의식 상태에 대해서는 어느 정도 배웠다. 그런 경험은 자체가 너무 드물고 유쾌해서 큰 희생을 치르더라도, 심지어 생명의 위험을 무릅쓰고라도 반복하고 싶어진다. 오직 그런 느낌을 다시 갖기 위해서 말이다. 나중에야 나는 그것이 '흐름 상태flow state'임을 알았다. 예전에도 가끔 이런 '흐름 상태'를 경험했다. 음악을 들으면서, 일기를 쓰면서, 달리면서, 야외에서 배낭을 지고 걸으면서. 자동차 경주에 나를 끌어들인 것은 이런 '흐름 상태'를 극적이고 의심의 여지없이 확실한 상황에서 함께 경험하는 사람들 가까이에 있고 싶다는 욕망이었다. 흐름을 방해하는 너무나 사소한 요인이 죽음으로 이어질 수도 있는 극한의 상황에서도 말이다.[2]

세계 최고의 운전 기술을 자랑하는 이들이 한 치의 오차도 허용되지 않는 곡선 주로에서 시속 320킬로미터에 가까운 엄청난 속도로 아슬아슬하게 스치며 지나가는 모습을 지켜보는 것은 누가 뭐래도 경이롭고 희귀한 경험이다. 이런 스포츠에는 고도의 기술, 고감도 제어 능력, 정확한 판단력이 기본이라고 하는데 백번 맞는 말이다. 하지만 그것이 다가 아니다. 프로 자동차 경주에서는 아슬아슬할 만큼 가까운 거리에서 고속으로 나란히 달리고 추월까지 하는 모습을 종종 보게 되는데 이런 경우 운전자들 사이에는 위험을 최소화하기 위한 일종의 규칙 같은 것이 있다. 더불어 일정 수준에 오른 프로 운전자의 경우 고속으로 달리는 동안에 자신의 의식 상태에 변화가 일어난다는 사실을 누구나 인정한다. 이런 흐름 상태를 언어로 설명할 수 있는 운전자는 비교적 소수로, 자서전이나 언론 기사 등에서 언급하는 경우도 아주 드물다.

이런 상태에서는 극도로 명료한 의식과 집중력이 생긴다. 심지어 시간의 흐름마저 다르게 느껴진다. 월드 챔피언 재키 스튜어트Jackie Stewart는 언젠가 이런 상태를 경주 도중에 모든 것이 느리게 움직이는 것처럼 보이는 기묘한 느낌으로 표현했다. 모든 사람이 슬로모션으로 움직이는 것 같아서 일반 상황에서는 불가능했을 묘기에 가까운 조종이 가능하다는 것이다.

마지막으로 이번 모험은 내게 매니 디에츠라는 소중한 선물을 주었다. 그는 여러 면에서 소중한 선물이 아닐 수 없었다. 그는 내가 간절히 필요로 하던 새벽 4시 30분 로비에 모습을 드러냈고 생면부지의 나를 무조건 믿어주었다. 그리고 그가 들려준 감동적인 개인사. 그가 들려준 이야기는 사랑과 인간적인 유대가 있으면 전장에서 적으로 만나 사투를 벌이는 전투기 조종사라는 상황까지 초월할 수 있다는 사실을 분명하게 보여주었다. 표면적으로 보면 이는 믿기지 않을 정도로 놀라운 이야기였지만 심층적인 차원에서 보면 놀랍기는커녕 당연하게 생각되었다. 어쨌든 이는 나를 중요한 깨달음으로 이끌어준, 내가 마침내 인간관계를 우주의 소식 원리로 생각하는 사고방식의 변화를 준비하게 해준 또 다른 사건이었다.

6

사랑의 기술

이번 유럽 여행 도중 나는 많은 시간을 책을 읽고 생각하고 일기를 쓰면서 혼자 보냈다. 결혼이 사실상 와해되기 직전까지 내가 아무런 변화를 감지하지 못한 이유는 뭘까 생각하며 읽고 또 읽었던 책이 바로 에리히 프롬의 〈사랑의 기술〉이었다.[3] 그의 논지는 인간 실존 문제에서 유일하게 만족스러운 해답이 사랑이라는 것이다. 그리고 그는 사랑하는 것이 하나의 기술이며 사랑의 이론뿐만 아니라 실천까지 숙달해야 한다고 말한다.

인간의 가장 절박한 욕구는 외로움과 고립을 극복하는 것이라는 프롬의 주장에 나는 전적으로 동의한다. 우리는 다양한 방식으로 단절에서 벗어나려 한다. 사람들은 개성을 포기하고 집단과 무리를 따르는 행동으로 고립을 탈피하려고 한다. 그것이 진정한 합일이라고 생각하면 시 말이다. 하지만 이는 자아와 영혼을 파괴하는 잘못된 존재 방식일 뿐이다. 마약, 알코올, 과도한 노동으로 인한 황홀감이나 창조적인 활동을 통해 고립감을 해소하고 일체감을 느끼려 하는 사람도 있다. 하지만 고립에서 탈출하여 일체감을 느끼는 진정한 방법은 인간과 인간의 결합이다.

프롬은 성숙한 사랑이란 개인으로서의 통일성과 개성을 보존한 상태에서의 결합이라고 말한다. 따라서 그는 '사랑 안에서 두 존재는 하나가 되고 동시에 여전히 둘로 남아 있는 역설이 발생한다'고 주장한다. 준다는 것은 잠재 능력의 최고의 표현이다. 프롬은 사랑을 이루는 요소로 보살핌, 책임, 존경을 말한다. 보살핌은 사랑하는 사람의 삶과 성장에 적극적으로 관심을 갖는 행위다. 책임은 신체 욕구는 물론 정신 욕구까지도 당연한 의무로 생각하고 보살피는 행위다. 존경은 타인이 자기 나름의 방식대로 성장하도록 배려하는 행위다.

프롬은 구체적으로 성애(性愛), 모성애, 자기애(自己愛), 신에 대한 사랑, 형제애 등 여러 사랑의 유형을 이야기한다. 그리고 그는 사랑하는 법을 배우기란 결코 쉽지 않다고 경고한다. 이는 평생에 걸친 훈련과 수양을 필요로 하는 일이라고 말한다. 사랑하는 법을 배우려면 정신 집중, 홀로 있는 것, 생각하기, 자기 자신을 아는 것, 귀 기울여 듣는 것, 현재를 충실하게 사는 것, 인내심을 필요로 한다. 무엇보다 사랑하는 것이 가장 중요한 관심사가 되어야 한다.

여행 도중 혼자 지내면서 독서를 즐겼지만 가끔은 사람들과 함께하고 싶었고, 그럴 때면 신기하게도 놀라운 인연이 어디선가 나타나곤 했다. 당시 나의 내면에는 타인의 접근을 쉽게 허용하는 개방적인 면과 어딘지 모르게 연약한 구석이 있었다. 그래서 과거 경험하지 못한 방식과 차원으로 타인과 접촉할 수 있었다는 사실을 깨달은 것은 훨씬 뒤의 일이었다. 이는 믿음과 인내심을 갖고 자연스러운 삶의 흐름에 나를 맡겨보는 실험의 일부이기도 했다. 서두르지 않고 열린 마음으로 다음 단계를 기다리고 호기가 오면 붙잡는 그런 실험이었다.

여행 마지막 주에 나는 프랑스 칸에 도착해서 펠릭스라는 레스토랑으로 저녁을 먹으러 갔다. 규모는 작았지만 사람들이 추천하는 일종의 맛집이었다. 당시 나는 무엇이든 받아들일 수 있을 것 같은 열린 자세였다. 내면에서는 왠지 모를 활력이 느껴지고 한편으로 마음이 한없이 평화로운 상태였다. 레스토랑 주인과 바텐더와 정말 많은 대화를 나눴다. 〈사랑의 기술〉을 다시 읽으면서 내용을 꼼꼼하게 검토하고 깊이 이해해서 완전히 나의 것으로 만들려고 노력했다. 때때로 책을 내려놓고 레스토랑 밖에서 걸어가는 사람들을 유심히 봤다. 행인들 중에 커다란 갈색 눈을 가진 매력적인 젊은 여성이 있었다. 그녀는 무척 활기찬 걸음걸이로 내가 앉은 탁자 앞을 지나갔다. 우리는 눈이 마주쳤고 가벼운 미소를 교환했다. 10분쯤 흘렀을까? 책을 읽다가 고개를 들어보니 그녀가 탁자 옆에 서서 합석해서 저녁을 먹어도 되겠느냐고 물었다. 자기

밥값은 자기가 내겠다는 말도 덧붙였다. 지나쳐가던 레스토랑으로 돌아와 나에게 말을 붙이는 자기 행동에 그녀 스스로도 다소 놀란 기색이었다. 내가 일어서서 앉으라고 권했다. 우리는 저녁을 먹고 이야기를 나누고 와인을 마시고 해변을 함께 걸었다.

그녀의 이름은 버나데트였다.[4] 화장을 전혀 하지 않는 아주 자연스러운 것을 좋아하는 사람이었다. 뉴욕에서 직장 생활을 하고 있는데 파리에서 있을 중요한 회의를 앞두고 한 달 간의 휴가를 즐기고 있었다. 학식도 풍부하고 말도 잘하고 세련되고 우아한 사람이었다. 말하자면 그녀는 진정 내면이 아름답다고 할 수 있는 그런 사람이었다.

우리는 며칠 동안 함께하며 말할 수 없이 즐거운 시간을 보냈다. 처음에는 주로 관광을 하며 유쾌하게 웃고 떠드는 것이었다. 하지만 머지않아 이런 부분은 중요하지 않았다. 나중에 우리는 함께하는 많은 시간을 아주 진지한 대화를 나누고 철학적인 사색을 하면서 보냈다. 인생에서 중요한 것이 무엇인지 이야기했다. 무엇이 우리를 만나게 했는가도 이야기했다. 버나데트는 우연한 눈맞춤과 내가 뿜어내는 분위기였다고 말했다. 예전까지 그녀는 낯선 남자에게 다가가 저녁을 먹자고 해본 적이 없었다. 하지만 그날은 왠지 그러고 싶었다. 아니 그래야만 할 것 같았다. 그녀는 혼자 여행하는 데서 오는 외로움을 느끼고 있었고, 며칠 뒤 파리에서 있을 중요한 회의를 생각하면 걱정스럽다는 말도 했다. 잠시 버나데트와 함께 파리에 갈까 하는 생각도 했지만 이내 접었다. 사무실에서 공판이 재개된다는 사실을 알려왔기 때문이다. 나는 돌아가야 했다.

파리행 비행기를 타는 날 버나데트가 내 호텔 방으로 찾아왔다. 일요일 아침이었다. 당시 나는 햇볕이 내리쬐는 베란다에 앉아서 인근 만에서 열리는 보트 경주를 지켜보고 있었다. 경주를 준비하는 요트가 족히 10척은 되어 보였다. 감미로운 음악까지 곁들이니 더없이 만족스럽고 행복했다. 그런 분위기에 홀로 사색과 회상에 잠겨 있으니 마음은 한없이 편안하고 평화로웠다. 그때 버나데트가 찾아왔다. 나를 다시 만나서 지난 며칠 동안이 자신에게 얼마나 중요했는가를 말해주고 싶었다고 했다. 버나데트는 내가 그녀의 인생에 깊은 영향을 미쳤다고 했다. 〈갈매기의 꿈〉에서 조나단이 첫 번째 제자 플레처에게 그랬던 것처럼 말이다. 파리에서 있을 회의가 이제는 두렵지 않다고 했다. 삶의 새로운 방향을 준비하고 있었다. 과거 경력에 불리한 영향을 미치더라도 해볼 작정이라고 했다. 10분 뒤 버나데트가 떠났고 나는 그녀를 영원히 보지 못할 것이라고 생각했다.

방에 앉아 있는데 눈물이 뺨을 타고 흘러내렸다. 슬픔의 눈물이 아니라 내가 다른 누군가의 삶에 심오한 영향을 미쳤다는 감격에서 흘리는 눈물이었다. 그런 경험은 난생 처음이었다. 내가 버나데트를 도울 수 있었던 이유도 알고 있었다. 그녀의 행복이 나의 진정한 관심이었기 때문이었다. 나는 그녀에게 관심을 갖고 그녀를 이해하고 내 지식과 내 안에 있는 모든 것을 나눠주었다. 나는 며칠 동안의 내 삶을 그녀에게 주었고 그것이 그녀의 삶을 풍요롭게 하고 동시에 나 자신의 삶도 풍요롭게 해주었다. 나는 우리가 만난 방식에서도 깊은 감명을 받았다. 무엇보다 그날 저녁 먼저 나를 찾아온 그녀가 보여준 용기에, 처음 말을 걸 때 그녀의 목소리에서 느껴지던 떨림에, 나에게 마음을 열어준 솔직함과 진실함에.

▲

내가 버나데트와 맺은 관계의 발전 방식과 그것이 의미하는 바에서도 깊은 감명을 받았다. 버나데트와의 만남과 관련된 일체가 나한테는 새로운 형태의 자유를 의미했다. 당시의 나라면 그런 만남이 이루어지면 먼저 직감적으로 우리가 이성 관계로 발전하리라고 예상하고, 그녀와의 잠자리를 궁리하는 쪽으로 생각했어야 마땅했다. 하지만 버나데트가 처음 옆에 앉은 순간부터 육체적인 매력은 그다지 중요하지 않았다. 마음 깊은 곳에서 나는 이미 이번 만남이 이성적인 만남이 아니라는 것을 직감했다. 우리는 이성 관계와는 전적으로 다른 차원에서 관계를 맺었다. 서로에게 깊은 영향을 주고, 이성 관계보다 심오하고 오래 지속될 방식으로 사람과 사람 사이의 벽을 뛰어넘어 교류하는 그런 관계였다. 그것은 마치 단기간에 에리히 프롬이 말한 사랑의 원칙을 실천에 옮기라고 누군가 일부러 상황을 만들어준 것만 같았다. 모르는 누군가에게 귀한 선물을 받은 느낌이었다.

살면서 버나데트를 다시 만난 것은 한 번뿐이었지만 이번 만남에서 얻은 교훈은 삶을 바꿀 만큼 강렬했다. 프롬이 가르쳐준 사랑의 비법과 버나데트와 함께한 경험은 나에게 중요한 사실을 알려주었다. 우리가 삶과 삶의 모든 가능성에 마음을 열고 삶의 다음 단계를 주어지는 그대로 기꺼이 받아들이려는 상태에 있을 때 우리는 각자의 인생에 중요한 도움을 주는 훌륭한 사람을 만나게 된다는 사실이었다. 어떤 때는 이런 만남이 눈맞춤을 통해 일어난다. 눈맞춤으로 서로의 영혼이 연결되는 순간 각자가 상대편 삶의 일부가 되는 그런 기분을 느낀다. 이는 결코 성적인 끌림도, 남녀 관계로 발전하는 그런 만남도 아니다. 인간과 인간의 끌림과 결합을 말하는 것이다. 눈이 마주치는 그 순간에 믿음과 친밀감이 생기면 잠시 어울리게 되고 그렇게 관계가 발전해간다. 이는 특정인과의 만남에 한정되지 않는 보편적인 영혼의 결합 같은 것이다. 마음을 연 상태에서 이런 만남이 한번 일어나면 나중에 또 일어나게 마련이다. 모르고 넘기기에는 너무나 특별한 현상이니까 그런 일은 바로 알 수 있다. 이런 만남에서 우리는 상대와 가족이 된 것 같은 그런 느낌을 받는다. 당시에는 알지 못했지만 밀라노에서 만난 매니 디에츠와의 만남에서도 정확히 그런 일이 일어났다. 매니가 '난생 처음 보는' 내게 고가의 비옷을 선뜻 내주었을 때가 그랬다.

나에게는 삶의 모든 영역에서 이런 상황을 중심으로 생각하고 처리하는 친구가 있다. 그녀는 존경받는 교육자이기도 하다.(여기서는 편의상 메리라고 부른다) 메리는 언젠가 런던 지하철을 탔던 경험을 나에게 들려주었다. 당시 그녀 맞은편에는 열 살쯤으로 보이는 여자아이를 포함한 일가족 네 명이 앉아 있었다. 여자아이가 자리에 앉을 때 아주 잠깐 메리와 눈이 마주쳤다. 잠시 뒤 아이가 일어나더니 메리 옆 빈자리로 와서 앉았다. 메리도 상황을 알고 있었다. 나란히 앉아 있는 동안 두 사람은 어떤 말도 하지 않았다. 하지만 메리는 여자아이가 서로의 눈이 마주치는 순간 본인이 느낀 충동대로 행동해준 것이 얼마나 고마운지 모른다고, 아이가 무언의 의미를 알아차리고 메리에게 와준 것이 얼마나 고마운지 모른다고 말했다.

사실 이런 눈맞춤은 너무나 자주 일어나지만 사람들은 그에 따라 행동하지 않는다. 다른 친구는 15년도 전에 아르헨티나를 여행하던 무렵의 일을 평생 잊지 못한다고 했다. 부에노스아이레스에 있는 동안 길을 지나가다 맞은편에서 오는 여자와 눈이 마주쳤다. 순간 아는 여자라는 생각이 들었지만 이미 지나치고 난 뒤였고 굳이 돌아가서 확인할 생각까지는 하지 못했다. 하지만 그때 돌아보지 않은 것이 평생 그를 괴롭혔다. 만약 아는 체를 했더라면 어떻게 되었을까 하는 생각을 15년이 지난 지금도 한다고 했다.

우리가 마음을 열수록 이런 접촉도 많아진다. 이런 접촉으로 인한 물리적 만남의 시간은 10분이 될 수도 있고(메리가 지하철에서 그랬던 것처럼), 하루가 될 수도 있고(이탈리아에서 나와 매니가 그랬던 것처럼), 며칠이 될 수도 있고(버나데트와 나의 만남처럼), 평생이 될 수도 있다. 하지만 다른 의미에서 보면 이런 만남은 모두 영원하다. 우리가 가슴 깊이 끌어안고 사는 감명 깊고 의미 있는 인연이라는 점에서 그렇다.

▲

나는 유럽에서 혼자 지내면서 삶의 더 큰 목표와 거기서 내가 얻고자 하는 것을 처음으로 생각하기 시작했다. 내가 시야를 넓혀 어쩌면 변호사라는 좁은 영역을 넘어서서 전체 사회에 공헌할 방법을 찾고 있다는 생각이 들었다. 생각을 거듭할수록 얼마나 그것을 원하는가가 분명해졌다. 더불어 내가 두려워한다는 사실도 알았다. 나의 가족, 내가 속한 작은 사회 집단을 벗어나는 것이 두려웠다. 뭔지 모를 미지의 세계로 들어가는 모험을 두려워했다. 가장 중요하게는 그렇게 했는데도 결과적으로 세상에 아무런 영향을 미치지 못할까봐 두려웠다. 내가 영향력을 행사할 수 있는 영역은 기껏해야 법률회사 설립이나 재판과 관련된 것뿐이었다. 이런 내가 어떻게 지역사회나 국가와 관련된 문제에 영향력을 행사할 수 있겠는가? 무력감을 느꼈고 망설여졌다. 그럴 만한 자격이 없는 것 같았고 내가 아는 기존의 작은 집단 이외에는 다른 연결고리나 인맥도 없었다. 그렇다고 전문적으로 지원해주는 기관이 있는 것도 아니고, 변호사들 말고는 인맥이랄 것도 없고, 기본적으로 홀로 고립되어 있다는 느낌을 떨칠 수 없었다.

7

일체감

아이들에게서, 동물들에게서 우리는 얼마나 많은 것을 배우는가! 우리는 보편적인 상호 관계의 흐름 속에 살고 있다.

- 마르틴 부버 Martin Buber

재판을 끝낸 다음 나는 와이오밍 주에 있는 티턴 산맥으로 배낭여행을 떠났다. 원래는 9월 초에 계획한 여행이었으나 재판 때문에 가지 못했고 결국 10월 말에 떠나게 되었다. 10월 말에는 눈이 많이 와서 힘든 여행이 될 것이라고들 했지만 그때 말고는 시간이 없었다. 좋지 않은 시기였기 때문에 가이드를 해줄 사진 작가인 폴 로렌스를 고용했다. 겨울철 티턴 산맥을 잘 아는 사람이었다.

폴과 나는 티턴 산맥의 케스케이드 협곡과 알래스카 분지 사이에 위치한 허리케인 등산로 인근 3,352미터 높이에 도착했다. 10월 21일 금요일 거의 정오가 되어 가고 있었다. 눈앞에는 엄청난 장관이 펼쳐졌다. 산맥 자체와 눈 덮인 산길, 수정처럼 맑은 시내와 개울, 힘차게 물이 떨어지거나 고드름처럼 물이 얼어붙은 폭포, 눈덧신토끼, 눈부신 푸른 하늘. 계절이 계절인지라 배낭을 지고 산을 오르는 사람은 우리 말고는 없었다. 말하자면 산에는 오로지 우리뿐이었다.

3일째 되던 날 아침 일찍 일어나 캠프에서 멀지 않은 개울로 낚시를 하러 갔다. 걸어가는데 갑자기 족제비 한 마리가 깊게 쌓인 눈 속에서 튀어나왔다. 나와의 거리는 불과 3미터 정도밖에 되지 않았다. 앞에서 갑자기 튀어나온 족제비는 검은색에 가까운 진한 눈동자로 나를 똑바로 쳐다보았다. 녀석의 출현에 나는 가던 길을 멈췄다. 녀석은 앞쪽에 앉은 채로 나를 정면으로 노려보면서 근육은 물론 터럭 하나도 움직이지 않았다. 우리가 서로의 눈을 들여다보고 있었던 시간이 기분에는 몇 분은 족히 되는 것 같았다. 하지만 실제로는 아마 1분도 채 안 되었을 것이다. 녀석이 몸을 돌려 가는가 싶더니 다시 이쪽으로 몸을 돌렸다. 그러고는 한참 나를 쳐다보고는 일종의 '쇼'를 시작했다. 공중으로 뛰어오르더니 크게 공중제비를 돌고 다시 내 눈을 들여다보았다. '이거 어때?' 하고 묻는 것처럼 말이다. 녀석은 내 앞에서 같은 곡예를 서너 번 보여주었고 곡예가 끝나면 항상 고개를 살짝 옆으로 기울여 나를 빤히 쳐다보았다. 곡예를 한 대가로 칭찬이라도 구하는 모양새였다. 처음에 나는 목석마냥 꼼짝도 못하고 서 있었다. 그러다가 녀석의 곡예가 반복되자 마지막에는 얼굴에 미소를 지으며 녀석과 같은 방향으로 고개를 기울였다. 우리는 꽤 오래 그렇게 서로를 바라보았다. 그 순간 나는 족제비와 하나가 된 기분이었다. 마침내 녀석이 놀이를 멈추고 반대쪽으로 몸을 돌렸다. 그러더니 다시 고개를 돌려 나를 한 번 더 보고 눈 속으로 사라졌다.

혼자 남은 나는 한참 그대로 서서 방금 전의 경험을 곰곰 생각했다. 당시에도 그것이 심오한 경험임을 알았고 지금까지도 그렇게 생각한다. 족제비와 나는 그렇게 몇 분 동안 의사소통을 했다. 그리고 나는 일종의 시간을 초월한 느낌을, 우주 만물과 하나가 된 느낌이라고밖에 설명할 수 없는 그런 신비로운 느낌을 받았다.

▲

족제비와의 조우에 많은 생각을 했다. 하지만 그것이 나에게 얼마나 중요한가를 진정으로 이해하는 데는 오랜 시간이 걸렸다. 훗날 알고 보니 표면상으로 보이는 것보다 훨씬 중요한 의미를 갖고 있었다.

족제비와의 조우가 가르쳐준 것은 하나가 되는 느낌, 즉 일체감이라는 경험의 중요성이었다. 유년 시절을 통틀어 타인과 이런 근본적인 일체감을 느껴본 기억이 없다. 일찍 시작된 사회화로 인해 그런 능력이 사라져 버렸는지도 모른다. 이런 일체감을 소중하게 생각하거나 장려하는 집안 분위기가 아니었기 때문일 수도 있다. 부모님의 가치관 안에 없었다는 단순한 이유로 말이다.

내가 처음으로 타인과의 일체감을 느낀 것은 위기의 순간에서였다. 당시 나는 열아홉 살로 텍사스 주 와코에 있는 베일러 대학의 학생이었다. 어느 날 오후 4시 45분 시속 800킬로미터가 넘는 바람을 동반한 무시무시한 토네이도가 도시를 휩쓸고 지나갔다. 화물열차 100대가 굉음을 내며 지나갈 때나 날 법한 굉음이 들리더니 찰나처럼 짧은 순간에 토네이도는 지나가고 쥐 죽은 듯한 고요가 찾아왔다. 용기를 내어 기숙사 밖으로 나갔고 짧은 몇 블록을 걸어가니 폐허나 다름없는 처참한 광경이 눈에 들어왔다. 야구장이 사라졌다. 우체국 건물은 대형 식칼로 중간을 자른 것처럼 두 동강이 나 있었다. 다른 블록으로 걸어가자 대형 가구 매장이 있던 곳에 다다랐다. 지상의 모든 층이 무너져 지하에 매몰된 상태였고 남은 것은 거대하게 쌓인 잔해뿐이었다. 거기에 있던 수백 명에게 일어났을 재앙을 능히 짐작하게 해주는 그야말로 처참한 상황이었다. 토네이도가 휩쓸고 간 불과 몇 분 사이에 114명이 죽었고 수백 명이 중상을 입었다. 나는 그날 오후부터 구조가 진행되는 현장으로 나가 이후 3일 동안 잔해 속에서 사람들을 끌어내는 일을 했다. 생존자도 있었고 시체도 있었다. 그때 나는 구조하는 다른 사람들과 힘들게 끌어내 임시로 꾸민 병원이나 시체 안치소로 데려간 사람들과 하나가 되는 느낌을 받았다. 그런 끔찍한 고통 속에서 우리는 따로가 아니라 하나였다.

몇 년 뒤에 이런 느낌을 다시 경험했다. 어느 날 늦은 밤에 친구인 마이크 맥도널드와 함께 지프차를 타고 목장 주위를 돌고 있었다. 우리는 앞좌석에 앉아 있었다. 키 큰 풀들로 뒤덮인 광활한 들판을 달리고 있었는데 너무 어두워서 들판 가운데 놓인 거대한 바위를 보지 못했다. 결국 바위를 들이받고 지프차가 뒤집혔다. 정신을 차려보니 나는 뒤집힌 지프차 덮개 밑에서 옴짝달싹할 수 없는 상황이었고, 마이크의 몸이 내 쪽으로 쏠려서 둘의 얼굴이 바짝 붙어 있었다. 나는 차체에 가슴이 심하게 눌려져서 말도 하기 힘들 정도였다. "마이크, 제기랄! 죽겠어. 숨을 못 쉬겠어. 이것 좀 치워줘야 돼." 내가 겨우 뱉은 말이었다. 마이크는 몸무게가 60킬로그램밖에 안 되는 왜소한 체격이었다. 헤드라이트 불빛을 통해서 내 눈을 가만히 응시하는 마이크의 모습을 볼 수 있었다. 마이크는 아무 말도 하지 않았다. 그때 나는 우리가 하나의 생명을 공유하는 두 사람이라고 느꼈다.

마이크가 말없이 범퍼가 있는 앞쪽으로 가서 바닥에 발을 단단히 디딘 다음 지프차를 공중으로 몇 인치 정도 들어올렸다. 덕분에 내가 옆으로 미끄러지듯이 움직일 수 있었고 내가 밖으로 나오자마자 마이크는 바닥에 쓰러졌다.

때로는 이런 일체감이 변호사와 배심원 사이에 생기기도 했다. 내가 대화를 해본 많은 일류 변호사가 인정하는 부분이다. 그들은 최종 변론에서든 재판 자체에서든 배심원단과 자기 사이를 가로막는 것이 아무것도 없다는 느낌을 받는 그런 순간이 있다고 인정한다.

나도 그런 경험이 있었다. 회사에서 촉망받는 젊은 변호사와 팀이 되어 해결이 어려운 소송을 진행하고 있을 때였다. 최종 변론에서 우리는 그야말로 강적이랄 수 있는 법정변호사와 맞붙었다. 휴스턴의 대형 법률회사 소속으로 주에서 다섯 손가락 안에 꼽히는 실력 있는 변호사였다. 회사 동료의 변론을 호되게 꾸짖은 형식으로 진행된 상대 변호사의 모두진술은 그야말로 신랄했다. 변론이 끝난 다음 생각해보니 그는 분명 효과적인 전략을 구사했고 언변도 흠잡을 데가 없었다. 하지만 그가 말한 내용 자체는 옳지 않았다. 따라서 그는 이번 소송에서 이길 자격이 없다는 것이 내 생각이었다. 자리에서 일어난 나는 배심원단과 눈을 마주친 다음 그렇게나 열심히 준비한 변론 원고를 옆으로 제쳐놓았다. 그리고 원고와 무관하게 진심에서 우러나는 솔직한 내용으로 변론을 시작했다. 며칠 동안 작업한 결과물인 최종 변론 원고에서 나타나는 전형적이고 논리적이고 단선적인 차원과는 전혀 다른 수준 높은 차원으로 이야기를 끌어갔다. 솔직히 당시 말한 내용은 거의 기억나지 않는다. 하지만 변론이 끝나자 내 눈에도 눈물이 고였고 많은 배심원의 볼에 눈물이 흘러내리고 있었다. 우리는 모든 예측을 깨고 재판에서 이겼다. 지켜본 사람들은 모두 최종 변론 덕분이라고 했다. 내가 아는 것은 배심원들 앞에 선 그 순간 회사의 젊은 동료와 내가 변호하는 고객, 배심원단과 하나가 되는 느낌을 받았다는 사실이다. 지금 변호사 시절을 돌아보면 내가 그런 상태에서 작업을 했을 경우 결과가 제일 좋았던 것을 알 수 있다. 반면에 순전히 논리와 이성에 의존하는 경우에는 최악의 결과가 나왔으리라.

디딘에 다녀온 몇 달 뒤 나는 미식 축구팀 미네소타 바이킹스의 쿼터백이었던 프랜 타켄튼과 우연히 만나 스포츠와 정신의 연관성에 대해 긴 대화를 나눴다. 타켄튼은 미식축구를 하는 동안 경험한 의식 상태의 변화 이야기를 들려주었다. 그는 패스가 시작되기도 전에 이미 리시버(볼을 받는 사람)의 손에 있는 볼을 실제로 '보는' 상황을 말해주었다. 리시버를 보고 플레이를 주문하는 순간 두 사람은 앞으로 진행될 플레이를 완결된 형태로 '보게' 된다. 플레이를 시작할 무렵 그는 뭐라 형용하기 힘들지만 의식이 극도로 명료한 상태에 있다. 그와 리시버는 완벽한 조화를 이루며 움직인다. 상황이 마치 슬로비디오처럼 천천히 그리고 쉽게 진행된다. 이런 경우 그는 공이 자신의 손을 떠나기 전부터 성공적으로 리시버의 손에 닿을 것임을 확신한다. 추호의 의심 없이.

타켄튼이 들려준 이야기는 내가 족제비와의 조우에서 일어난 일을 이해하는 데 도움이 되었다. 당시의 만남은 나에게 여러 가지를 깊이 생각하게 했다. 특히 세상 모든 것이 근본적으로 하나로 연결되어 있으며 서로 불가분의 관계에 있다는 사실에 대해서 말이다. 아주 중요한 깨달음이었다. 하지만 내 경험을 가지고 그런 이야기를 하기는 왠지 거북하고 불편했다. 그래서 전설적인 NBA 농구 선수 빌 러셀의 책에서 일부분을 인용하는 쪽을 선호했다. 아무래도 스포츠와 관련된 이야기이긴 하지만 내가 경험한 일체감을 잘 묘사했다는 생각이 들어서였다.

이따금 보스턴 셀틱스의 경기는 열기가 고조된 나머지 육체가 아닌 정신의 승부가 된다. 그럴 때면 마치 불가사의한 마법이 경기에 개입하는 것만 같다. 그것은 정말 형언하기 힘든 느낌이라 선수로 뛰던 현역 시절에는 입 밖에 내본 적이 없다. 그런 일이 일어날 때면 나의 플레이가 전혀 새로운 차원으로 올라가는 것을 느낀다. 드문 일이지만 순간이 아니라 상당 시간 이런 분위기가 지속되기도 한다. 5분 정도 지속될 때도, 15분 내내 지속될 때도 있다. … 불가사의한 마법은 나와 다른 셀틱스 선수들을 둘러싸고 있을 뿐만 아니라 상대팀의 선수들, 심지어는 심판까지 둘러싸기도 한다.

그런 특별한 상태에서는 온갖 기이한 일이 일어난다. 그야말로 치열한 경쟁 상황인데도 웬일인지 나는 그로 인한 부담을 전혀 느끼지 않는다. 치열한 경쟁에 부담을 느끼지 않는 것 자체가 사실은 기적이다. 극도의 긴장 속에서 그야말로 전력투구를 하고 숨이 턱에 닿도록 뛰어도 나는 전혀 고통을 느끼지 않는다. 경기가 어찌나 빠르게 진행되는지 모른다. 그 안에서 이루어지는 모든 동작이 놀랍도록 정확하고 신속하게 이어진다. 하지만 나에게는 하나도 놀랍지가 않다. 오히려 슬로비디오처럼 느린 동작으로 경기를 하고 있는 기분이다. 그런 때면 나는 경기가 어떻게 진행될지, 다음

숫이 어디서 나올지 거의 알 수가 있다 … 그런 예감은 하나 같이 맞았다. 그런 순간이면 항상 내가 셀틱스의 모든 선수는 물론 상대팀 선수까지 속속들이 알고 있고 그들 또한 나를 안다고 느낀다. NBA 선수로 뛰면서 감격스럽고 즐거웠던 순간은 무수히 많았다. 하지만 오싹한 한기 같은 것이 등줄기를 타고 오르내리는 그런 느낌을 갖는 때는 바로 이런 순간이었다.

나중에 티턴에서 일어난 일을 보다 깊이 이해하게 되자 그런 문제를 직접적으로 이야기하기가 한결 편해졌다. 그리고 토네이도가 휩쓸고 지나간 와코 때와 마이크와 자동차 사고를 당했을 당시와 법정에서 변론 도중에 경험한 일체감도 중요하지만, 칸에서 버나데트와의 만남과 티턴에서 족제비와의 조우가 훨씬 중요했다는 것도 깨달았다. 두 가지 경험은 내 삶에서 중요한 분기점이 되는 획기적인 사건이었다. 버나데트를 만난 일은 내가 만남과 관계에 전혀 새로운 태도를 갖게 된 첫 번째 경험이었다. 철학자 마르틴 부버가 〈나와 너Ich und Du〉라는 책에 역설한 태도로 타인을 '그것'이 아닌 '너'로 대하는 것이다. 태도가 바뀌면 평소 생각지 못한 방식으로 사람과 사람 사이의 경계를 넘어선다. 나에게는 버나데트와의 만남이 일종의 새로운 시작이었다. 이로 인해 사람 간의 경계가 영구적인 것이 아니라는 새로운 깨달음을 얻었고, 타인과의 소통과 상호 작용을 바라보는 태도가 완전히 달라졌다.

족제비와 조우했을 때도 평소라면 절대 생각하지 못했을 경계의 초월이 일어났다. 당시 나와 자연의 경계가 사라지면서 나는 자연의 일부가 되었다. 길지 않은 시간이었지만 녀석과 내가 혼연일체가 된 것 같았다. 나는 족제비와의 소통을 통해 그와 하나가 되었고 족제비는 나에게 더 이상 '타자(他者)'가 아니었다. 당시에는 몰랐지만 족제비와의 조우는 사물을 대하는 나의 태도를 근본적으로 바꾸는 중요한 계기가 되었다.

이를 계기로 나는 이해에 도달했다. 그전까지 나는 줄곧 자연과 나는 분리되어 있다는 단절적인 세계관을 갖고 있었고 그렇게 믿었다. 하지만 족제비와의 조우를 통해 나는 자연과 직접적으로 연결되는 느낌, 즉 자연과 하나가 되는 일체감을 경험했다. 새로운 경험은 기존 의식에 변화를 가져왔다. 이로 인해 나는 심층적인 차원에서 경계란 영구적이지 않으며 언제든 넘어설 수 있다는 것을 인식하게 되었다. 자연과의 만남뿐 아니라 내 존재의 모든 면에서 그러한 일이 가능하다는 사실을 말이다. 물론 이런 변화는 하루아침에 일어나지 않았다. 시간이 흐르면서 서서히 방출되는 캡슐 속의 알약처럼 변화는 이후 오랜 세월에 걸쳐서 점진적으로 일어났다. 시간이 흐르면서 나는 우리가 만들어낸 경계들은 상상의 산물일 뿐임을 알았다. 애초 존재하지도 않는 경계를 머릿속에서 만들어내고 그 안에 갇혀 있다고 생각하는 것이 우리 인간임을 말이다.

'합일 의식Unity Consciousness'이라 부르기도 하는 이런 자각은 어찌 보면 인간에게 자연스러운 것이다.[5] 하지만 초기 사회화 과정 때문에 우리는 서서히 우리를 둘러싼 세계에 금을 긋고 한계를 정한다. 진짜 자연에게서 등을 돌리고 온갖 종류의 경계와 구분을 받아들인다. 그런 의미에서 족제비와의 조우는 내게 너무나 중요했다. 내가 우주와 밀접하게 연관되어 있다는 사실을 처음으로, 아주 직접적으로 체험한 사건이기 때문이다.

8

꿈

행함을 위한 도(道)는 존재 방식이다.

- 노자

이어지는 몇 달에 걸쳐서 나는 유럽과 티턴 산맥에서 족제비와 마주친 경험을 계속해서 반추했다. 누구한테도 말하지 못하고 혼자 끙끙거리며 이해하느라 힘든 시간을 보냈다. 나는 경계가 사라지는 유사한 경험을 계속했다. 나라는 존재가 신과 우주 전체를 포함할 만큼 확장되는 그런 느낌이었다. 어려서부터 기도하라는 소리를 들으며 자랐지만 신과 나의 경계가 사라지는 느낌은 아무래도 받아들이기가 버거웠다. 친구 중에 휴스턴에서 아주 유명한 정신과 의사가 있어서 찾아가기까지 했다. 정신이상은 아니라는 사실을 확인하고 싶어서였다. 친구에게 과거 몇 년에 걸쳐 일어난 이야기를 들려주었다. 친구가 낄낄 웃더니 정신이상은 아니라고 장담하면서 유사한 경험을 이야기하는 책을 몇 권 주었다. 나는 유대교, 이슬람교, 기독교, 힌두교, 불교, 도교를 포함한 주요 종교의 핵심에 이런 깨달음이 있다는 사실을 알았다. 덕분에 그런 현상을 한결 편안하게 느끼게 되었지만 여전히 수수께끼를 완전히 이해하지는 못했다. 그렇지만 내 안에서 새로운 자각이 자라고 있다는 사실, 이것이 시작에 불과하며 앞으로 더욱 많은 깨달음이 있으리라는 사실만은 분명하게 알 수 있었다.

시간이 흐르면서 나는 우주의 조직 원리는 '관련성relatedness'이며, 이것이 '객관적 실재성thingness(사물성)'보다 근본적이라는 사실을 알았다. 우리가 리더십을 고민하면서 빠뜨린 부분이 바로 이것이라는 생각도 새록새록 들었다. 우리는 항상 리더가 하는 행동, 그들의 리더십 스타일과 작용에 대해서는 이야기하지만 리더십의 존재 방식이라는 측면에는 거의 주의를 기울이지 않는다.

유럽 여행 도중 〈사랑의 기술〉을 읽은 경험은 프롬의 다음 책 〈소유냐 존재냐To Have or To Be〉로 나를 이끌었다. 프롬의 논지는 책의 서문에 나오는 두 개의 인용 문구로 요약된다.

> "행함을 위한 도(道)는 존재 방식이다."
>
> **-노자**

"무엇을 하느냐보다 어떤 존재인가를 고민해야 한다."

-마이스터 에크하르트

프롬은 존재 방식이란 근간이 되는 존재 형태 혹은 세상에 대한 태도로 살아 있음을 느끼고 진정한 유대를 맺는 근본 방식의 하나라고 설명한다. 말하자면 존재 방식은 우리의 인격과 삶의 총체적 자세와 관련되어 있으며 일종의 정신 활동 상태라고 볼 수 있다. 역사상 처음으로 프롬은 인류의 물리적 생존이 마음의 근본적인 변화에 달려 있다고 주장한다. 프롬의 주장은 엄청난 용기를 필요로 하는 섬기는 삶의 요구이며 소유를 버리고 떠나야 한다는 요구다. '두려움 없이'가 아니라 '두려움에 굴하지 않고.' 더불어 프롬은 우리가 '어디까지 할 수 있는가'라는 인간의 가능성을 재정의하고, 새로운 세계의 비전을 보고, 비전 달성에 구체적으로 필요한 것을 자발적으로 맡아 하나하나 실천해야 한다고 요구한다.

▲

몇 주 뒤 리더십 관련 책을 닥치는 대로 읽고 있을 무렵 우편으로 짤막한 에세이가 실린 소책자가 하나 배달되었다. 불과 37쪽 분량의 얇은 소책자의 저자는 로버트 그린리프였고, 제목은 〈리더로서의 하인The Servant as Leader〉이라고 되어 있었다.[6] 불타는 것처럼 짙은 오렌지색 표지가 지금도 선연히 떠오른다. 우편물을 보내준 사람이 누군지 안타깝게도 떠오르지 않는다. 비록 기억은 못하지만 그에게 평생 감사해도 부족할 만큼 큰 빚을 진 것만은 사실이다. '리더로서의 하인'이라는 단어를 보는 순간 나는 엄청난 충격을 받았다. 하인처럼 사람들을 섬기는 지도자, 즉 '서번트 리더십servant leadership'이라는 개념은 나에게 엄청난 충격으로 다가왔고 한동안 머릿속에서 떠나지 않았다. 마치 갑자기 나타난 누군가가 내가 세상을 지각하는 렌즈를 세척해주고 오랫동안 씨름해온 난제를 해결해준 느낌이었다. 아이러니 같지만 동시에 오래전의 기억이 되살아나는 그런 느낌도 들었다. 그린리프는 언어라는 매체를 통해서 새로운 세상으로 가는 길을 열어주었고 지금도 나는 그가 열어준 그 길을 걷고 있다.

그린리프는 '서번트 리더십'이라는 아이디어를 헤르만 헤세의 책 〈동방순례〉에서 얻었다고 말했다. 〈동방순례〉에서 주인공은 깨달음을 찾아 일단의 남자와 함께 여행을 한다.(그린리프는 주인공의 여행이 헤세 자신의 구도 과정을 상징하는 것이리라 지적한다.) 레오는 무리에서 하찮은 잡일을 담당하는 하인servant이지만 동시에 자신의 존재, 영혼, 노래로 그들을 북돋우고 격려한다. 여행은 여러 해에 걸쳐 계속되고 무리는 온갖 어려움을 극복하며 여행을 계속한다. 레오가 사라질 때까지는 그랬다. 레오가 사라진 다음에야 사람들은 그가 있었기에 온갖 어려움을 극복하고 거기까지 올 수 있었다는 사실을 깨닫는다. 레오가 사라진 뒤에 사람들은 혼란에 빠지고 당황해한다. 주인공은 거의 죽을 뻔한다. 몇 년을 헤

맨 끝에 주인공은 드디어 레오를 찾아내고 여행을 지원한 결맹에게 안내된다. 주인공은 거기서 예전에 짐꾼이자 하인으로 알고 있었던 레오가 결맹의 최고 지도자로 지도하는 영guiding spirit이자 위대하고 고귀한 리더라는 사실을 알게 된다. 레오는 그동안 자신의 존재에서 표출되는 내면의 고귀한 에너지를 통해 무리를 정신적으로 고양시키면서 여행을 계속하게 했다.

그린리프는 해당 에세이에서 리더십의 본질이 무엇인가에 천착하며 리더십의 근본 동력을 이해할 새로운 틀을 제시한다. 그린리프는 서로에게 봉사하고 자신을 넘어선 뭔가 고차원적인 목표에 봉사하고자 하는 바람이 리더십의 본질이라고 말한다. 전통적인 사고방식에서 보면 '서번트 리더십'이라는 표현 자체가 언어 모순처럼 보인다. 하지만 관계성이 우주의 조직 원리로 보는 그런 세계관에서 보면 100퍼센트 이치에 합당한 말이다. 그런 관점에서 보면 '서번트 리더십'이야말로 가장 설득력 있고 자연스러운 리더십의 접근 방법이다. 이것이 내가 오랫동안 붙잡고 씨름해온 퍼즐의 핵심 부분이라는 사실을 나는 믿어 의심치 않았다.

내 안의 모든 것이 떠나라고 아우성이었다. 나에게는 그동안 일어난 일을 정리하고 앞으로 일어나려 하는 일을 생각해볼 시간이 절실히 필요하다고 말이다. 이런 생각으로 무장한 나는 1977년 초에 2주 휴가를 내고 다시 산으로 갔다. 이번에는 콜로라도 주에 있는 스팀보트 스프링스였다. 차분한 분위기에서 혼자만의 시간을 갖고 내 앞에 있는 모든 것을 심사숙고하기 위해서였다.

내가 산이 가장 아름다울 때라고 생각하는 늦봄이었다. 바로 탄생과 부활의 시간. 숙소는 인근 스키장 서쪽 고지대에 자리 잡고 있었는데, 예전 스키 시즌에 내가 매입한 미개발지에서 걸어서 몇 분 거리에 있었다. 스키장 근처지만 아직 시즌이 시작되지 않아 스키장은 문을 닫은 상태였다.

나는 매일 아침 동트기 직전에 일어나서 주스와 과일을 먹고, 스트레칭을 하고, 오랫동안 천천히 산을 산책했다. 숙소에 돌아와서 샤워를 하고 아침을 먹고, 내 소유의 미개발지로 가서 글을 쓰고 사색을 하면서 낮을 보냈다. 일단 거기로 가면 완전히 혼자라는 느낌, 세상이 정말로 발아래 있는 그런 느낌이 들었다. 그린벨트와 천연림으로 둘러싸여 독수리 둥지처럼 아늑한 느낌을 주는데다 인근 지역에서는 고도가 가장 높은 곳이었다. 동쪽으로는 바로 위에 있는 스키장이, 서쪽 아래로는 총길이가 70킬로미터쯤 되는 얌파 계곡 전경이 한눈에 들어왔다. 늦은 봄 야생화와 커다란 소나무, 전나무 등이 어우러진 주위 풍경은 가히 장관이었다.

산을 떠날 무렵 나는 '서번트 리더십'을 육성할 조직 만들기에 필요한 기본 윤곽을 잡은 상태였다. 말하자면 훗날 '아메리칸 리더십 포럼American Leadership Forum, ALF'이라 부르게 되는 조직의 대체적인 구상을 마친 것이었다. 백악관 특별회원 연수 프로그램을 본떠서 구상했는데 서로 다른 영역의 사람들로, 특히 공동체나 지역에서 두각을 드러내는 청년층 리더들의 결합을 장려할 생각이었다. 누구도 '책임지지' 않으려 하는 다원화된 사회에서 공적 책임 의식을 고양하고 사람들을 이끄는 능력을 키워줄 것이다. 조직에서 무엇보다 중요한 원칙은 측은지심을 갖고 진심으로 봉사하는 것이다. 오늘날처럼 새로운 시대의 진정한 권위는 참여자를 풍요롭게 하고, 그들의 권한을 약화시키는 것이 아니라 오히려 권한을 부여함으로써 얻어진다는 사실을 명심하는 것이다. 이는 '서번트 리더십'의 기본 원칙이기도 하다. 또한 변혁적 리더십 transformational leadership을 장려할 것이다. 이는 강한 헌신과 큰 비전을 갖춘 리더십, 다시 말해 환경에 맞춰 반응하는 소극적인 리더십이 아니라 변화를 주도하는 창조적인 리더십이 될 것이다. 위대한 공동체 혹은 지역사회를 머릿속에서 상상해내는 능력을 가진 리더십, 상상을 현실화하는 작업에 실질적으로 기여할 능력을 가진 리더십이 될 것이다. 내가 생각하는 리더십 조직은 결코 현재 환경에 얽매이지 않을 것이다. 오히려 우리가 살고 싶은 공동체, 우리가 살고 싶은 세상을 정말로 선택할 수 있다는 발상을 자연스럽게 받아들일 것이다.

이런 리더십 포럼을 현실화하려면 숨은 인재를 찾아내야 한다. 이미 세계적인 수준에 오른 리더, 부상하고 있는 차세대 리더, 리더라는 고지를 눈앞에 두고 있는 청년이 충분히 많다는 것이 내 판단이었다. 그들이 보다 큰 목표를 보게 하고, 특별한 사명을 깨닫게 하고, 진정으로 가치 있는 것을 추구하도록 격려하고 이끄는 것이 포럼이 해야 할 몫이다. 우리는 새로운 시대를 눈앞에 두고 있다. 다가올 새로운 세상을 가장 차원 높은 목표, 가장 고귀한 가치와 어울리는 그런 세상으로 능동적으로 만들어가야 한다. 무엇보다 배려와 사랑이라는 '모든 생명의 완벽하고 분명한 원칙을' 이해하고 구현하기 위해 노력해야 한다. 이는 〈갈매기의 꿈〉에 나온 말로 그때도 지금도 선명하게 기억하고 있다. 조나단의 스승 치앙이 눈부신 광채 속으로 사라지면서 남긴 마지막 말도 '조나단, 끊임없이 사랑을 행하거라'였다. 타인에게 측은지심을 갖고 봉사한다는 '서번트 리더십'이라는 아이디어, 자신의 한계를 깨고 자유로워지고자 고군분투하는 사람을 돕는다는 아이디어는 내가 인생 전반에서 추구하는 기본 목표가 되었다. 또한 ALF 설립의 토대가 되었다. 그리고 눈앞에서 점점 분명하게 드러나는 진실을 타인과 공유하는 것이 나의 개인적인 사명이 되었다.

나는 기본 구상을 마친 ALF의 아이디어를 6개월 동안 혼자서만 품고 있었다. 워낙 원대한 꿈이라 뜬구름 잡는 식으로 들릴까봐 누구에게 말하기가 꺼려졌다. 내가 그런 일을 하겠다고 생각한다는 자체가 부끄러울 정도였다.

1년 뒤에 고객이자 절친한 친구인 톰 팻초가 나를 찾아왔다. 환경 전문 기업인 브라우닝 페리스 인더스트리('BFI'라는 약어로 더욱 유명하다) 설립자인 톰은 회계사이면서 뛰어난 사업가였다. 고형 폐기물을 처리할 새로운 아이디어를 생각해낸 그는 아이디어대로 장치를 만들고 쓰레

기차를 구입했다. 이어서 매일 새벽 4시에 일어나 트럭을 몰고 동네 쓰레기를 수거한 다음 본인이 만든 장치를 테스트했다. 결과적으로 그의 아이디어와 실험 정신이 토대가 되어 세계 최대 규모의 고형 폐기물 처리업체가 탄생했다.

톰이 사무실로 찾아온 이유는 휴스턴에 설립 예정인 임원 연수센터라는 본인의 꿈을 이야기하고 논의하기 위해서였다. 기업 임원과 전문가가 보다 건설적으로 생활하도록 돕자는 것이 톰이 생각하는 센터 설립 목적이었다. 톰이 자기 꿈을 이야기하고 나니 나도 용기가 생겨 그에게 내 꿈을 이야기해도 되겠구나 싶었다. 사실 이런 꿈을 타인과 공유한다는 것은 일종의 모험이다. 톰이 먼저 용기를 내어 자기 꿈을 공유하는 모험을 감행했고 덕분에 나도 용기가 생긴 것이었다. 그동안 준비한 계획안을 복사해서 톰에게 주었고 톰은 집으로 가져가서 검토하기로 했다.

며칠 뒤에 톰이 와서 검토 의견을 알려주었다. "조셉, 이건 정말 대단한 아이디어라는 생각이 드네. 나라 전체로 보나 지역으로 보나 반드시 필요한 조직이야. 물론 원대한 꿈이지만 가능하다는 것이 내 생각이네. 그런데 자네 계획안을 보니 치명적인 결점이 있어. 계획안을 보면 자네는 집행위원회 위원장을 맡는다고 되어 있더군. 전체를 운영할 운영책임자 자리는 다른 내부인에게 맡기고 말이야. 말하자면 실행 부분을 내부에 있는 누군가에게 위임한다는 것이겠지. 조셉, 이건 자네의 꿈일세. 당연히 꿈이 현실이 되도록 실행하는 사람은 자네여야 해. 현장에서 꿈을 현실로 만드는 일에 100퍼센트 에너지를 바치고 나아가 110퍼센트 헌신해야 해. 그럴 생각이 없으면 꿈일랑 잊어버리게. 지금 다니는 법률회사도 그만두고 변호사 일도 접고 자네의 1분 1초 땀 한 방울까지 모두 바쳐야 할 거야. 자네가 가진 에너지와 시간 전부를 말이야. 아니면 실현은 무리라고 봐야지."

톰의 이야기를 듣는 순간 그가 진실을 말하고 있다는 사실을 알 수 있었다. 그의 말은 전적으로 옳았다. 하지만 나는 변호사 일을 접고 그에 수반되는 모든 위험을 감수할 배짱이 없었다. 그즈음 나와 동료들은 런던에 사무실을 내는 일로 분주했다. 톰과 이야기를 나누던 당시에도 런던 출장이 잡혀 있는 상태였고 마음의 준비가 덜된 나는 그것을 핑계로 삼았다. 톰에게 시기가 좋지 않다며 지금은 힘들겠다고 말했다.

톰이 그런 나를 보더니 말했다. "언제든 준비가 되면 알려주게. 나도 돕겠네." 실제로 몇 년 뒤에 ALF를 본격적으로 준비할 무렵 톰은 누구보다 큰 도움을 주었다.

9

카이로

1978년 초 나는 법률사무소 개소를 위해 런던으로 이사했다. 당시 런던에서 보낸 몇 년은 그동안의 생각을 통합하고 발전시키는 소중한 시간이었다. 미국에 있었으면 생각지 못했을 부분을 짚어볼 수 있었기에 가능한 일이었다. 런던에서 나는 내가 구상한 ALF가 국내뿐 아니라 세계적인 차원에서 파급 효과를 가질 수 있다는 사실을 깨달았다. 자유진영은 미국을 민주주의의 전형으로 생각하고 있었다. 민주주의가 미국에서 작동하지 않는다면 어디서도 제 기능을 발휘하지 못할 터였다.

1979년 무렵 미국 언론의 논객들은 리더십 문제를 집중적으로 조명하고 있었다. 〈비즈니스위크〉, 〈U.S. 뉴스 앤 월드 리포트〉, 〈뉴스위크〉

같은 여러 잡지와 주요 신문에 리더십 관련 글이 활발하게 실렸다. 특히 〈타임〉지는 1979년 8월 6일자 특집호 전체를 리더십 관련 글로 채웠는데 랜스 모로Lance Morrow가 쓴 훌륭한 논설도 그중에 하나였다. 논설의 제목은 '새로운 리더십의 필요성: 미국은 새로운 합의를 끌어낼 리더를 원한다'였다.

작가들도 약속이나 한 양 같은 이슈를 다뤘다. 그들은 지방과 중앙 할 것 없이 나라 전역에서 공공 서비스가 총체적으로 퇴보하고 있으며, 자아도취와 일종의 냉소주의가 판을 치고 있다고 개탄했다. 그들은 과거 20년 동안의 미국의 인구 구성 변화를 지적하면서 과거의 공동체와 지역사회 리더십이 더 이상 예전만큼 효과를 발휘하지 못할 것이라고 장담했다. 변화된 상황에 맞는 달라진 자세와 새로운 유형의 리더십이 필요하다는 것이었다. 우리에게는 열린 리더십, 융통성을 가진 리더십, 참여를 장려하는 리더십이 필요했다. 논객들은 존 가드너가 이미 20년 전에 했던 이야기를 되풀이하고 있었다. 시 당국, 영리 부문, 소수 집단 등의 리더십 주체들 간의 활발한 의사소통이 지역사회와 국가 쇄신의 제일 조건이라는 것이었다.[7]

이즈음 나는 유럽 곳곳을 돌아다니며 가능하면 해당 국가의 정부 및 기업 부문 고위 인사를 만나 세계와 미국 정세에 관한 대화를 나눴다. 미국의 현주소를 이해하는 데는 외국 생활이 오히려 도움이 되었다. 거리를 두고 뭔가를 보면 전체 그림이 선명해지는 법이다. 이는 만고불변의 진리다. 멀리서 본 미국은 어떤 모습이었을까? 내가 본 것은 우리 세대가 자아도취와 물질만능주의에 빠졌으며, 물질적인 욕구 만족을 위해 돈벌이에 혈안이 되어 있다는 사실이었다. 사람들은 더욱 많은 것을 원했고 그럴수록 더욱 많은 돈을 벌어야 했다. 존 가드너는 1950년대와 1960년대 학창 시절을 보낸 미국인은 모두 '리더십 저항 백신'을 맞았다고 말한 적이 있다. 나만 해도 리더십, 사회 환원, 봉사 같은 개념을 이야기해준 교수나 스승은 한 명도 떠오르지 않는다. 당시 우리는 전도 유망한 직업을 택하고, 해당 분야에서 탁월한 기량을 쌓은 다음 최고의 경지에 오르는 데만 집중했다.

나는 이런 모든 논의의 핵심이 도대체 뭔가에 항상 의문을 갖고 고민했다. 콕 집어 말할 수는 없었지만 지금까지 논의들이 모두 행동에 초점을 맞추고 있다는 사실, 물론 행동은 중요하지만 핵심적인 뭔가가 빠졌다는 사실만은 확실히 알 것 같았다. 오래 지속될 확실한 변화를 이끌어낼 리더십은 행동이 아니라 존재 방식에 초점을 맞춰야 한다는 생각이 점점 뚜렷해졌다.

나는 계속 이곳저곳으로 출장을 다니고 일을 하면서 리더십과 미국 상황을 생각했다. 하지만 내가 구상하고 있는 아이디어를 누구에게도 말하지 않았다.

1979년 카이로에 있는 법률회사와 제휴할 일이 생겼다. 영국인 변호사 앤서니 래드클리프와 비행기를 타고 카이로로 향했다. 앤서니는 런던 사무소를 함께 이끌어가는 동업자이기도 했다. 우리는 카이로에서 열흘을 보냈다. 이중 많은 시간을 순수하게 일을 하기보다 여러 가정을 방문하고 관광을 하면서 보냈다. 이집트 문화와 사회를 만날 수 있었다.

앤서니와 나는 적지 않은 시간을 둘이서 보냈다. 그러다가 문득 내가 그에게 아메리칸 리더십 포럼ALF의 꿈을 이야기하고 있었다. 당시까지는 아직 명칭도 정하지 않은 상태였다. 앤서니에게 기본 개념만 설명했다. 대다수 우리는 각자가 가진 능력 중에 극히 일부만 활용하고 있다는 나의 기본 전제에서 시작했다. 사실 우리에게는 미국은 물론 전 세계에 건설적인 변화를 가져올 잠재 능력이 있지만 어떤 이유에선지 봉인되어 발휘되지 않는 상태고, 이를 '잠금 해제'시켜 사회에 유용하게 쓰이도록 하자는 마음에서 이 리더십 포럼을 생각했다고 했다. 사회학자 에이브러햄 매슬로가 말한 욕구 단계설에 따르면 인간은 물질적인 욕구를 충족시키고 나면 차원 높은 정신적 욕구로 관심을 돌리게 된다. 나는 미국에 이런 단계에 접어든 사람들이 족히 5만 명은 된다고 생각했다. 나처럼 40대에 접어들었고 물질적인 성공 욕구는 대부분 충족되었는데, 이제 뭔가 의미 있는 생활이나 새로운 모험을 간절히 바라지만 두려움 때문에 첫걸음을 떼지 못하는 그런 사람들 말이다. 그들에게 필요한 것은 망설임을 떨치고 과감히 행동하도록 격려하고 용기를 북돋우며, 같은 생각을 가진 사람들과 연결시켜주고 공적 책임감을 고양시켜줄 기구 혹은 조직이다. 나는 스스로 필요성을 절감하는 만큼 어떻게든 그런 기구를 만들어 사람들을 돕고 싶다는 간절한 속내를 이야기했다. 말하자면 나는 당시 '성공했다는' 사람의 전형을 보여주고 있었다. 오랫동안 죽을힘을 다해 일에 매달렸고 나름 성공했지만 20년 동안 앞만 보고 달려온 결과는 처참했다. 나이 40이 넘도록 자신의 진정한 존재 이유조차 모르며 진짜 삶을 살아보지 못했다는 뼈아픈 자각밖에 남은 것이 없었다. 주위에 낭비되는 재능, 빛을 보지 못하는 재능이 너무 많았다. 나는 이 포럼을 통해서 이런 재능 있는 인재를 발굴하고 육성하도록 돕고 싶었다. 이런 사람들을 연결시켜 전국 규모의 리더의 공동체를 만들 방법을 찾고 싶었다. 국민을 위해 봉사할 지혜와 능력을 키우려는 의지를 가진 리더의 공동체를 말이다. 나는 '서번트 리더십'을 가진 이들이 모인 전국 규모의, 시간이 흐른 뒤에는 국제적인 규모로까지 성장하는 공동체를 머릿속에 그리고 있었다. 정신적으로 연결된 동시에 실질적으로도 연계하여 몸담고 있는 지역사회와 국가와 세계를 말 그대로 변화시키는 깨어 있는 사람들, 헌신적인 사람들의 공동체를 말이다. 마거릿 미드가 말한 '지금까지 세상을 바꿔온 유일한 그것을' 말이다.(인류학자 마거릿 미드는 '사려 깊고 헌신적인 사람들로 구성된 작은 모임이 지금까지 세상을 바꿔왔다'고 말했다-옮긴이)

나는 앤서니에게 이런 생각이 거창하고 다소 순진해 보인다는 것도 알지만 그래도 진심으로 필요하고 가능하다고 믿는다고 말했다. 이 모든 것이 실현되도록 만드는 촉매 역할이 내 몫이라 생각한다는 말도 덧붙였다. 이런 이야기를 하자니 낯 뜨거울 지경이었지만 그래도 나는 깨어 있는 리더십, 헌신적인 리더십, 변혁적인 리더십을 향한 새로운 흐름을 만들어낼 능력이 나에게 있다고 믿었다.

앤서니는 내 말에 귀를 기울여주었고 우리는 며칠 동안 대화를 주고

받았다. 그는 무척 온화한 성격에 남의 말을 잘 들어주고 이야기를 끌어내는 남다른 재주를 가진 사람이었다. 살살 분위기를 띄우면서 내가 이야기를 계속하게끔 만들었다. 몇 년 전에 처음으로 톰 팻초에게 아이디어를 이야기하던 때와 크게 다르지 않았다. 당시 나는 그런 꿈을 생각해내긴 했지만 아직 걸음을 떼고 실천에 옮길 배짱은 없었다. 앤서니가 들어주는 것만으로도 나에게는 힘이 되었다. 귀 기울여 듣고 가끔씩 질문을 던지는 태도만 봐도 그가 나에게 거는 기대가 크다는 사실을 느낄 수 있었기 때문이다.

▲

나중에 그때 대화를 반추하다가 나는 앤서니야말로 진정한 '서번트 리더'라는 생각을 했다. 그는 내 관심사를 대화의 중심에 두고 진정으로 귀 기울여주었고 적절한 질문을 통해서 사고를 자극했다. 그가 보여준 관심과 배려는 어떤 식으로도 얻지 못할 큰 힘이 되었다. 스팀보트 스프링스에서부터 내 꿈의 중심에 있었던 '서번트 리더십'을 아주 의미심장한 방식으로 생생하게 경험했다는 사실이 훗날 감동으로 다가왔다.

▲

몇 년 뒤에 ALF가 현실이 되었을 때 앤서니와 나는 카이로 여행을 회상했다. 앤서니는 그때 이미 곧 내가 법률회사를 그만두고 꿈을 좇아 가리라는 사실을 확신했다고 했다. 당시까지만 해도 나 스스로는 확신하지 못했던 일이었다. 그리고 앤서니도 그런 말은 입도 벙긋하지 않았다. 계속 내 말에 귀를 기울이고 내 머릿속의 그림을 언어로 표현하게끔 격려했을 뿐이었다.

리더십은 결국 인간의 가능성을 해방시키는 일에 다름 아니다. 따라서 훌륭한 리더십 조건에는 집단 안의 사람들을 고무하고 격려하는 능력이 포함된다. 사람들의 마음을 움직이고 용기를 북돋워 실천으로 이끌며, 그들이 한데 모여 힘을 모음으로써 최대한의 능력을 발휘하도록 돕는 능력이다. 사람들을 고무하고 격려하는 능력의 핵심은 뭘까? 상대가 중요한 인물이라고 생각하며 타인과 나눌 중요한 뭔가를 갖고 있다고 믿는다는 사실을 알려주는 것이다. 타인이 나에게 갖는 믿음이 내가 자신에게 갖는 믿음에 적지 않은 영향을 미치게 마련이다. 존 가드너는 이를 다음과 같이 간단 명료하게 정리했다.

> 젊은이를 이끌고 가르치는 일을 하거나 젊은이에게 영향을 주고 돕고 보살피는 활동을 하고 있다면 명심해야 할 일이 있다. 상대의 가능성을 얼마나 믿어주느냐가 전반적인 관계를 결정한다는 사실이다. 가능성에 대한 믿음은 관계를 발전시키고 관계에 생명력을 불어넣는 근원이다.

곁에서 이야기를 들어주는 단순한 행동이 사실은 리더의 가장 중요한 능력이다. 이런 능력을 가진 리더는 상대가 자신의 내면을 표현하는 과정에서 스스로 최선을 끌어내게끔 한다. 귀 기울여주는 누군가에게 털어놓는 과정에서 아이디어가 구체적인 실체와 방향성을 갖게 되고 실천으로 이어지는 것이다.

내가 말한 모든 내용에 동의하지는 않았겠지만 카이로에 있는 동안 앤서니는 열심히 들어주었고 나는 그가 진심으로 마음을 쓰고 배려했다는 사실을 안다. 우리는 일을 마친 다음 자리를 옮겨 대화를 하고 호텔에 돌아와서도 계속 이야기를 나누었다. 앤서니가 관심을 갖고 들어주는 사이 나는 아이디어를 한층 발전시킬 수 있었다. 앤서니의 눈동자는 이야기를 하는 내내 흐트러지는 법이 없었다. 똑바로 나를 보면서 최대한 주의를 기울였다. 그 순간에는 내 이야기 외에는 세상 무엇도 중요하지 않다는 태도였다. 앤서니가 잘 들어줄수록 나는 생각을 잘 표현할 수 있었고 내가 말하는 내용도 명확해졌다. 앤서니와의 이런 경험을 통해 나는 듣기가 갖는 힘에 대해서 많은 것을 배웠다. 특히 미래 비전을 구상하고 구체화시키는 리더를 돕는 과정에서 무엇보다 듣기가 중요하다는 사실도 깨달았다.

지금 생각하면 과거 경험을 앤서니에게 말하는 동안 마음이 무척 차분해지고 평화로워졌던 것 같다. '지금, 여기서, 이런 이야기를 하는 것이 옳구나!' 하는 그런 느낌 말이다.

관심을 갖고 들어주는 앤서니도 그런 느낌에 중요한 역할을 했고 카이로 자체도 마찬가지였다. 카이로에서 나는 많은 시간을 혼자서 주위를 산책하며 보냈는데 카이로 방문이 처음이었는데도 왠지 와본 것 같은 느낌을 받았다. 산책할 때뿐 아니라 이곳저곳을 방문하면서도 전에 본 것 같은 느낌이 들었다. 기시감(旣視感)이 너무 생생하게 느껴지는 지역을 일부러 사진으로 찍은 기억도 난다. 그때 찍은 사진은 지금까지 가지고 있다. 그곳은 카이로 한복판에 있는 작은 광장으로 오래된 교회로 이어지는 좁은 보도 옆에 있었다. 잠시 앉아 휴식을 취하기 좋은 그런 장소였는데 카이로에 있는 동안 몇 번이나 찾아갔었다. 이른 아침과 늦은 오후 햇빛이 만들어내는 분위기가 너무 환상적이었다. 거기 있는 동안에 종종 내면에서 들려오는 이상한 종소리를 들었고 내가 근본적으로 우주 전체와 확실하게 하나가 됨을 느꼈다. 자의식이 나를 넘어 확장되었고 세계 전체, 나아가 우주 전체를 포용했다. 티턴 산에서 족제비와 조우했을 당시 느낀 것과 동일한 감정이었다. 또한 샤르트르 대성당에서 경험한 것과도 같은 느낌이었다. 그래서 카이로에 있는 동안 반복해서 찾았는데 그곳은 나에게 일종의 성스러운 공간이었다. 거기서 보낸 시간은 고요하고 사색적이고 평화로웠다. 거기서 나는 자아와 하나가 되고 세계와 하나가 되었다.

10

무너지는 경계

카이로 방문은 어느 날 새벽 5시에 걸려온 전화 때문에 갑작스럽게 끝났다. 수화기를 드니 누나 조니의 목소리가 들렸다. 지금 자기는 클레어의 집에 있다면서 끔찍한 소식을 전해주었다. 조카 데이비드가 몇 시간 전에 자동차 사고로 죽었다는 것이었다. 가족 모두가 클레어와 밥 내외 집에 모였고 지금 다들 전화 주위에 앉아 있다고 했다. 순간 내 귀가 의심스러웠고 7년 전 일이 생생하게 떠올랐다. 그때도 지금처럼 조니가 전화를 해서 그녀의 아들 마이크의 죽음을 알려주었다. 망연자실한 상태로 조니에게 클레어와 통화를 해도 될지 물었다.

조니가 클레어를 바꿔주었지만 거의 말을 할 수가 없었다. 나는 감정을 주체하지 못해 결국 울음을 터뜨렸고 흐느끼는 사이사이 '어쩌면 좋냐'는 한 마디만 반복했다. 클레어가 오히려 나를 진정시키려고 애를 썼다. 아무래도 앞뒤가 뒤바뀐 것 같지만 가끔은 상황이 그렇게 돌아가기도 한다. 클레어가 위로를 해도 나는 속수무책이었다.

마이크가 죽은 뒤에 조니는 자식을 잃는 고통은 무엇과도 비교할 수 없다는 말을 했다. 부모나 배우자를 잃는 슬픔은 물론 자기 목숨이 경각에 달려 있을 때의 고통과도 비교가 안 된다고 했다. 자식을 잃은 클레어의 고통이 고스란히 느껴졌고 복받치는 슬픔을 주체할 수가 없었다. 솔직히 말하면 나는 당시 완전히 제정신이 아니었다. 순간적으로 나와 클레어가 완전히 연결된 느낌을 받았다. 두 사람의 감정이 온전히 하나가 되었다. 내가 흘리는 눈물이 곧 클레어의 눈물이었다. 시간과 공간이 사라지고 클레어와 내가 같은 사람인 것 같았다. 그 순간 클레어와 내가 하나로 통합된 것 같았다. 조금은 오싹한 느낌이 드는 그런 경험이었다.

슬픔으로 망연자실한 상태여서 통화 내용이나 상황을 자세히 기억하지는 못한다. 하지만 지금 생각하면 당시 나는 경계가 무너지는 경험을 했음을 알 수 있다. 족제비와의 조우, 프랑스의 샤르트르 성당, 카이로의 작은 광장에서 이미 경험한 느낌이었다. 하지만 이번에는 정신을 차리기 힘들 만큼 깊은 슬픔 속에서 경험한 일이고, 경계의 소멸이 너무나 완벽했기 때문에 여느 때보다 강렬한 인상을 남겼다.

비행기를 타고 집으로 돌아오면서 카이로에서 일어난 모든 일을 곰곰 생각했다. 나는 아주 짧은 시간에 놀라운 희열과 세계와의 일체감을,

이어서 주체하기 힘든 고통 속에 클레어와의 일체감을 경험했다. 비행기 안에서 나는 이런 감정과 경험을 이해해보려고 노력했다. 분명하게 표현하기는 힘들었지만 마음 깊은 곳에서는 이런 의학과 세상과의 특별한 소통을 이해할 방법을 찾아야 한다는 사실을 알았다. 아무튼 나는 이것이 내가 시작한 여행의 일부임을 인지했다.

데이비드의 장례식이 진행되는 날 나는 휴스턴에 도착했다. 식은 로버트 볼 목사가 진행했다. 볼은 우리 가족이 예전부터 알고 지내는 가까운 친구이기도 하다. 이혼 이후 암담했던 시기를 견딜 수 있게 도와준 것도 볼이었다. 훌륭한 장례식이었다. 볼은 장례식을 죽음과 관련된 행사로 만들지 않고 오히려 데이비드의 삶을 찬양하는 축하식에 가깝게 이끌었다. 데이비드의 형제인 로버트와 존이 고인에게 아름다운 헌사를 바쳤다. 그리고 볼이 이야기를 시작했다. 볼은 어느 곳 하나 빠지는 데가 없는 훌륭한 인격에 아주 독립적인 사람이었노라고 생전 데이비드의 모습을 이야기했다. 데이비드는 매사를 자기 생각대로 처리했고 남도 그러기를 바랐다.

볼은 가까운 친구들이 데이비드에게 붙여준 애칭인 '엘리'라고 부르면서 이야기를 계속했다. "어젯밤 문득 이런 생각이 들었습니다. 나를 진정으로 대등한 인격체로 대해주는 그런 사람과 교류하는 것이 얼마나 소중하고 드문 경험인가를 말입니다. 엘리는 저를 그렇게 대해주었습니다. 이런 순간은 정말 소중하고 활력이 넘칩니다. 또한 마땅히 그래야 하는 최상의 삶의 모습이기도 하지요. 그런 순간이 찾아오면 신발을 벗고 싶은 충동을 느끼지요. 왜냐면 성스러운 땅에 서 있으니까요." 볼은 또한 성서에 따르면 인간의 삶에서 중요한 것은 특정 지점에 도달하는 것이 아니라는 말도 했다. 길 위에 있는 자체, 길을 가는 자체가 중요하며 삶이란 결국 과정의 문제라고 했다. "구체적으로 어떤 방식을 통해서인지는 모르겠지만 어쨌든 이런 메시지가 엘리에게 전해졌던 모양입니다. 목적지에의 도달이 아니라 살아가는 과정 자체가 중요하다는 진리 말입니다. 그는 정말 열심히 살았습니다. 그의 삶은 의미로 충만했습니다. 엘리의 삶에 왜 이런 비극이 일어나야 했는지는 저도 모릅니다. 엘리의 인생에 일어난 모든 일이 결국 어떤 의미를 갖게 될지를 꿰뚫어 볼 만큼 지혜롭지 못하니까요. 하지만 이런 예감이 듭니다. 나를 그리고 다른 많은 사람을 대등한 인격체로 대해주었던 엘리는 삶의 한복판에 있었고, 지금도 그러하며 앞으로도 영원히 그러하리라는 것입니다."

우리는 조니의 아들 마이크 옆에 데이비드를 묻었다. 장례식에서 꽃으로 덮인 관을 바라보는데 문득 데이비드가 바로 옆에 있는 것 같은 느낌이 들었다. 장례식이 끝나고 차로 돌아가는 길에 마지막으로 관을 보고 싶다는 충동이 일어 가던 걸음을 멈췄다. 관으로 눈길을 돌렸을 때 나는 분명히 보았다. 데이비드가 관 위에 앉아 있는 모습을. 팔짱을 낀 채로 얼굴에는 엷은 미소를 띠고 있었는데 지금도 그 모습이 눈에 선하다. 고개를 살짝 젖히고 눈은 내 눈동자를 정면으로 향하고 있었다. 그리고 나를 향해 단호한 목소리로 외쳤다. "힘내세요!" 순전히 내 머릿속에서 나온 상상이었다는 것을 알지만 지금도 마치 어제인 양 생생하게 당시 모습이 떠오른다.

데이비드가 나에게 마지막 축복을 빌어주는 것만 같았다. 지난 2주 동안 일어난 사건이 나에게 얼마나 깊은 영향을 미쳤는가를 인정하고 모든 것을 뒤로 한 채 떠나라고 부추기는 것만 같았다. 아니 어쩌면 모든 것을 뒤로 하고 떠나도 된다고 안심시키는 것 같았다.

나는 관을 뒤로 하고 차로 향했다. 지금까지도 당시 상황이 완전히 이해되지는 않는다. 하지만 그때 나는 여행이 이미 시작되었음을 알았다.

Synchronicity

눈에 보이는 것과 다른,
어질어질하고 메스껍게 만드는
광경이었다.
나는 선이 아닌 선을 보았고
공간이 아닌 공간을 보았다.
나는 나였고 또한 내가 아니었다.
목소리가 들리자
나는 괴로운 나머지
날카로운 비명을 질렀다.
"미쳤거나 아니면 이건 지옥이야."
"어느 쪽도 아닙니다."
구의 목소리가 차분하게 대답했다.
"이것은 지식입니다. 삼차원이지요.
다시 눈을 뜨고 침착하게 보세요."

-에드윈 애벗, 〈플랫랜드FLATLAND〉

Part 2

문턱을 넘다

11

헌신의 신비

데이비드의 장례식 이후 버나데트를 만나 이야기를 나누려고 뉴욕으로 갔다. 이런 시기에 나에게 필요한 친구라는 생각이 들었다. 지난 몇 년 동안 내가 겪은 내면의 투쟁을 마음 깊은 곳에서 이해해줄 그런 사람.

1976년 칸에서 일요일 아침 작별을 고한 이후로 버나데트를 만난 적이 없었다. 하지만 그때 유럽 여행을 마치고 휴스턴으로 돌아오니 작은 소포가 나를 기다리고 있었다. 보낸 주소가 파리의 작은 호텔로 되어 있었다. 회의가 진행되는 며칠 동안 버나데트가 머물고 있는 호텔이었다. 예쁜 종이로 표지를 새로 씌우고 정성스럽게 포장한 책이 들어 있었다. 헤르만 헤세의 〈데미안〉이었다. 표지 안쪽에 버나데트의 메모가 들어 있고 페이지 끝부분을 접어 표시를 해놓은 곳이 있었다. 펼쳐 보니 이런 내용이었다.

> 사람은 저마다 오로지 하나의 진정한 사명을 갖고 있었다. 스스로에게 도달하는 길을 찾는 것 … 인간의 사명은 임의의 운명이 아니라 자신의 운명을 발견하고, 온전하고도 결연하게 거기에 몰두하며 운명대로 사는 것이었다. 이외의 모든 것은 사이비 존재, 회피의 시도, 대중의 이상으로의 퇴보, 순응, 자신의 내면에 대한 두려움일 뿐이었다.

이후로도 나는 종종 해당 페이지를 펼쳐보고 주인공 에밀 싱클레어의 자아를 찾아가는 여정을 곰곰 생각했다. 〈데미안〉은 인류의 가장 오랜 탐구 주제인 자아 탐구 과정을 다룬 고전 중에 고전이다. 뉴욕에서 버나데트와 나는 내가 막 내딛으려 하는 새로운 걸음에 대한 걱정과 두려움을 이야기하며 하루를 보냈다. 앤서니가 그랬듯이 버나데트도 내가 새롭게 선택하려는 길을 더욱 명확하게 볼 수 있게 도와주었다.

뉴욕에서 런던으로 돌아와 몇 주 동안 생각한 끝에 나는 마침내 평생 가장 힘든 결정을 내렸다. 법률회사를 그만두고 오랜 세월 삶에서 무척 중요한 부분을 차지했던 동업자와 동료, 친구와 작별을 고하기로 했다. 이들을 떠나는 것은 가족을 떠나는 것과 같았다. 20년 동안 일한 법률회사를 떠난다는 것은 당연히 힘들 수밖에 없었다. 법률회사 사람들은 처음에는 어떻게든 떠나지 않게 나를 설득하려고 했다. 이어서 내가 결국 떠날 것이며 어떻게 해도 붙잡을 수 없다는 사실이 명확해지자 분위기가 변했다. 마치 이혼할 때 같았다. 지금 생각하면 그들은 나에게 거절당했다는 느낌 때문에, 나는 그들이 나를 오해하고 있다는 생각에 기분이 좋지 않았던 것 같다. 그들은 잘나가는 변호사 일을 그만두고 누구도 진심으로 이해하지 못하는 그런 일을 하러 가다니 미친 짓이나 마찬가지라고 생각했다. 이런 오해가 전적으로 그들 탓은 아니었다. 머릿속에 그리는 꿈을 전부 알려주지 않은 내 탓도 있었다. 시시콜콜 이야기하는 것이 왠지 창피해서였다. 만약 이야기를 한다고 해도 100퍼센트 이해할 것 같지 않았다. 당시에는 나도 완전히 이해를 못했는데 그들이 어떻게 완전히 알겠는가? '분별을 잃은 것 같다'는 말을 수도 없이 들었다. 어떤 면에서는 사실 그랬던 것 같다. 내가 주위의 동년배나 동료와 많이 다르고 동떨어져 있다고 느꼈다. 아주 긴 여행을 떠나는 기분이었고, 다시 돌아온다 해도 그때까지는 상당한 시간이 걸릴 것 같았다. 그렇게 나는 나만의 세상을 향해 떠났다.

지금 생각하면 여행을 시작하기 전에 최소한 2년 정도는 익숙하던 세계에서 점점 멀어지고, 여행을 같이할 다른 부류의 사람들과 점점 가까워지고 있었다. 그러면서도 한편으로는 내가 과연 세상을 변화시킬 수 있을지 두려움과 왠지 안 될 것 같다는 회의적인 생각을 붙잡고 씨름했다. 런던에서 일하는 동안 나는 온갖 방법으로 법률회사와 관련된 바쁜 일상을 합리화하면서 변화를 거부했다. "신규 법률사무소 개소 때문에 정신없이 바쁘잖아. 이런 상황에서 어떻게 훌륭한 리더십 개발 일을 손댈 수 있겠어?" 미지의 세계로의 불안과 걱정, 기존 집단에서 배척당하는 두려움, 위험을 감수할 용기의 결여 등으로 나는 계속해서 나에게 주어진 운명을 부인했다. 주위의 사람들과 비슷하게 행동하고 생각해야 한다는 내면의 압력에 굴복하고 있었다. 본능적으로 운명을 좇는다면 막중한 책임이 따르리란 사실을 간파했고 그런 책임을 받아들이기에 나는 너무 겁쟁이였다. 지금 생각하면 나는 당시 운명을 받아들이라는 부름을 받고 있었다. 그리고 운명을 받아들임으로써 조셉 캠벨이 말한, 나라는 개인의 목적을 통해서 스스로를 드러내는 우주의 목적에 봉사하게 될 터였다. 하지만 그러려면 엄청난 노력과 헌신이 필요했고 나는 그것을 거부하고 있었다.

휴스턴에 있을 당시 나는 이미 꿈을 실현하라는 부름을 느꼈고 톰 팻초에게 이를 털어놓았다. 하지만 결국에는 '너무 어려워서 현재로서는 무리'라는 라벨을 붙인 상자 안에 고이 묻어두었다. 미지의 세계로의 두려움과 감수해야 하는 물질적인 희생을 도저히 그냥 넘길 수가 없었다. 나는 '누에고치 속의 누에'처럼 보호막 안에서 틀어박힌 채로 친숙한 사람들로 둘러싸인 안락한 세상을 고집했다. 말하자면 '동족'과 함께하는 생활이었다.

하지만 한편으로 나는 점점 많은 시간을 글쓰기와 독서, 사색하고, 반성하고, 명상하면서 혼자 보냈다. 일을 마친 저녁 시간과 주말이면 주로 이런 생활을 했다. 여유 시간은 모두 리더십 포럼에 대한 고민과 내적인 투쟁에 쓰였다. 새로 구상하는 포럼을 생각하며 어떤 모습일지, 상황이 어떻게 전개될지, 결과가 어떨지 등 구체적인 그림을 그려보곤 했다. 시간이 흐르면서 포럼과 관련된 온갖 생각과 그림이 마음을 온통 빼앗고 머릿속을 채워 갔다. 포럼 생각이 나의 모든 부분에 침투하기 시작했다. 내가 그것이 되고 그것이 내가 되는, 말하자면 물아일체(物我一體)의 경지가 되었고 이후 10년은 그런 식이었다.

결정의 순간 사실상 나에게 진정한 의미에서 선택의 여지란 없다는 느낌을 받았다. 무엇을 '해야' 할지 결정하는 상황이 아니라 그렇게 하지 않으면 안 되는 상황이라는 느낌이 강했다. 심리학자 롤로 메이는 이런 순간에 사람들은 자유와 운명이 통합되는 그런 경지에 도달한다고 했다.[8] 말과 행동이 하나가 되는 순간이기도 했다.

법률회사를 그만둔 나는 런던에서 소유한 모든 것을 팔기 시작했다. 필요해서 산 물건과 과시하고 싶어서 산 물건 할 것 없이 모두 팔아 치웠다. 애스턴마틴의 DB5와 BMW, 첼시에 있는 아파트 등. 나는 최대한 가볍게 떠날 여행을 준비하고 있었다.

직장에 나가는 마지막 날 저녁 영국인 동료들이 소규모 칵테일파티를 열어주었다. 미국인 파트너보다 오히려 이들이 나의 모든 상황과 생각을 잘 받아들이고 이해하는 것 같았다. 나와 미국인 파트너들은 오랜 세월 함께하며 어찌 보면 같이 성장해왔다. 하지만 근래에는 영국인 동료들과 주로 시간을 보냈다. 그래서 미국의 파트너들은 과거의 나는 잘 알았지만 달라진 새로운 나를 알 기회가 적었다. 반면 영국인 동료들은 최근 3년을 나와 함께 보냈다. 지금 생각하면 그들은 이미 내 내면의 성장 과정을 보고 있었다는 생각이 든다. 아무튼 그날 송별회장을 나오면서 모든 것을 걸고 전력을 다하겠다는 의지를 다졌다. 이제 돌아갈 수는 없었다.

회사를 나오자마자 기이한 일이 일어났다. 분명 회사를 나올 때까지도 나는 향후 어떻게 진행할지 구체적인 생각이나 계획이 없었다. 리더십 커리큘럼이나 리더십 육성 등에는 거의 문외한이나 다름없었다. 실질적인 진행을 도와줄 사람도 없었고 전문가 네트워크도 없었다. 전국 규모의 조직을 만들 생각이니 필요한 인적, 물적 자원도 엄청나서 당연히 개인적으로는 감당할 수 없는 규모였다. 당시 나는 자신 이외에는 아무것도 갖고 있지 않았다. 하지만 그런 순간에 정말 신기하게도 거대한 프로젝트의 부담감과 우려, 할 수 있을까 하는 의구심이 눈 녹듯이 사라졌다. 나는 어느 때보다 강한 내적인 목표 의식과 집중력, 평생 경험하지 못한 놀라운 자유를 맛보고 있었다. 나는 나를 훨씬 넘어서는 거대한 무언가에 몸과 마음을 바쳐 헌신했고, 이를 통해 예전에는 결코 얻지 못한 특별한 삶의 의미와 무엇도 두려워하지 않는 모험심을 갖게 되었다.

당장은 스팀보트 스프링스에서 2주 동안 구상한 개략적인 그림이 전부로, 리더십 육성에 관한 전문 지식은 전혀 없는 상태였다. 하지만 장차 어떻게 될지는 생각하지 않고 차근차근 준비하기로 했다. 일이 결국에는 올바른 방향으로 잘 풀리리라는 내면의 확신이 있었다. 이는 어찌 보면 무조건적인 헌신에 가까운 태도였는데 나한테는 그리 낯설지 않았다. 생명보험사와 알래스카 정유사 설립을 지원하고, 법률회사를 설립하던 무렵에도 이런 기분이었다. 하지만 몸과 마음을 바쳐 헌신하겠다는 나의 태도는 같을지 몰라도 객관적인 상황 자체는 많이 달랐다. 앞서 굵직한 일을 처리하던 무렵에는 매번 함께하는 사람이 있었고, 당연히 경험과 전문 지식을 갖춘 사람도 포함되어 있었다. 그러나 이번에는 어떤 전문 지식이나 경험도 없이 혼자였다. 내가 가진 것이라고는 내 꿈과 내면의 에너지뿐이었다.

그런데 희한하게도 이런 순간에 꿈을 이루리라는 강한 확신이 들었다. 무엇도 나를 막을 수 없다고 생각했다. 내가 그렇게 놔두지 않을 테니까. 나한테는 일단 목표를 정한 다음에는 물불 안 가리고 덤비는 외골수의 면모가 있었다. 지금 생각하면 이런 부분이 나도 모르게 많은 사람을 힘들게 하고 짜증스럽게 한 것도 사실이다. 가족을 비롯해서 아주 가까운 사랑하는 사람들과 회사 동료들도 예외가 아니었다. 그 점은 미안하게 생각하며 그런 실수를 반복하지 않아야 마땅하리라. 어쨌든 당시 나는 높은 집중력에 분명한 헌신성과 스스로를 밀어붙이는 불도저 같은 추진력을 갖고 있었다. 지금 생각하면 이성적인 상태라고 보기는 힘들다. 일단 꿈이 워낙 원대했으니까.

회사를 떠나던 날 나는 소위 말하는 문턱을 넘어 새로운 출발선에 섰다. 그때 이후 나에게는 너무나 신기한 일이 일어났다. 생각지도 못한 사건이 발생하고 나에게 핵심적인 도움을 줄 뛰어난 사람과의 우연한 만남이 계속되었다. 말하자면 크게 노력하지 않고도 필요한 것을 얻었고 모든 상황이 딱딱 맞아떨어졌다.

12

안내자

데이비드 봄과의 만남

1980년 7월 27일 일요일이었다. 나는 1주일 전에 법률회사를 그만두었고, 내가 설립하기로 마음먹은 새로운 기구의 철학적 토대를 어떻게 할 것인가를 놓고 밤낮으로 글을 쓰고 생각하며 씨름하고 있었다. 특히 가장 중요한 새로운 리더십 커리큘럼을 어떻게 할지 많은 생각을 했다.

그날 나는 동트기 전에 일어나서 하이드 파크로 가서 오랫동안 느긋하게 천천히 조깅을 했다. 돌아와서 〈선데이 타임즈〉지를 들고 아파트로 들어갔다. 샤워를 한 다음 신문을 휙휙 넘겨보는데 14쪽 교육 면에 '우주의 협력 방법'이라는 헤드라인이 눈에 들어왔다. 기사 옆에는 런던 대학 버크벡 칼리지 이론물리학 교수인 데이비드 봄의 사진이 게재

되어 있었는데 밑에는 다음과 같은 사진 설명이 있었다. "봄과 그의 대수들의 대수학: 종교는 전체성이다." 그 순간 나는 기사가 나에게 말을 걸고 있다고 느꼈다.

나머지 신문을 바닥에 내동댕이치고 봄의 기사를 꼼꼼히 읽기 시작했다. 기사는 봄이 마침내 분열된 현대 물리학 세계에 통합을 가져올지 모르는 혁명적인 과학 이론을 곧 발표할 예정이라는 문장으로 시작되었다. "아인슈타인의 상대성 이론과 양자론에 의해 고전 물리학의 확신이 산산이 부서진 이후 처음으로 물리학자의 실재reality(實在)에 관한 이질적인 견해들을 통합적으로 이해할 가능성이 대두했다."

기사는 봄의 신작 〈전체와 접힌 질서Wholeness and the Implicate Order〉를 언급하면서 새로운 이론을 설명했다. 또한 봄은 아인슈타인이 프린스턴 대학에 있던 1940년대와 1950년대에 그의 친구이자 동료였고, 생존 물리학자 중에 최고로 꼽히는 인물이라고 소개했다. 봄은 이미 양자론에 관한 두 권의 명저를 발간했고 플라즈마 물리학에도 지대한 공헌을 했다. 물리학 분야에서 통합 개념을 찾아내어 물리학계는 물론 사회 전반에 만연한 분열을 극복하고 치유하는 데에 기여하는 것이 봄의 학문적인 목표이자 인생 목표였다. 그래서 지난 20년 동안 봄은 상대성 이론과 양자론에 의해 제기된 모순을 극복할 일반 이론을 만드는 일에 매진해왔다.

'접힌 질서'에 관한 봄의 이론은 무척 전문적이어서 기사 내용 중에 이해하지 못한 부분도 많았다. 하지만 다른 관점에서 보자면 나는 내용을 모두 이해했다. 무엇보다 봄의 이론은 내가 찾고 있던 해답이었다. 갑자기 이 사람을 반드시 만나야 한다는 생각이 들었다. 기사는 다음과 같은 결론을 내렸다. "… 이 이론은 또한 아주 중요한 철학적인 함의를 갖는데 봄은 저서에서 상세히 설명하고 있다. 봄은 물리적인 현상을 일관성 있게 이해할 세계관을 제공하며, 물질세계와 의식이 모두 하나의 연속된 흐름의 총체를 이루는 부분이라고 말한다."

기사는 계속해서 다음의 내용을 이야기했다.

> 봄이 주장한 비국소성non-locality(초공간성이라고 하기도 한다-옮긴이)과 물리적 현상과 의식을 구별하지 않고 하나로 보는 관점(봄은 의식이 미묘한 형태의 물질이라고 보았고 어떤 의미에서는 둘의 구분이 무의미하다고 주장했다-옮긴이) 때문에 일부 초심리학자는 그의 이론에 의존하여 텔레파시, 예지, 염력 같은 현상을 설명하려 한다. 봄은 이런 시도에 반대하지는 않지만 확고하게 중립을 지키고 있다.

> '접힌 질서'(라틴어 어원을 추적하면 '접혀 들어가다, 둘러싸이다'라는 의미에서 나왔다)는 우리의 일상적인 사고와 지각을 넘어서는 심층 차원의 실재이며, 기존 과학 이론에서 말하는 모든 실재상(實在像)을 넘어서는 것이다. 봄의 표현에 따르면 기존 과학 이론에서 말하는 실재는 '명시적인 질서explicit order'

에 속한다.

'접힌 질서'에서는 존재의 총체가 시공간에 존재하는 개별 '조각들' 안에 접혀 들어가 있다. 여기서 말하는 개별 조각이란 하나의 물체일 수도 있고, 사고 혹은 사건일 수도 있다. 이처럼 우주 안의 모든 것은 다른 모든 것에 영향을 미친다. 모두가 단일 연속체의 부분이기 때문이다.

봄은 (모든 것이 하나로 연결된 '접힌 질서'와 상반되게) 분리를 지향하는 현재의 흐름은 주어-동사-목적어라는 우리의 문법 구조 안에 깊이 각인되어 있다고 말한다. 또한 우리는 다른 개인 혹은 집단을 우리와 구별되는 '타자(他者)'로 간주하는 경향이 있는데, 이는 분리 지향이 개인적인 수준과 사회적인 수준에서도 나타나고 있음을 의미한다고 했다. 그리고 이런 분리 지향이 결국 우리를 고립으로, 이기주의로, 전쟁으로 끌고 간다고 주장했다.

빙고! 정말 맞는 말이었다. 이것이 바로 내가 그동안 느끼고 꿈꾸고 생각하던 것이었다. 내가 생각하는 리더십 커리큘럼의 근본 토대를 이런 식으로 표현할 수도 있겠구나 싶었다. 나는 바로 이런 관점 덕분에 무모하다 싶을 만큼 낙관적일 수 있었다. 얽히고설킨 복잡한 문양 속에서 우리가 현실을 있는 그대로 볼 수 있게만 되면 나라 전체가 도덕적이고 변혁적인 리더십의 필요성을 절감할 테고 이를 구현하고자 최선을 다할 것이라는 믿음을 가질 수 있었다.

여기까지 생각한 나는 급히 전화기를 찾았다. 여기저기에 몇 번의 전화를 한 뒤에 봄의 자택 전화번호를 알아내는 데 성공했다. 그리고 어느새 그가 수화기 너머에 있었다. 마음을 열고 허심탄회하게 내가 생각하는 바를 이야기한 다음 그를 꼭 만나야 한다고 말했다. 그는 다음 날 오후를 나와 함께 보내는 데 흔쾌히 동의했다. 잠시도 주저하거나 망설이지 않았다.

봄과의 만남은 모험이 펼쳐지는 동안 내가 경험하게 될 수많은 '예측 가능한 기적' 중에 하나였다. 그날 나는 봄의 사무실에 있었고 4시간이 넘도록 그와 대화를 나눴다. 그리고 대화가 진행되는 내내 나는 녹음기로 대화를 녹음했다.

우리는 물리학과 철학 원리의 결합과 이것이 나의 꿈인 리더십 포럼과 어떻게 관련되는지 이야기했다. 봄은 나에게 사람들이 오랫동안 되풀이해온 근본적인 질문을 던졌다. 정신이란 무엇인가? 물질이란 무엇인가? 자연계에서 항상 보이는 단순한 대칭의 근원은 무엇인가? 봄은 시간, 공간, 물질의 예전 개념이 더 이상 맞지 않다고 말했다. 우리는 물리학자가 물질을 관찰하고 원자보다 작은 아원자 수준의 미립자를 가지고 실험하는 '기포 상자bubble chamber(액체 속에 기포를 발생시켜 미립자의 궤적을 추적하는 실험용 장치로 거품 상자라고도 한다-옮긴이)' 안의 움직임도 이야기했다. 그런 수준에서는 물질이 때로는 입자가 되고 파동이 된다. 말하자면 물질은 끊임없이 움직이고 변화하고 있다. 그런 측면에서 보면 고체, 즉 고정된 물체라는 바위나 널빤지, 쇳조각 등에 우리가 갖고 있는 이미지는 실재와 맞지 않는다. 미립자는 때로 시간을 거슬러 움직이기도 한다. 기포 상자 안에서는 시간적인 순서라는 개념도 우리가 생각하는 것만큼 명확하지 않다. 시공의 흐름과 인과 관계 자체가 거꾸로 돌아가기도 한다.

우리는 아원자계sub-atomic world의 전일성oneness(全一性)을 말해주는 '벨의 정리'도 이야기했다. 스위스 물리학자이자 봄의 제자이기도 한 존 스튜어트 벨이 1964년에 내놓은 수학적 증명으로, 당시에는 기술적으로 구현이 불가능하여 실험을 하지 못했다. 8년 뒤인 1982년에 프랑스 파리 대학 광학연구소 물리학자 알랭 아스페Alain Aspect의 실험으로 옳다는 사실이 입증되었다. 물론 벨의 정리는 아스페가 실험을 통해 입증하기 전에도 현대 과학의 중대한 성과로 인정받고 있었다. 버클리 소재 캘리포니아 대학 물리학자 헨리 스탭Henry Stapp은 정부 지원을 받아 발표한 1975년 보고서에서 벨의 정리가 '과학 사상 가장 심오한 발견'이라고 평했다. 벨의 정리는 세계는 본질적으로 분리할 수 없는 하나임을 사실상 증명한 것이었다.

벨의 정리를 내 식으로 가장 간단하게 설명하면 이렇다. 서로 쌍을 이루는 쌍둥이 입자를 상상해보라. 이것들을 일부러 상당히 떨어진 장소로 각기 날려 보낸다. 예를 들어 입자 하나는 뉴욕에 두고, 다른 하나는 샌프란시스코에 두는 식으로. 그런 다음 한쪽 입자의 편광각을 바꾸면 다른 입자가 동시에 같은 각도로 편광각을 바꾼다. 이런 결과는 분리된 것처럼 보이는 물체가 사실은 상호 연결된 하나라는 간단한 결론을 보여준다. 벨의 정리는 물리학자들이 뭔가 일관된 설명이 필요하다고 인정하게 만든 '양자의 허점'이었다. 결국 봄이 말한 것처럼 '우리는 모두 하나'다.

봄은 벨의 정리가 갖는 일반적인 함의를 설명했다. 벨의 정리로 인해 현대 물리학이 세계를 서로 연결된 시스템으로 보는 세계관을 갖게 되었다는 것이었다. 모든 것이 다른 모든 것과 연결되어 있다. 이런 연결이 구체적으로 어떻게 가능한지는 확실히 모른다. 하지만 세상 만물이 '분리된 것처럼 보이지만 사실 하나로 연결되어 있다'는 것만은 확실하다. 이것이 바로 우주의 조직 원리다. "벨의 정리에 내포된 전일성은 인간과 원자에 똑같이 적용되는 것이지요."

봄과 나눈 대화는 번개를 맞은 것처럼 충격적으로 다가왔다. 한편으로 나는 심층적인 차원에서 내가 이것을 이해하며, 심지어 예전에도 알고 있었다는 느낌을 받았다. 하지만 다른 한편으로는 아는 자체가 두려움으로 다가왔다. 이런 새로운 지식에는 내재된 책임이라는 것이 있었다. 우리는 실재를 보는 새로운 관점을 이야기하고 있었고, 워낙 급진적인 내용이라 혼란스럽기까지 했지만 무시하고 모른 체할 수 없는 내용이었다. 우리는 모든 현상, 말하자면 생리적, 사회적, 문화적인 모든 현상의 근원적인 상호 관련성과 상호 의존성을 이야기하고 있었다. 우리는 삶을, 그리고 우주 전체를 연결된 시스템으로 이해하는 세계관에 대해 이야기하고 있었다. 이런 세계관 안에서는 어떤 것도 단절된 별개로 이해할 수 없으며, 모든 것이 통합된 전체의 부분으로 간주되어야 한다. 봄은 생명이 없는 단절된 물질을 논하는 것은 순전히 이론적인 관념에서 나온 것이지 있는 그대로의 사실이 아니라고 했다. 당연히 개개의 사람도 결코 분리되어 있는 존재가 아니다. 그들은 모두 전체 속에 접혀 들어가 있으며 스스로가 전체의 현현이다. 그들이 분리된 개체로 보이는 것은 순전히 추상화된 관념 때문이다. 모든 것이 다른 모든 것 안에 포함되어 있다.

"존재를 분리된 개체로 생각해서는 안 됩니다." 봄은 그날 저녁 나에게 그런 말을 했다. 그리고 이를 분명하게 보여주는 실험 결과를 들려주었다. 실험 도구는 안에 작은 원통이 들어 있는 회전형 투명 원통이다. 원통과 원통 사이 공간에 글리세린처럼 점성이 높고 투명한 액체를 채우고 액체 속에 불용성 잉크 한 방울을 떨어뜨린다. 아무런 동작을 가하지 않으면 잉크는 글리세린 속에 한 점으로 떠 있다. 이때 부착된 손잡이로 원통을 돌리면 잉크 방울은 가는 실 모양을 그리며 서서히 퍼진다. 바깥쪽 원통이 안쪽 원통보다 빠르게 돌아가기 때문에 나타나는 현상이다. 계속 원통을 돌리면 잉크 입자는 투명한 글리세린 속으로 점점 엷게 퍼져서 마침내 보이지 않게 된다. 놀라운 점은 그 다음이다. 손잡이를 좀 전과 반대로 돌리면 사라졌던 잉크 입자가 서서히 다시 모이고 결국에는 잉크 방울로 다시 모습을 드러낸다.

봄은 이를 다음과 같이 설명했다. "눈에 보이지 않는 동안에도 잉크 방울은 여전히 질서를 갖고 있었던 것입니다. 잉크 방울이 갖고 있는 질서가 글리세린 안에 접혀 들어가 보이지 않았을 뿐이지요. 물리학에서는 그런 질서가 중요한 의미를 갖는다고 봅니다. 그러므로 우리는 잉크 방울을 하나의 고정된 물체가 아닌, 여러 번의 회전 속에 접혀 들어가 있는 작은 방울들의 조합으로 생각할 수 있습니다. 이런 식으로 보면 물질은 기본적으로 전체 안에서 자신의 존재를 유지하고 있고 국소적인 방식으로 모습을 드러낸다고 말할 수 있습니다. 존재 자체가 개별 부분으로 이루어진 것이 아니고요."

봄의 말은 계속 이어졌다. "말하자면 당신이 실제로 인류 전체인 것입니다. 이것이 바로 '접힌 질서'라는 개념입니다. 만물이 만물 안에 접혀 들어가 있습니다. 인류의 과거 전체가 우리 각각의 내부에 미묘한 방식으로 접혀 들어가 있습니다. 깃들어 있는 것이지요. 만일 우리 내면 깊은 곳에 있는 자아와 접촉하면 인류의 본질과 접하는 것이나 마찬가지입니다. 그렇게 할 때 우리는 창조적인 에너지를 가진 의식의 심연으로 인도됩니다. 인류 전체가 공통적으로 가지고 있고 인류 전체를 안에 품고 있는 그곳으로 말입니다. 이를 인식하는 개인의 능력이 인류 변화에 중요한 열쇠가 됩니다. 우리는 모두 연결되어 있습니다. 이런 사실을 사람들에게 가르치고 사람들이 이를 이해할 수 있다면 우리는 지금과는 다른 새로운 의식을 갖게 될 것입니다."

"현재 사람들은 단절되어 있다는 사고를 갖고 서로 간에 집단 지성이 있습니다. 그래서 따로따로 움직입니다. 사람들 사이를 가로막고 있는 벽이 분해되면 우리는 한마음이 되고 한 사람처럼 움직이게 됩니다. 그렇다고 우리가 획일화된다는 의미는 아닙니다. 모두가 한마음으로 움직이면서 동시에 개인은 저마다의 고유한 의식과 특성을 잃지 않고 있습니다. 사람들을 묶어주는 한마음은 사람들이 떨어져 있을 때도 변함없이 존재합니다. 함께 모였을 때는 마치 떨어져 있었던 적이 없는 것 같은, 말하자면 항상 하나였던 것 같은 그런 느낌을 줍니다. 서로 관계를 맺고 함께 움직이는 사람들 사이에는 사실상 단일 지성이 작용합니다. 이런 상태에서는 사람들이 동일한 의식을 갖고 서로의 신호를 파악합니다. 자전거나 스키를 타면서 신호를 주고받는 것과 같은 이치지요. 그러므로 이들은 진정으로 하나입니다. 그들은 개별적으로 존재하지만 그것이 소통에 전혀 방해가 되지 않습니다. 모두가 한마음으로 협력하고 있으니까요. 만약 이렇게 진심으로 협력하며 함께 일하는 사람이 많아지면 그 힘은 어마어마할 겁니다. 그들은 워낙 눈에 띄어서 모두가 그들의 남다름을 알게 될 겁니다."

"한 사람만 변해서는 어렵습니다. 혼자만 남다른 모습이면 사람들은 그를 위대한 성인이나 초능력자, 아니면 위대한 리더라고 부르면서 이렇게들 말할 겁니다. '그래, 저 사람은 나랑은 다르지. 나는 절대 저렇게 못해.' 대다수 사람의 문제는 바로 스스로가 만든 장벽입니다. 사람들은 자신은 결코 세상에 의미 있는 변화를 가져오지 못할 것이라고 미리 단정지어 버립니다. 너무 걱정스럽고 두려워서 그런 가능성 자체를 직시하질 못하죠."

이 시점에서 나는 봄에게 내가 오래전에 겪은 특이한 경험을 이야기했다. 조지아 주에 있는 친구를 방문했을 때였다. 친구가 클레이 사격을 해보자고 했다. 나로 말하자면 거의 10년 동안 총을 쏘아본 적이 없었다. 그날 아침 일찍 조깅을 끝내고 가만히 앉아서 완벽하게 사격을 하는 내 모습을 그려본 것이 전부였다. 명상을 끝내자마자 친구가 왔고 우리는 차를 타고 사격장으로 향했다.

클레이 사격에서는 보통 1라운드에 25개의 표적을 쏘게 되어 있다. 25개 중에 23개를 명중시키면 명사수라는 소리를 듣는다. 나 같은 초보한테는 12개 명중이면 좋은 점수라고 할 수 있다. 우리는 계속 표적을 맞추며 이동했는데 열두 번째 표적까지 나는 모두 명중시켰다. 사람들이 모여들어 우리를 지켜볼 정도였다. 나는 계속 표적을 명중시켰다. 열네 번째, 열여덟 번째, 스무 번째, 그렇게 스물다섯 번째 표적 앞에 섰을 때도 나는 여전히 흐르는 물처럼 거침없는 상태였다. 마음은 완벽하게 평온했다. 이즈음 구경꾼은 많아졌다. 그때 누군가 나를 향해 말했다. "하나만 더 맞추면 만점이란 거 명심해요." 그 말을 듣는 순간 부담을 느끼기 시작했고 결국 마지막 표적을 맞히지 못했다.

그때와 다른 경험을 통해서 나는 정신이 통상의 존재 방식을 넘어서게 해주고, 불가능하다고 생각되는 것을 가능하게 해주는 힘을 가졌음을 알았다. 개인도 그러할진대 여러 명이 함께라면 그 힘이 어떨까? 사람들이 모여 집단으로 통상의 존재 방식을 넘어서면 훨씬 큰 가능성이 열리리라. 하지만 어찌된 일인지 사람들 스스로 만들어낸 장애물이 이런 특별한 경험을 하지 못하게 가로막고 있다.

내 말 끝에 봄은 말했다. "바로 그 장애물에 주의를 기울여야 합니다. 그런 장애물이 어디서 생기는 것인가를 파악해야 합니다. 당신의 내면과 다른 사람의 내면을 함께 살펴야지요. 만약 당신이 일단의 사람들에게 전혀 새로운 차원에서 함께 일하도록 한다면 그들은 단순히 개인의 차원을 넘어선 새로운 활동 방식을 찾아낼 것입니다. '우리는 모두 하나다'라고 생각하는 새로운 개인이 탄생하는 것이지요. 그런 개개인은 한마음인 양 움직일 것입니다. 만약 그런 결과가 공공 지식이나 경험의 범주에서 나타난다면 정말 대단하겠지요. 그런 집단이 일단 특정 한계를 넘어서면 진정한 영향력을 가질 수 있습니다."

이어서 봄은 말했다. "의식에 많은 주의를 기울여야 합니다. 의식은 우리 사회가 등한시하는 것 중에 하나지요. 사실 우리 사회는 의식에 주의를 기울일 필요가 없다는 입장입니다. 하지만 의식 자체가 주의를 기울이는 것임을 알아야 합니다. 의식은 고도로 세심한 주의를 요하는데 그렇지 않으면 스스로를 파괴하고 맙니다. 의식은 매우 섬세하고 부서지기 쉬운 작용이지요."

"우리는 가진 모든 것을 동원하여 사고해야 합니다. 뇌만이 아니라 근육까지 활용하여 사고해야 합니다. 아인슈타인이 말한 것처럼 우리는 근육 안에 있는 느낌을 가지고 사고해야 합니다. 모든 것을 활용하여 생각하세요. 그러면 의식은 흐르는 과정이 되고 내부와 외부를 자유롭게 오가면서 진정한 소통이 가능해집니다."

그가 말하는 동안 나는 티턴 산에서 족제비와 소통한 방식, 매니 디에츠와 버나데트와의 만남, 눈짓을 통한 의사소통을 생각했다.

이어서 봄은 우리는 스스로도 자각하지 못하는 많은 능력을 갖고 있다고 말했다. "자전거를 탈 때 우리는 설명하지도, 심지어 이해하지도 못하는 움직임을 자연스럽게 해냅니다. 그것이 바로 우리 안에 접혀 있다가 때때로 펼쳐지는 '감춰진 질서'지요. 당신은 당신 안에 그야말로 경이로운 능력을 갖고 있습니다. 그것들을 속박에서 풀어주는 방법만 알면 됩니다."

사무실을 나오는데 봄이 몇 마디 충고를 해줬다. "당신은 창조의 흐름에 발을 담그기 직전입니다. 밀고 나가세요. 현재에 안주해서는 안 됩니다. 방심하지 말고 항상 깨어 있어야 합니다. 그래야 기회가 모습을 드러냈을 때 확실하게 잡을 수 있습니다."

봄의 사무실을 나온 뒤에 나는 현기증을 느꼈다. 내가 실로 위대한 사람과 함께 있었으며, 그의 말을 완전히 이해하려면 아마도 평생이 걸릴 것임을 알았다. 봄과의 만남은 내게 있어 진짜 인생을 바꾼 경험이었다. 당장은 리더십 포럼의 근본적인 방향이 틀리지 않았음이 확인되었다. 나는 줄곧 일단의 헌신적인 사람이 말 그대로 세상을 바꿀 수 있다고 생각해왔다. 이제 나는 그것이 단순히 쓸데없는 꿈이나 검증되지 않은 낙관론이 아니라 믿고 의지해도 좋은 하나의 원칙임을 알았다. 자연의 질서라는 법칙에 맞는다는 것을 알았기 때문이다.

대화를 나누는 동안 봄은 현대 물리학의 본질적인 특성으로 모든 것이 조화 안에 있음을 강조했다. 그는 '부분이 전체를 이해하는 데 필수인 것처럼 전체는 부분을 이해하는 데 필수'라는 마흐Mach의 원리를 언급했다. 나는 이것이 가지는 함의가 참으로 심오하다고 느꼈다. 전체로서 우주는 국지적인 사건에 영향을 미친다. 국지적인 사건은 아무리 작더라도 전체로서 우주에 영향을 미친다. 중국의 속담이 떠올랐다. "당신이 풀잎 하나를 자르면 우주가 흔들린다."

헤어질 때 봄은 마지막으로 이 말을 했다. "모든 것은 당신과 나에서 시작된다." 집으로 가면서 나는 리더십 포럼을 위해서 회원들이 인류 전체와 동일시하도록 '정신 무장'을 시킬 방법을 반드시 찾아야 한다고 다짐했다. 그들이 그렇게 할 수 있다면 정말 세상을 바꾸는 일에 기여할 수 있으리라.

13

공시성:
1세제곱센티미터의 기회

전사든 아니든 우리 모두는 이따금씩 눈앞으로 튀어나오는 1세제곱센티미터의 기회를 갖고 있다. 범부와 전사의 차이는 '전사는 그것을 알아차린다'는 점이다. 정신을 바짝 차리고 신중하게 기다리는 것은 전사의 중요한 의무다. 그래야 1세제곱센티미터의 기회가 튀어나왔을 때 대담하고 민첩하게 붙잡을 수 있다.

– 카를로스 카스타네다 Carlos Castaneda

봄을 만나고 몇 주 뒤 나는 아들을 데리고 미국으로 여행을 떠났다. 아이가 입학을 고려하고 있는 몇몇 대학을 둘러보는 것이 여행의 목적이었다. 그때 우리는 시카고 오헤어 공항에서 인파로 붐비는 통로를 급히 내달리고 있었다. 비행기 출발 시간이 임박했기 때문이었다. 이리저리 사람들을 피해가면서 조이와 나란히 달려가는데 맞은편에서 무척 아름다운 젊은 여자가 우리 쪽으로 급히 달려오는 모습이 보였다. 서로의 거리가 1미터쯤 되었을 무렵 그녀의 눈동자를 들여다보았다. 정말 매력적이었다. 나는 갑자기 그 자리에서 굳어 버렸다. 여자가 스쳐 지나가는 동안 나는 여자를 따라 몸을 돌리면서 속으로만 생각했다. "저 여자를 잡아야 되는데. 어디선가 본 것 같은데." 완전히 얼이 빠져서 한마디도 할 수가 없었다. 정말 신기한 일이었다. 조셉 캠벨의 표현을 빌자면 내가 그녀와 함께할 미래의 삶이 나에게 말을 거는 것만 같았다. 말하자면 앞으로 다가올 운명이 나에게 말을 걸고 있었다. 여기에는 분명 신비로운 힘과 시간의 초월이라는 현상이 개입되었다.

그녀가 나를 지나쳐 걸어가는 동안 나는 그녀 쪽을 돌아보면서 그냥 거기에 서 있었다. 한참 앞으로 내달린 다음에야 내가 없다는 것을 알고 급히 돌아온 조이가 팔을 잡아당겼다. "아빠, 여기서 뭐하시는 거예요? 이러다 비행기 놓치겠어요. 가요!" 조이를 보니 옛날 존 웨인의 대사가 떠올랐다. "조이, 사내대장부로서 할 일을 해야 할 때가 있는 법이란다. 넌 어서 가서 비행기를 타라. 나는 다음 비행기를 타마. 어떻게든 널 찾아갈 테니 걱정하지 말고." 지금 생각하면 아버지로서는 너무나

무책임한 행동이었다는 생각이 든다. 하지만 그 순간 나는 본능에 따라 행동했고 손톱만큼의 죄의식도 없었다.

그 말을 끝으로 나는 몸을 돌려 그녀를 향해 뛰어가기 시작했다. 아메리칸에어라인 게이트에서 그녀를 찾아냈는데 댈러스행 비행기에 막 오르려던 참이었다. 나는 잽싸게 뛰어가서 게이트 직원에게 표를 내밀고 있는 그녀를 뒤로 끌었다. "죄송합니다. 하지만 꼭 할 말이 있어서요. 이쪽으로 좀 와주세요." 그녀가 입구에서 한 걸음 빠져나와 이동 트랩 쪽으로 왔다. 나는 그녀가 뭐라고 말할 틈도 주지 않고 대뜸 물었다. "결혼하셨는지 알고 싶습니다."

그녀가 나를 보더니 대답했다. "아니오, 당신은요?"

다소 당황한 내가 말을 더듬었다. "아아! 물론 안 했지요. 그러니까 저는 런던에 삽니다. 우리가 만난 적이 없다는 건 압니다. 하지만 어디선가 본 것 같다는 느낌이 들더군요. 제가 연락할 수 있게 이름과 전화번호를 알려주셨으면 합니다."

그녀가 나를 보더니 아무 말도 없이 명함을 꺼내 집 전화번호를 적었다. 그러고는 나에게 건네주면서 말했다. "런던 얘기 들려주세요."

비행기 탑승 시간이 끝나가고 있어서 그녀는 급히 비행기에 올랐다. 잠시 서 있다가 몸을 돌린 다음에야 조이가 근처에 서서 죄다 보고 있었다는 사실을 알았다. 비행기를 타러 달려가는 동안 상황을 설명하려 했지만 여의치가 않았다.

그날 저녁 조이와 나는 모텔에서 하룻밤을 보냈다. 새벽 1시에 나는 일기에 이렇게 적었다. "오늘 오헤어 공항에서 메이비스 웹스터라는 여자를 우연히 만났다. 무척 아름다운 여자였다. 함께 있었던 시간은 메이비스가 비행기를 타기 직전 2, 3분에 불과하지만 아주 이상한 기분이 든다. 그녀와 함께 있다는 것만으로 가슴이 따뜻해지는 기분. 우리 두 사람의 눈이 마주쳤을 때 정신적인 교감 같은 것을 느꼈다. 그녀를 쫓아가는 동안에는 세상에 그것 말고는 중요한 일이란 없는 것 같았다. 제대로 설명하기가 쉽지 않다. 정말 신기한 경험이다. 어쨌든 사랑이라는 느낌이 든다."

이런저런 이유로 나는 그 일기를 1년 뒤에 다시 보았다. 메이비스와 내가 이미 결혼한 다음이었다. 일기에 그런 내용을 썼다는 기억조차 없었는데 막상 보니 거기에 있었다. 아주 선명하게.

메이비스는 댈러스 근처 소도시에서 저녁에 방영하는 텔레비전 쇼를 제작하고 진행하는 재원이었다. 나를 만난 그날 메이비스는 ABC 방송사 시카고 지부의 제의를 받고 인터뷰를 하러 갔었다. 시카고로 출발하기 전날 밤에 그녀는 자기 인생에서 중요한 부분을 차지할 남자를 만나리라는 꿈을 꾸었고 실제 그렇게 되리라는 강한 예감을 받았다. 일을 마치고 시카고에 머무는 동안 그녀는 여러 친구를 만나고 파티에도 두 번이나 참석했다. 매번 남자를 만날 때마다 혹시 이 사람일까 생각했지만 아니었다. 시카고에서 보내는 마지막 저녁 비행기를 타러 떠나기 전 메이비스는 친구에게 꿈 이야기를 하며 그렇게 될 줄 알았는데 아니어서 속상하다고 푸념을 했다. 그리고 다음 날 아침 비행기를 타기 직전에 내가 그녀의 팔을 잡았던 것이다.

리더십 포럼을 조직하기 위해 휴스턴으로 이사한 다음 나는 그녀에게 전화를 해서 나섯 번이나 데이트 약속을 잡았다. 하지만 메이비스의 일 때문에 번번이 약속이 깨졌다. 여섯 번째로 전화를 했을 때 나는 이렇게 말했다. "메이비스, 조셉입니다. 댈러스에서 점심을 같이했으면 합니다. 이번 약속도 깬다면 저랑 만나고 싶지 않은 걸로 이해하겠습니다. 다시는 전화도 안 할 테고요." 메이비스는 자기가 하는 일의 특성상 이렇게 되었다고 진지하게 설명하며 나를 다시 만나고 싶다는 생각을 분명하게 밝혔다.

그로부터 대략 2주 뒤 우리는 댈러스에서 만나 점심을 같이했다. 그날 오후 내내 같이 있으면서 우리의 희망과 꿈을 이야기했다. 메이비스는 의사가 되어 아픈 사람을 치료하고, 궁극적으로는 세계 각지에서 선교 활동을 할 수 있었으면 좋겠다는 꿈을 이야기했다. 나는 ALF의 꿈을 이야기했다. 그것이 미국뿐 아니라 궁극적으로는 세계 전역에서 소통의 변화를 가져오리라고 말했다. 신기한 우리의 만남과 예리한 직관과 직감이라는 메이비스의 특별한 능력도 이야기했다. 댈러스 중앙에 있는 아름다운 공원을 함께 걸었다. 함께하면 할수록 걷는 시간이 길어질수록 우리 사이의 경계가 흐려지고 줄어들면서 점점 강한 황홀함이 느껴졌다. 우리는 서로뿐 아니라 세상과 하나가 되었다.

우리는 그날 저녁 식사를 함께했고 다음 날도 많은 시간을 보냈다. 메이비스는 내가 최근에 배운 근본 진리를 깨닫게 도와주었다. 나는 메이비스가 내과의사가 되어 바라던 꿈을 이룰 수 있게 최선을 다해 돕겠다고 약속했다. 메이비스가 휴스턴으로 이사를 왔고 1년여 뒤에 우리는 결혼했다.

정말 간소하지만 아름다운 예식이었다. 식은 오랜 친구 밥 볼이 주임사제로 있는 장로교회 예배당에서 가족이 참석한 가운데 조촐하게 치러졌다. 조이가 신랑 들러리를 맡았고 클레어가 메이비스의 들러리를 맡았다. 이것은 필요에서 준비한 형식상의 절차일 뿐이었다. 나는 댈러스에서 처음 만나 근사한 하루를 보낸 그날부터 줄곧 메이비스와 완벽하게 연결되어 있다는 느낌을 받았다.

리더십 포럼을 만드는 초기 단계는 참여할 이사들을 모으고 커리큘럼을 준비하는 것이었다. 이런 작업 때문에 나는 전국을 돌아다녀야 했는데 메이비스는 이런 여행을 나와 함께했다. 그녀는 곁에 머물면서 단계마다 나를 지원하고 도와주었다. 나에 대한 메이비스의 사랑은 그야말로 진실했다. 나를 보살피고 나의 정신적인 성장과 꿈을 지원하는 일에 자신의 모든 것을 바치겠다는 평생의 헌신을 담보로 하는 그런 사랑이었다. 그것이 그녀가 약속한 것이고 그녀는 실제로 그렇게 했다. 나도 마찬가지로 그녀에게 헌신하고 싶다는 간절한 욕망이 가슴 깊은 곳에서 우러나왔다. 내가 강인한 정신력으로 헌신에의 약속을 지킬 수 있기를 매일매일 기도했다.

정신과 의사 M. 스캇 펙Morgan Scott Peck은 결혼을 등산할 때의 베이스캠프에 비유했다. 정상 등반에 성공하려면 훌륭한 베이스캠프가 있어야 한다. 베이스캠프란 안식처가 되고, 필요한 양식이 있고, 다른 정상을 찾아서 모험을 떠나기 전에 필요한 보살핌과 휴식을 취하는 그런 곳이다. "훌륭한 등반가는 최소한 실제로 산을 오르는 데 투자하는 시간만큼, 혹은 그 이상의 시간을 베이스캠프를 꾸미고 관리하는 데 투자해야 한다는 것을 잘 알고 있다. 그들의 생존이 베이스캠프에 달려 있기 때문이다. 베이스캠프가 튼튼하게 구축되고 필요한 양식과 물품이 잘 구비되어 있어야만 안전이 보장되기 때문이다."

메이비스가 의대에 들어가고 인턴 과정을 거쳐 지금의 레지던트가 되기까지 나는 베이스캠프를 돌보면서 많은 것을 배웠다. 서로를 배려하면서 동시에 각자의 꿈을 좇아가는 모험을 하는 것이 얼마나 소중한가를 가슴 절절하게 깨달았다. 하지만 이런 깨달음을 얻기까지 적잖은 시간을 소비했고 많은 어려움을 겪었다. 당장 눈앞에 놓인 일에만 온 신경을 집중하고 이외의 것에는 거의 신경을 쓰지 않았기 때문이다. 첫 번째 결혼에서 나는 이런 실수를 했고 결혼 생활에서 남녀 사이에, 일과 가정 사이에 균형이 얼마나 중요한가를 절감했다. 아직도 배워야 할 것이 많지만 이것이 옳다는 것만은 확실하게 느꼈다.

▲

내가 회사를 그만두고 꿈을 좇기로 마음먹은 직후 내 삶에 봄과 메이비스가 등장한 방식에도 많은 생각을 했다. 당시에는 이런 우연의 일치에 적잖이 놀랐다. 하지만 나중에 곰곰 생각해보니 특히 봄이 가르쳐 준 관점에서는 놀랄 일도 아니었다. "뭐가 놀라워? 본질적으로 하나로 연결된 세상에서 상황이 돌아가는 아주 자연스러운 방식이잖아." 이런 생각을 하게 되었다. 하지만 세계관을 하루아침에 바꾸는 것은 쉽지 않았다. 봄이 옳다고 생각하면서도 과거부터 나를 지배해온 모든 것이 자꾸 세상을 분리된 것으로 보게 했다. 별개의 '사물'로 구성된 것으로 말이다. 그래서 나는 '사물'이 연결되어 있는 이유를 찾으려고 부단히 노력했다. 세계를 분리된 사물의 집합체가 아니라 서로 연관된 하나로 보는 것이 나로서는 결코 쉬운 일이 아니었다. 잠깐씩은 가능했지만 항상 그렇게 보기가 쉽지 않았다.

이런 단계에서 나는 공시성을 다룬 자료를 닥치는 대로 읽기 시작했다. 당연히 이제는 고전으로 꼽히는 칼 융의 〈싱크로니시티: 비인과적 연관 원리〉가 맨 먼저였다. 융은 공시성을 '둘 혹은 그 이상의 사건의 의미 있는 동시 발생'이라고 정의하면서 '그 안에는 우연한 가능성, 즉 확률 이상의 무엇인가가 관련되어 있다'고 했다. 우리는 항상 개인적인 자주성을 얻기 위해 분투하지만 그런 순간에도 여전히 우리는 스스로를 넘어서는 거대한 힘에 휩싸여 있다. 그리하여 우리는 우리 각자의 삶의 주인공인 동시에 더욱 큰 드라마의 주요 등장인물이 된다.

아서 쾨슬러Arthur Koestler(헝가리 출생 영국 소설가이자 언론인-옮긴이)의 〈야누스(Janus)〉에 나와 있는 공시성의 서술도 많은 도움이 되었다. 그 책에서 쾨슬러는 '다양성 속의 조화'라는 개념의 역사를 추적한다. 피

타고라스 학파가 말한 '전체의 음악'과 히포크라테스 학파가 말한 '만물의 조화'까지. 히포크라테스 학파는 '하나의 공통된 흐름과 하나의 공통된 숨결 속에서 만물이 조화를 이루고 있다.'고 했다. 우주의 만물이 하나로 통합된다는 논리는 도교, 불교, 신플라톤 학파, 르네상스 초기 철학자의 가르침에서도 항상 주된 논지였다. 역사의 흐름을 훑어본 다음 쾨슬러는 다음과 같은 결론을 내린다. "텔레파시, 투시, 예지 … 그리고 공시성은 동일한 보편 원리가 다른 상황에서 다른 모습으로 나타나는 것일 뿐이다. 인과적인 작인(作因)과 비인과적인 작인 둘 다를 관통하며 양자를 하나로 통합하는 보편 원리가."

내 삶의 이 시기에 나는 만물의 흐름 속에서 전체 시스템의 자연스러운 펼쳐짐과 조화를 이루며 움직였고 앞으로도 계속 그럴 것이라고 느꼈다. 봄의 조언을 항상 마음 깊이 간직하고 있었으니까.

> 당신은 창조적인 흐름에 발을 담그기 직전입니다. 밀고 나가세요. 현재에 안주해서는 안 됩니다. 방심하지 말고 항상 깨어 있어야 합니다. 그래야 기회가 모습을 드러냈을 때 확실하게 잡을 수 있습니다.

내가 받은 최고의 충고였다. 커다란 전체의 일부라는 믿음 안에서 행동하고, 한편으로 융통성과 인내심을 갖고 항상 주의를 게을리하지 않으면 누구도 상상하지 못할 온갖 종류의 우연한 사건과 만남, 물질적인 지원을 얻을 수 있고 만사가 순조롭게 진행된다. 이제 곧 내가 경험하게 될 일이다.

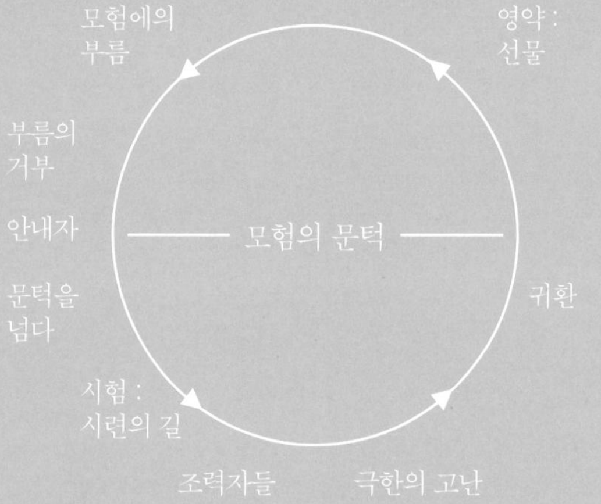

조셉 캠벨의 〈천의 얼굴을 가진 영웅〉에 나온

'영웅의 여정'을 각색.

Part 3

영웅의 여정

14

전력 질주의 순간

데이비드 봄과 대화를 나눈 이후의 어느 날이었다. 나는 런던에서 당장 가장 절박한 문제를 생각하면서 길을 걷고 있었다. 당장 나한테는 리더십 포럼의 커리큘럼 짜는 문제를 전문적으로 도와줄 사람이 필요했다. 그런 커리큘럼에 나는 거의 문외한으로 완전히 생소한 분야였기 때문이다. 봄도 말했다시피 포럼 회원에게 진정 차별화되는 색다른 교육 경험을 제공할 필요가 있었다. 프로그램의 목적은 회원들로 하여금 전체성을 향한 1년간의 여행으로 끌어들이는 것이었다. 전체를 생각하고 전체가 되는 여행에 자연스럽게 동참시키는 것이었다. 봄과 나는 사고 방식과 존재 방식의 근본적인 변화도 이야기했다. 이런 모든 조건을 충족하기란 엄살이 아니라 정말 어려운 일이었다.

그때 내가 왜 발걸음을 멈추고 신문 가판대에 놓인 잡지를 집어들었는지는 지금까지도 수수께끼다. 이유는 모르겠지만 어쨌든 나는 그렇게 했다. 내가 우연찮게 집어든 잡지는 〈U.S.뉴스&월드 리포트〉였는데, 표지에 실린 '미국 리더십 문제의 해결책'이라는 제목이 나를 보면서 어서 읽어달라고 말하는 것만 같았다. 잡지를 펼치고 톰 크로닌Tom Cronin이 쓴 문제의 기사를 찾았다. 작가는 두 페이지에 걸쳐서 내가 그동안 생각했던 여러 원칙을 나열하고 있었다. 기사를 읽을수록 크로닌이 리더십 포럼의 취지와 일치하는 생각을 갖고 있다는 사실이 분명해졌다. 당장 잡지를 사서 해당 페이지를 찢은 다음 콜로라도 스프링스로 날아갔다. 크로닌이 스프링스 근처 콜로라도 대학에 있었기 때문이다. 이틀 뒤 나는 크로닌의 집에서 나의 꿈 이야기를 나누고 있었다. 그는 1시간 반 동안 열심히 경청했다. 그리고 이렇게 말했다. "내게 맡기세요. 저를 포함시켜주세요. 제가 당신이 구상하는 포럼의 첫 번째 이사가 되겠습니다. 다음으로 당신이 만나야 할 사람은 존 가드너입니다. 리더십 분야로 치면 이 나라에서 가장 관록 있는 분이 아닐까 싶습니다."

존 가드너는 백악관 특별회원 연수 프로그램을 만든 사람이자 리더십 포럼이라는 비전을 구상하면서 내가 모델로 삼은 사람이다. 그는 미국에서 가장 존경받는 명사로 꼽히며, 내가 생각하는 리더십 프로그램의 핵심을 담고 있다고 생각되는 책 〈자기 혁신Self-Renewal〉의 저자이기도 하다. 그는 리더십 자질 면에서 각기 다른 모습을 보여준 여섯 명의 대통령 밑에서 일했는데 보건교육복지부HEW 장관, 비영리 단체인 국민연합 의장, 행정 개혁을 목표로 하는 시민단체 커먼코즈의 초대 의장, 카네기 재단의 이사장 등을 역임했다.

말하자면 그는 명사였고 거물이었다. 생각이 이에 미치자 나는 크로닌에게 말했다. "저는 가드너가 쓴 모든 책을 읽었습니다. 그리고 그가 우리에게 큰 도움이 되리라고 확신합니다. 하지만 그런 사람이 저를 만나줄 것 같지 않습니다." 크로닌은 자기가 백악관 특별회원 연수 프로그램의 우수 회원이고, 가드너가 보건교육복지부 장관으로 재직하던 시절에 보좌관으로 일했다면서 직접 전화를 해서 약속을 잡아주었다. 이틀 뒤에 나는 가드너의 사무실로 갔다.

가드너는 워낙 예의 바른 사람이었고 전반적으로 금욕주의자 같은 절제된 분위기를 풍겼다. 인사를 나눈 다음 내가 책상 맞은편에 앉자 그가 용건을 물었다. 나는 그에게 나의 꿈과 생각을 말했다. 마지막에 나는 나의 꿈은 미국에서 리더십을 발굴하고 육성하는 수준에서 멈추지 않는다고 강조했다. 세계는 지금 황금 시대로 가는 출발선에 있으며, 지구 시민으로서 우리가 어떻게 행동하느냐에 따라 이 황금 시대를 이룩하느냐 못하느냐가 결정될 것이라고 말했다. 인류는 진정 중대한 전환점에 있으며, 이런 중대 시기에 미국의 리더들이 핵심 역할을 할 수 있으리라고 생각한다는 말도 덧붙였다.

말을 마치자 가드너는 몇 분 동안 가만히 앉아서 나를 바라보았다. 너무 오래 빤히 바라보기만 하는 바람에 내가 뭔가 실수를 했거나 그의 심기를 건드린 것이 아닌가 생각했다. 이어서 그는 아무 말없이 몸을 돌리더니 문서 몇 개를 후루룩 넘기면서 훑어보았다. 찾던 문서를 발견한 다음 다시 내 쪽으로 몸을 돌렸다. 그러고는 문서를 던져주면서 말했다. "자, 이걸 읽어보세요." 그것은 그가 아스펜연구소 소장 조 슬레이터Joe Slater에게 쓴 8페이지짜리 편지였다. 보기 드물게 훌륭한 편지였다. 편지라기보다는 신중하게 다듬은 한 편의 에세이 같았다. 편지는 기본적으로 내가 방금 그에게 말한 기본 요점을 이야기하고 있었다. 내가 고개를 들자 그가 미소를 지으며 말했다. "그러니까 자보르스키 씨, 이제 아시겠지요. 제가 당신이 말하는 내용에 동의한다는 사실을 말이죠. 제가 당신을 돕고 싶어 한다는 것도요." 그러고는 내 눈을 똑바로 보면서 물었다. "정말 진지하게 생각하고 계신 겁니까? 정말로 이 일에 헌신할 생각입니까?"

나는 가드너에게 직전에 법률회사를 그만두었다는 사실부터 그간의 모든 과정과 사건을 이야기했다. 내 말이 끝나자 그가 말했다. "사실 저는 지금 그동안 관여하던 여러 조직의 이사회에서 발을 빼고 있는 중입니다. 리더십에 관한 글쓰기에 전념할 시간이 필요해서요." 실제로 그는 그즈음 정유회사 셸과 뉴욕 전화회사의 이사직을 그만두었다. "당신이 생각하는 일은 저에게 무척 흥미롭습니다. 우리나라와 세계 전체로 봐도 무척 중요한 일이고요." 그는 자신도 참여해서 계속 나에게 도움을 주고 싶다고 했다. 그는 다음에 내가 만나야 할 사람으로 할런 클리블랜드를 지목했다. 할런 클리블랜드Harlan Cleveland는 NATO 대사와 하와이 대학 학장을 역임했고, 오늘날 리더십 분야에서 세계 최고로 꼽히는 사상가이자 실천가였다. 가드너는 클리블랜드가 미네소타 대학에 있는 험프리 사회문제연구소 소장으로 막 임명되었다면서 전화를 해서 약속을 잡아주었다. 그날 저녁 나는 미니애폴리스로 향했다.

클리블랜드도 참여 의사를 밝혔고 우리 프로그램 위원회의 위원장이 되었다. 그는 퓰리처상을 수상한 역사학자이자 걸출한 리더십 학자인 제임스 맥그리거 번스James MacGregor Burns를 소개해주었다. 번스는 가장 영향력 있는 리더십 서적 중에 하나로 꼽히는 책의 집필을 막 끝낸 참이었다. 번스도 내가 구상하는 프로그램을 열렬히 환영하면서 기꺼이 서명을 해주었다. 번스는 나를 서던캘리포니아 대학의 워렌 베니스Warren Bennis에게로 이끌었다. 워렌 베니스는 당시 예일 대학에 있었는데 지금은 하버드 대학에 있는 로자베스 모스 캔터Rosabeth Moss Kantor와 로스앤젤레스 시장 톰 브래들리Tom Bradley를 소개해주었다. 그들 모두가 포럼에 찬성하면서 이사가 되겠다는 서명을 해주었다. 이어서 나는 마이클 매코비Michael Macoby를 만나러 갔다. 그는 에리히 프롬의 문하생이자 비즈니스 리더십을 다룬 탁월한 저서로 리더십 분야에서 상당한 명성을 얻은 사람이었다. 가드너는 내게 엘자 포터Elsa Porter도 소개해주었다. 포터는 전직 미국 통상부 행정차관보로 미국 여성 리더십 분야에서 가장 탁월한 이론가이자 실천가로 꼽혔다. 이어서 제임스 본드 스톡데일James Bond Stockdale 제독을 만났는데 그는 군대 리더십 분야 권위자로 현재는 스탠포드 대학에서 학생들을 가르치고 있다. 그들 모두가 포럼에 힘을 보태겠다고 했다.

진정 아름다운 여정이었고 여정을 마쳤을 즈음 나는 리더십 분야에서 세계적인 수준의 사상가, 학자, 실천가의 서명을 받아냈다. 내가 구상하는 이상적인 커리큘럼 만들기에 적극적으로 나설 그런 사람들이었다.

이런 초기 조직화 작업이 진행되는 도중에 메이비스와 나는 결혼을 했다. 1981년 5월 우리는 샌프란시스코 근처로 신혼 여행을 갔다. 신혼 여행 얼마 전에 나는 스탠포드 연구소의 윌리스 하먼Willis Harman이 쓴 흥미로운 글을 읽었다. 마침 스탠포드 연구소가 있는 팰로앨토는 신혼 여행지에서 멀지 않았다. 차를 몰고 와인 생산지로 구경을 간 날 내가 메이비스를 보고 말했다. "아무래도 윌리스 하먼을 만나봐야 할 것 같아. 신혼 여행 와서 일하기는 싫지만 계속 생각이 나서 말이야. 그 사람한테 전화를 해야겠어." 메이비스가 언짢아 할 것이라는 생각은 순전히 기우였다. 하먼 얘기를 들은 메이비스는 나만큼이나 그를 만나고 싶어 했다.

그날 저녁 하먼의 전화번호를 알아냈고 10시 30분에 전화를 걸었다. 이유는 정확히 모르겠지만 왠지 당신을 꼭 만나야 한다는 생각이 든다고 말했다. 그가 리더십 포럼 사업에 도움이 되리라는 것은 확실했다. 하지만 과연 그가 나를 만나줄까? 나는 다음 날 아침 8시 30분 비행기로 휴스턴으로 떠날 예정이라는 말도 했다. 하먼은 조금도 주저하는 기색 없이 새벽 6시 30분에 공항 커피숍에서 보자고 했다.

다음 날 아침 메이비스와 나는 하먼을 만났다. 이것은 또 하나의 마법 같은 만남이었다. 생면부지의 남자가 밤중에 전화를 해서 다음 날 아침에 떠나니 그전에 만나달라고 했을 때 새벽같이 공항으로 나와줄 사람이 얼마나 될까? 헤어지면서 그는 케임브리지에 있는 찰스 키퍼Charles Kiefer와 피터 센게Peter Senge에게 연락하는 것이 가장 시급한 일인 것 같다고 강조했다. 커리큘럼 구성을 도와줄 적임자라는 것이다. 다음 날 키퍼와 센게에게 전화를 했더니 마침 '메타노이아 조직Metanoic Organizations'이라는 새로운 논문 발표 때문에 다음 주에 휴스턴 출장이 잡혀 있다고 했다.

그들의 논문 발표를 듣고 나는 엄청난 흥분과 함께 깨달음을 얻었다. '메타노이아'는 '정신의 근본적인 변화'를 가리키는 그리스어에서 나왔다. 키퍼와 센게의 표현을 빌려 간단히 말하자면 이런 조직은 스스로 운명을 결정할 수 있다는 확신을 가지고 움직인다. 이런 조직 안에서 생성되는 분위기는 사람들에게, 특히 개인과 조직이 활동하는 사회 전체에 이해와 책임감을 고양시키는 방법으로 깊은 영향을 줄 수 있다. 그런 조직에서 올바른 비전을 중심으로 협력하는 개인은 세상에 엄청난 영향을 미치고 변화를 가져올 수 있다. 이런 아이디어가 완전히 새로운 것은 아니다. 이미 여러 곳에서 전례를 찾아볼 수 있다. 더글러스 맥그리거Douglas McGregor의 경영 이론, 제이 포레스터Jay Forrester 같은 조직 이론가의 저서, 미국 건국 이념에서 표현된 자유와 자결권에 대한 기본적인 믿음이 모두 궤를 같이한다.

나와 키퍼, 센게는 그날 오후 늦게 두어 시간 만남을 가졌다. 먼저 내가 그들에게 이야기를 쏟아냈다. 결론으로 나는 메타노이아 조직이라는 개념이 리더십 포럼의 기본 취지와 잘 맞아떨어진다며 구체적으로 다음 네 가지를 지적했다. 첫째, 효과적인 사회적 리더십의 핵심에는 확실한 목적 의식이 있다. 둘째, 구성원이 비전을 공유하고 헌신하는 집단은 엄청난 힘을 갖는다. 셋째, 성공적인 리더십을 발휘하려면 행동이 아니라 존재 방식을 근본적으로 바꿔야 한다. 여기서 말하는 존재 방식의 변화에는 꿈에 대한 깊은 헌신과 봉사하고자 하는 열정이 포함된다. 지위와 권력을 추구하는 일반적인 리더십과는 근본적으로 다를 수밖에 없다. 넷째, 회원들의 정신 교육을 중시하여 전체 프로그램의 기본 구성 요소로 포함시킨다. 내가 두 사람의 도움을 필요로 하는 곳이 바로 이 부분이라는 이야기도 덧붙였다.

그들은 내게 메타노이아 개념을 중심으로 조직을 만드는 것은 민주주의 발전 과정에서 거치는 중간 단계에 불과하다고 말했다. 이런 조직은 사람의 진정한 본성뿐 아니라 복잡한 사회 시스템과도 조화를 이뤄 더욱 자연스러운 조직으로 발전해가는 과정을 나타낸다. 피터 센게는 200여 년 전에 토마스 페인Thomas Paine이 '사람은 누구나 자기 결정권을 가져야 한다'는 지금은 '상식'에 불과한 주장으로 나라 전체를 뒤흔들었다는 사실을 상기시켰다. 그로부터 얼마 안 되어 작성된 독립선언은 미국 식민지의 다양한 이해관계를 반영하여 작성되었다. '우리는 이러한 진실을 자명한 것으로 간주한다'고 선언하면서. 센게와 키퍼는 새롭게 부상하는 메타노이아 조직은 결국 민주주의라는 동일한 비전에서 영감을 얻고 나아갈 방향을 결정하게 된다고 강조했다. 그들은 자신들과 내가 하는 일이 결국 같다면서 흔쾌히 돕겠다는 의사를 밝혔다.

처음 만난 그날 나는 두 사람에게 깊은 유대감과 애정을 느꼈다. 그들도 나에게 마찬가지 감정을 느꼈으리라. 우리의 유대와 애정은 지금까지 이어지고 있다. 약속대로 키퍼와 센게는 포럼 회원에게 진정한 리더십의 핵심 개념을 가르칠 구체적인 방법과 관련하여 많은 도움을 주었다. 하지만 그들의 도움은 거기서 멈추지 않았다. 리더십 포럼을 만드는 과정에서 가장 힘들었던 시기를 견딜 수 있게 힘을 준 것도 그들이었다. 또한 그들의 도움이 있었기에 나는 스스로가 하는 일을 똑바로 이해하고 전진할 수 있었다.

▲

초기 단계에서 나는 함께할 팀을 만드는 한편으로 운영 자금을 모으는 일도 병행했다. 자금 모금도 성공적이었다. 3주도 되지 않아 75만 달러가 모였다. 처음 리더십 포럼의 구상을 듣고 적극적인 지지를 표명한 톰 팻초는 그때 말한 대로 약속을 지켰다. 25만 달러를 선뜻 내주었다. 팻초의 사업 파트너인 아흐메드 만나이9가 추가로 25만 달러를 내놓았고 나머지는 휴스턴 자선단체에서 나왔다.

착수 시기(1981-1982)에 압권은 '국보급'이라고 해도 좋을 사상계의 쟁쟁한 리더를 한자리에 모아놓고 프로그램에 대한 브레인스토밍을 했다는 것이다. 우리는 다음과 같은 서두로 회의를 시작하곤 했다. "우리 앞에는 무엇이든 그릴 수 있는 백지가 놓여 있습니다. 단순한 백지가 아니라 무한한 가능성을 가진 차세대 리더라는 백지지요. 각자가 선택한 분야에서 정상에 다가서고 있고, 지역사회와 나라 전체에 이득이 되는 너무나 많은 능력을 가진 이들입니다. 이들 차세대 리더를 위한 프로그램을 과연 어떻게 만들어야 할까요?"

참석자 대부분이 직접 만난 적은 없지만 쟁쟁한 명성을 통해서, 혹은 저서나 논문을 통해서 서로를 잘 알고 있었다. 존 가드너, 헨리 스틸 코메이저, 제임스 맥그리거 번스, 할런 클리블랜드, 워렌 베니스, 로자베스 모스 캔터, 톰 크로닌, 엘자 포터, 제임스 본드 스톡데일 제독, 윌리스 하먼, 집단 리더십 이론가로 명성이 자자한 돈 마이클, 크리에이티브리더십센터의 데이비드 캠벨까지 그야말로 쟁쟁한 인물이 브레인스토밍을 위해 휴스턴을 몇 번씩 다녀갔다.

초창기 워렌 베니스와 톰 크로닌, 할런 클리블랜드는 커리큘럼 개발 과정에서 핵심 역할을 했다. 할런과 그가 이끄는 프로그램 위원회는 미국 리더들의 문제점을 8가지로 정리하여 제시했다.

1. 자기 인식 결여.
2. 리더십 자체 속성에 올바른 인식 결여.
3. 상호 연관이라는 개념보다는 오히려 분리(지역사회, 국가, 학

과, 분야, 방법론)라는 개념에 관심 집중.

4. 세계와 미국의 상호 의존성에 무지. 말하자면 세계는 하나라는 인식 결여.
5. 가치에 무관심. '왜?', '무엇을 위해서?'라는 질문 망각.
6. 변화를 만들어내는 방법, '사회라는 건축물'(워렌 베니스의 표현)을 꼼꼼히 분석하는 방법, 새로운 일을 도모할 조직을 만드는 방법 등 이 모든 것에 무지.
7. 이해관계자의 결합과 상호 관련성, 다원주의의 함의, 책임자 부재로 모든 리더가 전체 상황에 부분적으로 책임이 있다는 사실 인식 결여.
8. 정황과 외부 환경에 충분한 자각 부족, 무엇이든 행동에 책임을 진다는 인식 결여.

이상 여덟 가지는 우리 프로그램의 중요한 지침이 되었다.

이런 회의가 진행되는 도중 나는 종종 뒷자리에 앉아 믿기지 않는다는 듯이 눈을 비비곤 했다. 이상하게도 나와 이들이 단절되어 있다는 느낌을 받았다. 마치 내가 이들 모두를 불러 모은, 이 모든 에너지를 한곳으로 결집시킨 피뢰침 같다는 생각이 들었다. 그런 때면 내가 참가자가 아니라 이야기가 전개되는 과정을 바라보는 참관인처럼 느껴졌다. 이런 상황이 나에 '의해서가'가 아니라 나를 '통해서' 일어나고 있는 것 같은 그런 느낌이었다. 참가자 사이에서는 내용을 종합하고 하나로 통합하는 과정이 부단히 계속되었고, 이런 진척 과정을 지켜보는 것은 참으로 신나는 일이었다.

이런 경험을 통해서 나는 리더십 포럼과 나의 관계가 어떤 모습이어야 하는가를 더욱 명확하게 인식했다. 어찌 보면 단일 주제를 다루는 대규모 대화의 장이 내 앞에 펼쳐진 셈이고, 거기서 내 역할은 주최자로서 대화가 원활히 진행되도록 돕는 것임을 말이다. 리더십 포럼 초창기에 경험한 모든 것이 나에게는 경이로웠고 그만큼 강렬한 인상을 남겼다. 이런 쟁쟁한 인물들이 한자리에 모였고 마치 한마음처럼 행동한다는 사실이 놀랍고 감동적이었다.

이들을 보면서 나는 〈아마추어The Amateurs〉라는 책의 한 구절을 떠올렸다. 퓰리처상을 수상한 기자 겸 작가인 데이비드 핼버스탬David Halberstam이 쓴 책으로 조정 경기에서 '전력 질주의 순간'을 설명하는 부분이 있다.

> 노잡이들에게 경주에서 가장 완벽한 순간을 물으면 그들은 우승 순간보다 경주 도중 보트에서의 느낌을 이야기한다. 여덟 개의 노가 물속에서 동시에 일사불란하게 움직이는 순간 거의 완벽에 가까운 동시 동작이 이루어지는 순간을. 이

런 순간에 보트는 마치 수면 바로 위에 둥둥 떠 있는 것처럼 보인다. 노잡이들은 이런 순간을 '전력 질주의 순간'이라고 부른다.

올림픽 참가 선수 존 비글로우John Bigelow도 그런 순간을 무척 좋아했다. "거기서도 가장 좋았던 것은 이런 순간이 있기에 우리가 서로를 신뢰하게 된다는 사실입니다. 전원이 정확한 방법으로 힘을 발휘하지 않으면 보트는 최고 속력으로 전진하지 못합니다. 그것 때문에, 오직 그것 때문에 노잡이들 사이에 진정한 신뢰가 생길 수 있지요."

개인과 집단 할 것 없이 모두 자신들이 동떨어져 있다고 생각한다. 하지만 리더십 포럼 이사들처럼 마음을 터놓고 깊은 대화를 나누는 법을 알면 자연히 유대감이 생기고 단절감은 해소될 것이다. 우리는 바로 여기에 주안점을 두었다. 포럼 회원들이 단절감을 없애고 일찍이 경험하지 못한 새로운 방식으로 어울리며 서로를 알아갈 방법을 찾는 것. 일단 그들이 봄이 말한 '전체성'을 경험하면 거기서 얻는 새로운 이해와 통찰을 부인하지는 못하리라. 이런 식으로 일하는 사람은 비교적 적은 수로도 사회에 지대한 영향을 미칠 수 있다. 봄에 따르면 그 이유는 그들의 의식이 이미 모든 사람의 의식 속에 직물의 씨실과 날실처럼 섞여 들어가 있기 때문이다. 나는 포럼에서 이런 중심 아이디어를 실현하기 위해 내가 가진 모든 에너지를 쏟아부었다. 그리고 이후 3~4년에 걸쳐 공통 비전을 가진 이들이 집단으로 의사소통하고 행동하는 데서 나오는 엄청난 힘을 목도했다. 실제로 그것은 상상할 수 있는 최고 수준이었고, 지켜보는 사람에게는 당연히 신나고 감동적인 순간이었다.

15

야외 체험학습 :
대화로 나아가는 관문

모험은 불안을 야기한다. 하지만 모험을 하지 않으면 자아를 상실한다. … 최고의 모험은 바로 자아를 자각하는 것이다.

- 소렌 키에르케고르 Soren Kierkegaard

1982년 초반 우리는 초기 단계에 필요한 충분한 자금을 모았고 이사진과 고문, 직원도 갖춰졌다. 프로그램을 운영할 조직 구조도 이미 구상해두었다. 전국에서 몇몇 지역을 선택해서 지역마다 20명에서 25명가량의 리더를 모집할 계획이었다. 구체적으로는 기업 임원, 공무원, 교육, 노동, 종교, 예술, 언론, 여러 전문직 리더를 두루 포함시키는 형식이 될 것이다. 이들이 하나의 기수를 구성하고, 지부에서는 이들을 지원하는 동시에 필요한 감독을 하게 된다. 매년 6월 초에 지역별로 새로운 기수를 모집하게 될 것이다.

이 단계에서 가장 어려운 문제는 제약이 많은 상태에서 상세 프로그램을 짜는 일이었다. 먼저 프로그램은 세계적인 수준이라야 했다. 또한 이사회에서 내놓은 기본 지침에 따른 목표를 충족시켜야 했다. 여기에 여러 지역 공동체에서 동시에 실현 가능한 것이어야 한다는 제약도 있었고, 당연한 말이지만 예산 집행 지침에도 맞아야 했다. 우리는 먼저 휴스턴에서 생각하고 있는 여러 가지 상세 프로그램을 시험해보는 시범 운영 프로그램을 가동했다. 시범 운영 결과를 보고 나는 아주 초기부터 마음에 두고 있던 프로그램을 밀어붙이기로 결심했다. 처음부터 나는 우리 커리큘럼에 긴밀한 접촉과 참여를 유도하는 과정을 포함시켜야 한다고 생각했다. 사실 이는 단순한 생각을 넘어서 너무 강렬하고 확실한 예감 같은 것이었다. 이런 과정을 통해서 회원들은 봄이 말한 사람과 사람 사이의 장벽을 허물 수 있을 뿐만 아니라 서로를 느끼고 알아가는 방식을 근본적으로 바꿀 수 있다.

이는 회원들의 정신 교육 수단이며, 정신 교육은 리더십 포럼 프로그램의 핵심에 해당했다. 봄은 내면의 장벽을 없애고 그들을 변화시킬 소통 방법을 찾아야 한다고 강조했다. 런던에서 봄은 집단 지성과 생산적인 대화를 통해 공동 행동으로 나아가는 인간의 능력을 이야기했다.

현재 사람들은 단절되어 있다는 사고를 갖고 서로 간에 집단 지성이 있습니다. 그래서 따로따로 움직입니다. 사람들 사이를 가로막고 있는 벽이 분해되면 우리는 한마음이 되고 한 사람처럼 움직이게 됩니다. 그렇다고 우리가 획일화된다는 의미는 아닙니다. 모두가 한마음으로 움직이면서 동시에 개인은 저마다의 고유한 의식과 특성을 잃지 않고 있습니다. 사람들을 묶어주는 한마음은 사람들이 떨어져 있을 때도 변함없이 존재합니다. 함께 모였을 때는 마치 떨어져 있었던 적이 없는 것 같은, 말하자면 항상 하나였던 것 같은 그런 느낌을 줍니다. 서로 관계를 맺고 함께 움직이는 사람들 사이에는 사실상 단일 지성이 작용합니다. … 만약 이렇게 진심으로 협력하며 함께 일하는 사람이 많아지면 그 힘은 어마어마할 겁니다.

대다수 사람은 장벽을 갖고 있다. 봄에 따르면 사람들이 장벽을 만드는 이유는 이렇다. "사람들은 자신이 결코 세상에 의미 있는 변화를 가져오지 못할 것이라고 미리 단정지어 버립니다. 너무 걱정스럽고 두려워서 그런 가능성 자체를 직시하질 못하죠. … 이런 장벽을 없앨 소통이 반드시 일어나야 합니다." 1982년에 나의 예감은 장벽을 제거할 소통을 끌어내는 최선의 방법이 바로 스코틀랜드 고든스톤 학교의 쿠르트 한Kurt Hahn이 제시한 수칙에 따라 진행되는 야외 체험학습이라

고 말하고 있었다.[10]

제2차 세계대전 초반 영국 해군은 쿠르트 한에게 이해하기 힘든 특이한 현상이 하나 있다며 해결 방법을 의뢰했다. 영국 해군의 함선이 몹시 추운 북해에서 침몰하는 경우가 있는데 이때 선원 다수가 구조반이 도착하기 전에 죽었다. 하지만 이상한 점이 발견되었다. 소수의 생존자는 대부분 40대로 연령이 높았다는 점이다. 체력도 좋고 건장한 20대 젊은 선원이 오히려 버티지 못하고 죽었다.

의뢰를 받고 현상을 연구한 쿠르트 한은 다음과 같은 결론을 내렸다. 연령대가 높은 선원은 말하자면 산전수전을 두루 겪었고 목숨 자체가 위협받는 절박한 상황도 경험했기 때문에 극한 상황에서 생존율이 높다는 것이었다. 그들은 신체, 정신, 기백 모든 면에서 성숙했고, 어떻게 해서든 살려는 의지와 극한의 시련을 이겨내려는 강인한 정신을 갖고 있었다. 하지만 젊은이들은 이런 내적 역량을 기르지 못했다. 쿠르트 한은 연구 결과를 토대로 젊은이들이 생존에 반드시 필요한 지구력을 계발하는 데 도움을 주는 학습체험 프로그램을 만들어냈다. 그러자 연령대가 높은 생존자만큼 젊은 생존자가 나오기 시작했다. 전후에 쿠르트 한은 이런 아이디어를 미국으로 가져왔고, 그 결과물이 비영리 국제기구인 아웃워드 바운드Outward Bound이다. 아웃워드 바운드는 주로 청소년에게 야외 극기 훈련을 통해 정신력과 협력의 중요성을 가르친다.

쿠르트 한의 결론은 인간의 잠재 능력을 제약하는 요소의 대부분이 실재가 아니라 상상 혹은 정신 작용의 산물임을 말해준다. 그가 설계한 훈련 과정은 참가자에게 점진적으로 강도가 높아지는 과제를 주는 것으로 구성되어 있다. 처음 와서 참가자는 자신이 해내리라고 전혀 생각하지 못했던 뭔가를 해낸다. 다음 날 더욱 놀라운 것을 해내고, 이어지는 훈련 기간 내내 이전 성과를 능가하는 무엇인가를 해낸다. 과정의 마지막 단계가 되면 자신이 할 수 있는 것과 자신의 능력치에 대한 생각이 완전히 바뀐다.

쿠르트 한의 두 번째 목표는 체험학습 참가자가 동료에게 책임감과 동정심을 느끼고 서로 돕도록 독려하는 것이었다. 인간은 왜 타인에게 동정심과 이타심을 느끼고 그에 따라 행동하게 되는 걸까? 여기에 정확한 해답을 아는 사람은 없다. 하지만 인간의 내면에 서로를 돕도록 만드는 '뭔가'가 있다는 것만은 확실하다. 그는 인간이 사회적 존재로 집단이라는 틀 안에서 최고의 학습 효과를 낸다고 믿었다. 그래서 그는 참가자가 서로를 보살피고 도와야 한다는 필요성을 공감하도록, 이런 행동에 가치를 두도록, 그리하여 결과적으로 참가자들끼리 끈끈한 유대감을 가진 공동체로 거듭날 수 있도록 체험학습 프로그램을 구성했다. 그는 또한 이타심, 동정심 같은 원초적인 인간의 감정은 자연환경에 노출되어 있을 때 가장 강해진다고 믿었고 이에 초점을 두고 프로그램을 짰다.

1982년 커리큘럼의 일부로 야외 체험학습을 포함시키자는 생각이 들자 먼저 콜로라도 아웃워드 바운드 학교의 레올라 펠프스Reola Phelps와 통화를 했다. 펠프스는 콜로라도 아웃워드 바운드 학교에서 새롭게 시작한 간부 연수 프로그램의 책임자였다. 나는 그녀에게 우리의 리더십 포럼을 간략하게 설명하고 만남을 요청했다. 그리고 그 다음 주에 콜로라도로 가서 펠프스와 그녀의 동료 데이비드 크리슬립, 에릭 맘보르그, 피터 오닐을 만났다. 생각보다 어렵지 않게 마련된 자리였지만 나에게는 더할 나위 없이 특별한 만남이었다. 우리는 프로그램 구성과 실제 운영에 대해서 허심탄회하게 의견을 나눴다. 나는 나의 꿈을 이야기하고 리더십 포럼이 우리나라는 물론 세계에 도움이 되리라 생각한다고 역설했다. 대화를 하는 도중에 나는 우리가 단순히 언어만이 아니라 한층 깊은 차원에서 소통하고 있음을 알았고 그들과 강한 유대감을 느꼈다.

야외 체험학습 프로그램을 구상하면서 우리는 다섯 가지 기본 목표를 정했다.

1. 회원들의 자신감, 자신의 능력과 목표 달성의 믿음을 고취시킨다. 현재 그들은 진짜 능력의 극히 일부만을 활용하고 있으며, 스스로가 무한한 가능성을 갖고 있다는 확신을 심어주자는 것이 우리의 의도였다. 우리는 이런 사실을 증명할 확고한 증거를 제시할 예정이었다.
2. 회원들이 평소 좀처럼 활용하지 않는 내면의 힘을 활용하도록 장려한다. 특히 불확실하고 모호한 상황에 직면했을 경우에는 직감과 즉석에서 해결책을 찾아내고 새로운 발

상을 내놓는 원초적인 능력에 의존하도록 만든다.

3. 집단 안에 상호 존중하고 깊이 신뢰하는 분위기를 구축한다. 회원들이 서로 협력하여 우리가 보편적으로 갖고 있는 편견을 극복하게 한다. 집단 안에서 진정한 팀워크가 이루어지도록 유도한다. 그리하여 참가자가 어쩌면 평생 처음으로 진정한 협력이란 어떤 느낌인가를 경험하게끔 한다. 특정 지역의 다양한 분야 리더로 구성된 집단이 공통 관심사를 중심으로 뭉쳐서 함께 해결책을 찾아내는 성공 경험을 하게 한다.
4. 회원들이 내면 깊숙한 곳의 진정한 자아와 마주하게 한다. 봄이 말하는 인류 전체가 갖고 있는 창조적인 의식의 근원에 닿게 한다. 그들의 고결한 본성을 일깨우고 우리가 모두 연결되어 있음을 몸소 느끼게 한다.
5. 전체 경험을 통해 사고의 유연성을 갖고 변화와 새로운 환경에 빠르게 적응하는 법을 터득하게 한다.

아메리칸 리더십 포럼의 커리큘럼 준비는 시범 운영을 통한 테스트를 거쳐 1983년에 완료되었다. 전체 1년 과정에서 20일 정도가 직접 만나고 체험하는 프로그램으로 채워졌다. 회원들이 야외 체험학습을 할 마음의 준비를 하고 서로 안면을 트도록 하는 오리엔테이션을 포함해서다. 야외 체험학습은 보통 7월 초에 로키 산맥에서 진행되었는데

이즈음 기온이 암벽 등반과 등산을 하기에 적합하기 때문이었다. 커리큘럼을 전체적으로 보면 체험이나 실습이 중심이 된 프로그램이 압도적으로 많았다. 특히 눈길을 끄는 것은 '리더십 실천'이라는 프로그램으로, 회원들이 지역사회에 도움이 될 만한 프로젝트를 기획하고 진행하면서 리더십을 배우는 과정이다. 준비를 마치고 우리는 마침내 휴스턴, 하트퍼드, 오리건, 타코마, 실리콘밸리에서 회원을 모집했다.

야외 체험학습은 6일 일정으로 구성되었다. 회원들은 보통 금요일 오후 늦게 베이스캠프에 도착해서 6일을 보낸 다음 떠났다. 여기에 있는 동안 회원들은 암벽 등반, 교실 강의, 여러 가지 실외 운동, 4,257미터의 산봉우리 등반, 24시간 고독 체험solo experience(야외에서 혼자 야영하기), 해산식 등에 참석했다. 집단 활동을 하지만 한편으로 명상과 일기 쓰기를 비롯한 개인 시간도 적지 않았다. 프로그램이 진행되는 6일 내내 시계를 전혀 사용할 수 없었다.

1년에 걸쳐서 진행되는 프로그램은 궁극적으로 회원들의 내면 여행을 목적으로 한다. 조셉 캠벨이 〈천의 얼굴을 가진 영웅〉에서 말하는 영웅의 여정과 다르지 않다. 회원들은 프로그램을 통해서 크게 3단계로 구성된 내면의 변화 과정을 거치게 되어 있었다. 1)분리 혹은 출발, 2)시련, 실패, 성공(여기에는 극한의 고난이 포함된다), 3)사회로의 귀환 및 재통합. 사실 깨달음과 자기 혁신을 위한 내면 여행이라는 점에서 야외 체험학습 자체가 영웅의 여정의 축소판이라 할 수 있었다. 개인적으로 나는 전체 프로그램 중에서도 야외 체험학습을 무척 좋아했다. 그래서 초기 몇 년 동안은 여러 클래스 중에 하나를 골라서 야외 체험 전체를 함께했다. 그런 과정에서 나는 개인과 집단 모두에게 더없이 감동적이고 심오한 변화가 일어나는 것을 직접 목격했다. 마법 같은 효과였다. 물론 나 자신도 예외는 아니었다.

아름다움 그 자체인 주위 환경도 야외 체험학습의 마법 같은 효과에 일조했다. 눈앞에는 숨이 멎을 만큼 아름다운 고산 풍경이, 위를 보면 탁 트인 하늘이, 아래로 거대한 협곡의 장관이 펼쳐진다. 이런 절대적인 아름다움은 사람들이 잠시나마 자신을 망각하게 만든다. 적어도 거기 있는 순간에는 자신은 없다. 이는 뭐라 형언하기 어려운 일체감이다. 시간이 멈추고 그대로 우주와 하나로 연결된 것 같은 물아일체(物我一體)의 경지를 체험한다. 우리가 자연 속에서 느끼는 이런 일체감은 알고 보면 훨씬 깊은 뿌리를 갖고 있다. 현대에 와서 자연과 인간이 다소 멀어진 감이 있지만 사실 과거 수십만 년 동안 인간과 자연은 떼려야 뗄 수 없는 긴밀한 관계를 유지해왔다. 인간은 항상 자연 속에서 자연과 더불어 살아왔다.[11] 야외 체험학습이 진행되는 동안 나는 거듭하여 이런 물아일체의 경지를 경험했고, 관찰자와 관찰 대상의 불가분성이라는 양자론의 기본 개념을 떠올렸다.

6일 과정이 시작되는 첫날 우리는 회원들을 두 개의 소그룹으로 나누었다. 여러 가지 활동을 효과적으로 수행하기 위해서였다. 하나의 활동이 끝날 때마다 소그룹은 둥글게 모여 앉아 각자가 배운 내용을 이야기했다. 회원들이 하루를 돌아보며 일기를 쓰는 혼자만의 시간이 되면 집단 대화에서 개인 내면의 대화로 변화가 일어난다. 아름다운 자연, 아슬아슬한 모험, 집단 활동 … 이런 모든 것이 참가자에게 영향을 주어 평상시와는 다르게 느끼고 생각하고 행동하게 한다. 이런 상태에서 사람들은 남의 이야기를 훨씬 잘 들어주고, 나의 이야기를 훨씬 잘 표현하며, 훨씬 효율적으로 배운다.

도중에 참가자들은 개인의 특성에 따라 나름의 시련을 겪는다. 고소공포증으로 힘들어 하는 사람이 있는가 하면 혼자 있는 것을 두려워하는 사람, 실패를 두려워하는 사람, 어리석어 보이는 것을 참지 못하는 사람도 있다. 참가자들은 초반부터 집단에 의지하고 협력해야만 끝까지 해낼 수 있다는 사실을 분명하게 깨달았다. 애초에 그것을 염두하고 프로그램을 짰기 때문이다. 그러므로 집단 안에서는 일찍부터 강한 유대감이 형성되었다. 사람들이 항상 갈구하지만 어른이 된 뒤에는 좀체 느끼지 못했던 끈끈한 유대감이.

모든 활동이 참가자들 사이에 진정한 신뢰 구축을 목적으로 기획되었다. 데이비드 핼버스탬이 말한 완벽한 순간, '전력 질주의 순간'을 위하여. 45미터 높이의 암벽 등반은 그런 체험을 하는 첫 번째 순간이자 어쩌면 가장 강렬한 순간일 것이다. 하트퍼드 지역 회원 중에 한 사람이 말하는 경험담을 들어보자.

> 절벽 꼭대기에 앉아 마음속으로 편지를 쓴다. 바위에 단단히 붙들어 맨 자일에 묶인 채로 말이다. 이른 아침 차가운 보슬

비가 물러가고 햇살이 비치기 시작했다. 나는 아래 있는 동료에게 연결된 자일을 단단히 틀어잡고 있다. 그녀는 지금 내가 틀어쥔 자일에 의지한 채 조금씩 절벽을 오르고 있다.

지금 나는 바위에 자일을 고정시켜 암벽을 오르는 동료의 안전을 확보해주는 상황을 이야기하고 있다. 사람과 사람 사이의 관계가 지금 우리가 서로에게 느끼는 것보다 친밀할 수는 없으리란 생각이 든다. 이렇게 완벽한 믿음을 토대로 할 수도 없고. 모르는 사람은 암벽 등반에서 붙잡고 올라가는 일종의 수단으로 자일을 생각한다. 하지만 자일은 자체가 생명줄이다. 사실 비장한 각오로 자일을 단단히 틀어쥐고 있는 이 순간에도 자일에 생명을 맡긴 동료의 모습은 보이지 않는다. 내 발아래 2미터 거리에 있는 마지막 바위 끝까지 와야만 볼 수 있을 것이다. 지금 우리를 묶어주는 것은 신중한 구두 신호와 손에 잡은 자일의 미묘하게 당겨지는 느낌이다. 이것이 우리가 연결되어 있다는 신호였다. 위에서 자일을 매주는 사람에게 완벽한 신뢰가 없다면 누구도 방어물 하나 없는 절벽에 자기 목숨을 맡기지 않을 것이다. 암벽 등반 경험이 없는 초짜라면 더더구나.[12]

4일째와 5일째는 등산을 준비하고 실행하는 시간이다. 리더십 포럼을 시작하고 초기 몇 년 동안은 해발 4,267미터로 콜로라도에서 가장 높은 앨버트 산에 올랐다. 올라갔다 내려오기까지 통상 열네 시간이 소요되었다. 열네 시간의 등산은 육체, 정신, 감정 모두가 자극을 받는 그야말로 다채로운 경험이다. 나에게는 항상 특별했다.

휴스턴 지부 1기 회원들과 같이했던 첫 번째 정상 등반은 평생 잊지 못한다. 중간 베이스캠프에서 밤을 보낸 뒤 새벽 3시에 일어나 장비를 챙기고 아침을 먹었다. 고도가 높은 곳에서는 오후가 되면 심한 뇌우가 쏟아지는 경우가 많다. 따라서 뇌우를 만날 위험을 피하려면 정오 전에 정상에 도달해야 했다. 특히 수목 한계선을 지나면 우리 몸이 온전히 노출되기 때문에 번개가 치명적일 수 있었다.

우리는 스케줄대로 해가 뜨기 전에 등산을 시작했다. 칠흑 같은 어둠이 우리를 감쌌다. 수목 한계선 아래 지역을 몇 시간 동안 등반했는데 어두운 산에서 방향을 파악하기가 쉽지 않았다. 결국 우리는 길을 잘못 들었고 여러 번 왔던 길을 되돌아가야 했다. 깎아지른 경사 때문에 보기만 해도 아찔한 길을 되돌아간다는 것은 정말 고통스러운 일이었다. 정오가 데드라인이며 최대한 힘을 아껴야 한다는 것을 알고 있었기에 더더욱 그랬다. 하지만 등산이 진행되는 내내 서로를 돕고 격려하는 많은 선행이 이어졌다. 성별과 인종 따위는 사라진 지 오래였고 정상까지 가는 내내 회원들은 진심으로 서로를 돕고 배려했다.

4,000미터 높이의 수목 한계선을 지나고 나니 보이는 것이라고는 바위뿐이었다. 강풍이 휘몰아쳤고 기온은 급격히 떨어졌다. 처음 수목 한

계선에 들어섰을 때는 초목이라고는 눈을 씻고 찾아도 없는 것만 같았다. 하지만 어느 정도 시간이 흐르자 여름철 산정에서 자라는 너무 아름답고 작은 꽃들이 눈에 들어왔다. 바위 틈새에서 자라고 있었기 때문에 녀석들을 보려면 눈을 부릅뜨고 힘들게 찾아야 했다. 바위 틈새라서 공간도 너무 좁은데다 들어오는 빛의 양도 아주 적어서 뿌리를 내리고 꽃을 피운다는 자체가 기적이라는 생각이 들었다. 비록 작디작은 꽃이었지만 색채는 강렬했다. 샛노란 색, 선명한 자주색이나 난생 처음이다 싶을 만큼 강렬한 심홍색 꽃도 있었다. 야생화는 거기서 겨우 맥을 이어가는 정도가 아니라 그야말로 무성하게 자라고 있었다. 이런 척박한 환경에도 굴하지 않고 오히려 무성하게 자라는 작은 꽃을 보면서 우리는 큰 힘을 얻었다. 그래서 우리는 이곳을 '1인치 거인들의 땅'이라고 불렀다.

하지만 그것이 다가 아니었다. 작은 꽃을 한없이 소중하게 생각하면서도 꺾어서 소유하고 싶다는 생각은 손톱만큼도 들지 않았다. 아름다움에 경탄하면서도 대상을 소유하고 싶다는 생각은 들지 않는 아주 감동적인 경험이었다. 그것을 바라보기만 하고 욕망하지 않는 행동 자체에도 아름다움은 깃들어 있었다. 초목이 살지 않는다는 수목 한계선 너머에서 나는 생명과 우주의 순환을 볼 수 있었다. 햇빛과 키 작은 야생화, 흙과 야생화, 안개와 야생화, 구름과 안개를 뚫고 나온 태양이 서로 연결되어 만들어내는 위대한 생명의 순환을 말이다. 느린 걸음으로 '1인치 거인들의 땅'을 통과하면서 나는 우주와 완전히 하나가 되는 느낌을 다시 경험했다.

마지막 500미터 정도를 남기고 느끼는 고통은 모두에게 잊지 못할 강렬한 경험이었다. 그런 고도에서는 산소량이 희박하기 때문에 폐가 타는 듯이 아팠다. 몸의 근육이란 근육은 모두 욱신거렸고 다음 발걸음을 뗄 수 있을까 의심스러울 정도였다. 고산병, 현기증, 완벽한 탈진 상태를 경험하는 이들도 적지 않았다. 근육에는 경련이 나고 발에는 심한 물집이 잡혔다. 하지만 우리는 '함께' 이 모든 어려움을 이겨냈다. 바람이 거셌고 체감 온도는 영하 30도였다. 하지만 정상으로 가는 마지막 산등성이를 넘자 형언하기 힘들 만큼 장엄한 풍경이 눈앞에 펼쳐졌다. 사방이 거칠 것 없이 탁 트인 정상에 서자 더불어 나의 의식도 확장되는 것만 같았다.

벅찬 감정 때문에 모두 말을 잃었다. 우리는 둥그렇게 원을 그리고 서서 오랫동안 말없이 손에 손을 잡았다. 뒤로는 광대한 자연의 파노라마가 펼쳐져 있었다. 정말 글자 그대로 우리가 세상 제일 높은 곳에 있는 것 같았다. 우리 사이에는 아무런 경계가 없었고 시간조차 멈춘 것 같았다. 그 순간 우리에게는 말이 필요 없었다. 우리는 심층적인 차원에서 서로 소통하고 있었다. 족제비와의 조우에서 느낀 것과 흡사한 경험이었다. 마침내 휴스턴의 심장외과 전문의 돈 우카슈가 프랑스 시인 르네 도말의 말을 인용하는 것으로 말문을 열었다.

> 영원히 정상에 머물 수는 없다. 반드시 다시 내려와야 한다. … 그렇다면 왜 굳이 힘들게 올라가야 하는 걸까? 이유는 간

단하다. 정상에 있는 자는 아래가 어떤지 알지만 아래 있는 자는 정상에 오른 느낌을 알지 못한다. 오르는 동안 마주치는 어려움에 주의를 기울이고 꼼꼼히 살펴라. 오르는 동안에만 경험하는 것이니까. 내려올 때는 보려 해도 볼 수가 없다. 하지만 오르는 동안 찬찬히 살펴보았다면 내려올 때도 그것들의 존재를 느낄 수가 있다.

우리에게는 높은 곳에서 본 기억을 가지고 저지대에서 방향을 찾는 능력이 있다. 내려오고 나면 더 이상 보지는 못하지만 적어도 존재를 느낌으로 알고 있기 때문이다.

다시 우리는 순간에 몰입하여 거의 자아를 망각한 채로 침묵 속에 서 있었다. 그때 랍비 로이 월터가 히브리어로 읊조렸다.

복 되도다, 우리 주 하나님, 우주의 지배자, 그가 우리에게 생명을 주시고, 우리를 살아가게 하시고, 우리를 불러모아 이런 순간을 함께하게 하는도다.

▲

뇌우를 피하려고 가능한 빨리 중간 베이스캠프로 귀환했다. 베이스캠프에 도착했을 무렵 날은 이미 거의 어두워졌고 다들 지칠 대로 지쳐 있었다. 돌아오는 길에 비를 맞았기 때문에 젖은 옷부터 갈아입었다. 마른 양말이 어찌나 반가운지 천국이 따로 없었다.

가벼운 식사를 하고 고독 체험을 위해서 캠프를 해체했다. 생필품 몇 가지와 1인용 방수포를 갖고 혼자 야영을 하는 프로그램이다. 이번 체험을 통해서 배운 내용을 찬찬히 돌아보고 지난 1주일을 반성하며 일기를 쓰는 그런 시간이었다.

홀로 야영을 하는 것은 강렬하고도 평화로운 체험이었다. 샤르트르 대성당을 방문했을 때와 비슷했다. 나를 감싸고 있는 에너지 장(場)이 느껴졌고 마치 신성한 존재가 된 기분이었다. 나는 신성한 존재에게서 느껴지는 절대적인 경이와 아름다움에 경외감을 느꼈다. 시간이 흐를수록 내가 인간이 닿을 수 있는 차원을 넘어선 더욱 큰 존재 앞에 있다는 느낌이 점점 강해졌다.

다음 날 고독 체험 캠프를 해체한 뒤에 참가자들은 베이스캠프에 모여 모닥불을 피워놓고 대화를 나눴다. 우리는 모닥불을 중간에 두고 둥그렇게 모여 앉았다. 원은 시작도 끝도 없이 영원히 이어진 것을 상징한다. 그런 의미에서 원은 이번 여행 자체를 상징한다고 할 수도 있었다. 우리는 1주일 동안 여행을 했고 이제 더욱 큰 여행을 준비하고 있다. 둥그런 경계 안에서 우리가 이번 여행에서 구축한 공동체의 힘이 지속되고 있었다. 앨버트 산 정상에 있을 때와 같은 느낌이 들었다. 침묵, 오로지 진심에서 우러나는 대화, 존재의 조화, 주위 아름다움의 경외와

숭배. 하지만 중요한 차이점도 있었다. 이번에 우리는 둥그렇게 모여 앉아 몇 시간 동안 대화를 나눴다. 편견, 인종, 성별 같은 평소에 다루기 힘든 중요한 문제를 다루며 허심탄회하게 의견을 교환했다. 집단 구성원의 다양성이 대화에 큰 힘이 되었다. 모닥불 주위의 대화는 지극히 감정이 충만한 대화였다. 하지만 한편으로 차분히 듣고 공부하는 시간이기도 했다. 이런 단계에서 참가자들은 외부 환경과 상호 작용하며 이에 적응하여 변화하는 개방계open system로 움직이고 있었다. 참가자들은 스스로 일련의 가정을 가진 상태에서 프로그램에 참여했다. 말하자면 자신이 어떤 사람이며, 무엇을 할 수 있고, 무엇을 할 수 없는가에 나름의 이미지를 가지고 있었다. 하지만 프로그램이 진행되는 내내 참가자들은 자신이 할 수 있으리라 생각했던 것보다 훨씬 많은 것을 해냈고, 이런 성공 경험을 통해서 서서히 과거의 관념과 이미지들을 깨뜨렸다.

회원들은 키퍼와 센게가 기획한 '리더십과 통솔력'이라는 주제로 진행되는 강좌에도 참가했다. 야외 체험도 그렇지만 실내에서 진행되는 강좌 또한 자체로 강렬한 경험이었다. 이를 통해 인간의 본성과 의식, 사물의 근본 속성 등에서 과거의 가정을 총체적으로 재고하게 되었기 때문이다.

마지막 날 덴버 공항으로 가는 버스를 타기 서너 시간 전에 해산식이 열렸다. 참가자들이 마지막으로 집단 대화를 나누는 장으로 참가자들은 해산식에서 저마다 각자의 토템을 꺼내놓았다. 여기서 말하는 토템은 고독 체험 도중에 찾은 것으로, 야외 체험의 의미에서 각자의 느낌을 가장 잘 나타낸다고 생각되는 물건이었다.

▲

어떤 기준으로 보더라도 야외 체험은 우리가 의도한 목표를 달성했다고 본다. 정신과 존재 방식의 근본적인 변화로 가는 관문, 결과적으로 '서번트 리더십'에 도달하기 위해 거쳐야 하는 관문 역할을 하는 것이 바로 이 프로그램의 목적이었다. 참가자들은 토템을 놓고 소감을 덧붙이는 행사 내내 비슷한 이야기를 했다. 함께 나눈 '평화와 사랑', 서로를 깊이 배려하는 사람들 사이에서 인식하는 '깊은 유대감', 함께한 사람들과 느끼는 거의 '초월적인 일체감', '신비로운 세상과 맞닿아 있는' 자연환경의 힘, '그 안에서 일어나는 변화' 등. 말하는 사람의 성장배경이나 개성과 무관하게 이런 진술이 일관되게 나오는 것을 보고 나는 깜짝 놀랐다. 거기에는 시장, 경찰서장, 노동계 지도자, CEO, 지역사회 지도자, 언론인을 포함하여 그야말로 온갖 부류의 사람이 있었다. 사회적 지위는 물론 성별, 인종, 민족 등에 상관없이 모두가 비슷한 감정을 느꼈다고 술회했다.

리더십 포럼을 진행하면서 우리는 회원들이 해산식에서 토템을 꺼내놓으며 같은 논지를 반복해서 말하는 것을 들었다. 말하자면 우리는 봄이 말한 사람들 사이의 장벽을 제거할 방법을 찾은 것이다. 하지만 나는 한편으로 이렇게 복잡하고 비용이 많이 드는 절차 말고 손쉽고 저렴

한 방식으로 이런 결과를 얻을 방법은 없을까 의문을 품었다. 알고 보니 데이비드 봄과 동료들은 이런 의문에 최소한 부분적인 해결책을 제공하고 있었다. 바로 대화를 통해서.

16

대화:
공동 사고의 힘

"가끔 부족 사람들은 둥그렇게 모여 앉았다. 그들은 얘기하고, 얘기하고, 또 얘기했다. 보아하니 아무런 목적도 없어 보였다. 무슨 결론을 내리는 것도 아니었다. 리더도 없었다. 또한 누구든 참여할 수 있었다. 일부 지혜로운 사람들(아무래도 나이가 지긋한 이들이었다)은 듣는 쪽에 치중하기도 했지만 남녀노소 상관없이 누구나 발언할 수 있었다. 그렇게 계속되던 모임이 마침내 아무런 이유 없이 멈추는가 싶더니 사람들이 흩어졌다. 그렇지만 모임이 끝난 뒤에 모든 사람이 앞으로 어떻게 해야 할지를 알고 있는 것 같았다. 서로를 너무나 잘 이해했기 때문이다. 이어서 그들은 소집단으로 모여서 뭔가를 하거나 결정을 내렸다."

-데이비드 봄, 〈대화 On dialogue**〉**

런던에서 만났을 당시 봄은 세상이 돌아가는 방식, 인간이 배우고 생각하는 방식에 대해서 자신이 가지고 있는 명확한 멘탈 모델을 나에게 이야기했었다. 봄은 인간에게 집단 지성collective intelligence(다수의 개체가 서로 협력하거나 경쟁하는 과정을 통하여 얻게 된 집단의 지적 능력을 의미하며, 이는 개체의 지적 능력을 넘어서는 힘을 발휘한다고 본다-옮긴이)을 발휘할 선천적인 능력이 있다고 믿어 의심치 않았다. 인간은 함께 배우고 생각하는 능력을 갖고 있으며, 이런 공동 사고collaborative thought가 공동 행동으로 이어진다. 우리는 사고와 인식이 이루어지는 살아 움직이는 세상 안에서 서로 연결되어 활동하고 있다. 세상은 고정된 것이 아니라 끊임없이 변화한다. 그러므로 미래도 고정된 것이 아니라 우리가 원하는 모습으로 만들 수 있다. 인간에게는 언어로 표현되지 않는 상당한 암묵적 지식이 있다. 달리 말하면 우리는 말로 표현되는 것 이상을 알고 있다. 우리가 원하는 미래를 창조하려면 이런 드러나지 않는 지식에 접근해야 한다. 여기서 해결해야 할 문제가 있다. 모두가 원하는 미래를 창조하기 위해 장애물을 제거하고 그런 지식에 다가갈 방법은 무엇인가?

1983년 무렵 봄은 공동 사고와 커뮤니케이션이라는 문제를 탐구하는 데에 많은 시간을 쏟고 있었다. 이후 10여 년에 걸친 연구 결과 공동 사고와 커뮤니케이션이 이루어지는 전체 과정을 이해하는 데 상당한 진전을 보았고, 봄은 이런 전체 과정을 간단히 '대화dialogue'라고 불렀다.

1984년 5월 주말 세미나로 기획된 작은 행사가 의도치 않게 '모든 참가자들 사이에 자유로운 의미 흐름으로서의 대화 과정 자체의 각성'으로 발전했고, 이는 봄의 '대화' 연구에서 중요한 전환점이 되었다. 강의와 토론으로 이루어진 평범한 세미나가 자신이 이상적이라고 생각하는 '대화' 과정으로 발전하는 것을 보며 느낀 것을 봄은 〈펼쳐지는 의미Unfolding Meaning〉라는 책의 '에피소드' 부분에 비교적 상세히 소개하고 있다.

대화 이론 자체는 아직 갈 길이 멀었지만 1994년 무렵 대화는 새롭게 부각되는 인간 행동 영역에서 중요한 의미를 가지는 획기적인 발견으로 간주되기 시작했다. 구체적으로 학습 조직, 공동 탐구, 더욱 중요하게는 인간이 자기를 억제하고 관리하는 방식이라는 영역에서 그랬다. 이처럼 대화가 주목받게 된 데는 윌리엄 아이작스가 이끄는 MIT 조직학습센터에서 진행하는 대화 프로젝트의 힘이 컸다.[13]

앞서 언급한 것처럼 'dialogue'라는 단어는 봄이 사용하는 의미에서 보면 'dia'와 'logos'라는 두 개의 그리스어에서 나왔으며, 어원상으로 (사람들 사이를) '흐르는 의미'라는 뜻이 된다. 이는 '두들겨 부순다'는 'debate'와 완전히 반대되는 의미이며, 어원상으로 '나누다'라는 의미를 가진 'discussion'과도 다르다. 'discussion'은 충돌, 충격을 의미하는 'percussion', 진동, 충격이라는 의미의 'concussion' 등과도 어원이 같다.

봄은 우리가 'discussion', 즉 '논의'라고 부르는 것 중에 상당수가 타협 불가 사항, 다시 말하면 '논의 불가 사항undiscussables'을 포함하고 있다는 점에서 진짜 논의라 부르기 힘들다고 지적했다. 논의 불가 사항은 누구도 입 밖에 내지 않는다. 그것들은 깊고 진실하며 마음과 마음이 통하는 솔직한 소통을 가로막으면서 표면 아래 그대로 남아 있다. 더구나 사람들은 삶의 의미, 세상이 돌아가는 이치, 자신의 유익, 국가의 이익, 종교적인 이해관계 등에 저마다의 기본적인 가정, 달리 말하면 저마다의 정신적 이미지mental image를 가지고 대화에 임한다. 이런 기본 가정은 유년 시절, 선생님, 가족, 읽은 책에 의해서 형성되는데 우리 머릿속에 워낙 강하게 자리를 잡아서 스스로와 동일시될 정도다. 그렇기 때문에 이런 가정이 도전을 받으면 사람들은 아주 감정적인 태도로 반응하며 이를 방어하려 한다. 이런 행동은 자신도 모르는 사이에 무의식 중에 이루어지는 경우가 많다.

봄은 이런 기본 가정과 뿌리 깊은 신념을 인간의 정신 속에 있는 컴퓨터 프로그램에 비유한다. 이들 프로그램은 애초 그것이 만들어진 선의의 목적을 밀어내고 자체의 목적을 양산해낸다. 세상을 분리된 것으로 보는 단절적인 사고는 16세기부터 내려오는 우주를 거대한 기계로 보는 세계관에 의해 점점 확대되고 굳어졌다. 이처럼 통상적인 사고는 통일성이 없다. 그러므로 온갖 방향에서 서로 충돌을 일으킨다.

하지만 만약 사람들이 함께 통일성 있는 사고를 한다면 이는 엄청난 힘을 가진다. 만약 일정 시간 지속되는 대화의 기회가 있다면 우리는 통일성 있는 사고의 흐름을 유지할 것이다. 모두가 인식하는 의식적인 차원만이 아니라 훨씬 중요한 암묵적인 차원, 말로 표현하기 힘든 무언의 차원에서까지. 대화는 굳이 서로 합의할 것을 강요하지 않는다. 그보다는 오히려 공동 행동으로 이어지는 의미 공유의 장에 참여하는 것을 독려한다. 아이작스와 그가 이끄는 MIT 연구팀이 입증한 것처럼 사람들은 이런 의미의 공유를 통해 일치단결된 효과적인 행동을 할 수 있고 기꺼이 그렇게 하고자 한다. 행동의 이유에 반드시 동의하지 않더라도 말이다.

봄은 대화를 초전도(超傳導) 상태에 비유했다. "초전도 상태에서 아주 낮은 온도로 냉각된 전자들은 개개의 부분으로서가 아니라 통일성을 가진 전체로 움직인다. 전자들은 저항을 발생시키지 않고 엄청난 에너지를 만들어내면서 서로 충돌하지 않고 장애물 주위를 흘러간다. 하지만 고온에서는 전자들이 분리된 독립체처럼 움직인다. 뿔뿔이 흩어져서 통일성 없는 흐름을 보이며 힘도 상실한다." 대화에서 목표는 개체들이 새로운 차원으로 관계를 맺게 하는 특수한 환경, 즉 개체들이 초전도 상태에서 전자들처럼 높은 에너지와 지적 능력을 동시에 드러낼 수 있는 그런 환경을 창조하는 것이다.

말년에 봄이 진행한 대화에 관한 연구와 성과를 살펴보다가 흥미로운 사실을 발견했다. 그가 명료하게 설명한 대화의 원칙이 우리 포럼 프로그램의 모든 단계에서 시종일관 작동하고 있었다는 사실이다. 회원들이 처음으로 한자리에 모여 안면을 트는 오리엔테이션, 야외 체험, 중간 묵상, 기수별로 진행하는 힘든 프로젝트, 졸업식, 졸업 뒤의 기수별 묵상 시간에서 봄이 말한 대화 원칙은 늘 작동하고 있었다. 특히 야외 체험을 통한 경험의 공유와 깊은 신뢰 덕분에 회원들은 어떤 조건에서도 쉽게 봄이 말하는 대화를 시작하고 몰입할 수 있었다. 때로는 소규모로 때로는 보다 큰 규모로. 몇 년 동안 이런 경험을 하고 나서 나는 우리가 진정한 대화를 시작하는 순간 하나의 '장(場)'이 만들어지는 것을 느꼈다. 뭔가 독특한 느낌이 우리 주위를 가득 채웠고, 이럴 때면 우리가 확실히 다른 차원에서 의사소통하고 있다는 것을 인지할 수 있었다. 워낙 생생한 느낌이라 오해의 여지가 있을 수 없었다. 그런 경우에 나는 거의 말을 하지 않으면서도 의사소통에 깊이 관여하고 있었다. 거기서 진행되는 모든 것에 귀를 기울이고 이를 받아들이면서 나에게 이런 대화는 항상 강렬하고 감동적이었다. 너무나 특별한 경험이었고 참여한 다른 사람에게도 마찬가지였다.

가끔은 반별 프로젝트를 중심으로 진행되는 대화처럼 집단이 직면한 복잡한 문제 해결에 대화를 활용하기도 했다. 이런 대화는 예외 없이 지루하고 불만족스러웠다. 행동 지향적인 사람, 당장 결판을 내야 직성이 풀리는 사람이 많은 반인 경우에는 특히나 그랬다. 하지만 이런 과정이 해당 지역사회에 크게 이바지하는 공동 행동으로 이어지기도 했다. 반대로 특별한 목적 없이 진행된 대화가 훗날 중요한 성과를 낳기도 했다. 집단이 함께 경청하는 과정을 통해서 예전에는 몰랐던 중요한 통찰을 얻는 경우도 있었다. 1년 교육 과정이 진행되는 내내 계속되는 이런 대화를 통해서 심오한 개인적인 변화를 경험했다는 회원도 많았다.

특정 대화가 '마무리되었다'고 해서 그것이 완전히 끝난 것은 아니었다. 우리 프로그램에서 대화는 일회성 사건이 아니라 늘 함께하는 그들의 생활 방식이었다. 회원들이 헌신적으로 따르고 있는 생활 방식. 대화와 함께하는 생활 방식은 많은 회원을 변화시켰다. 회원들은 계속해서 자신이 경험한 '집단의 신비로운 힘'을 이야기했다.

대화에 관한 흥미로운 사실이 하나 있다. 전자나 양자 등이 파동과 입자 사이를 오가는 것처럼 대화도 관찰자의 태도에 따라 속성이 변한다는 것이다. 대화가 존재하면 자연히 느끼고 자각하게 된다. 대화를 거짓으로 만들어낼 수는 없다. 하지만 거기에 지나치게 집중하고 과정을 정확히 파악하려고 하면 그런 행동 자체가 대화를 변화시켜 대화는 결국 붕괴되어 사라진다.

ALF에서는 대화가 특별한 방식으로 활용되는 경우도 있었다. 잠재적 기부자들에게 ALF 경험이 갖는 힘을 알려 그들을 실제 기부자로 만드는 일이었다. 일단의 회원들을 모아놓고 ALF가 개인적인 삶과 지역사회에 미친 영향을 이야기하게 하는 식이었다. 어느 날 저녁 휴스턴에서 나는 이런 대화의 진수를 보았다. 포드 재단의 핵심 임원과 보좌관을 포럼 회원 10여 명과 함께하는 만찬 겸 모임에 초대했을 때였다. 저녁 식사에 이어 회원들과의 대화가 시작되었다. 대화는 장장 3시간 동안 계속되었다. 포드 재단 참석자들에게는 평생에 잊지 못할 감동적인 경험이 되었다.

1988년에는 이런 대화를 통해 중요한 성과를 얻었다. 뉴욕에 있는 헨리루스 재단에게서 기금을 받으려고 하던 때였다. 우리는 헨리루스 재단 임원들과 여러 차례 만남을 가졌고, 나중에는 헨리 루스 주니어 Henry Luce Jr.를 데리고 하트퍼드로 현장 방문을 갔다. 그때도 우리는 10여 명의 회원을 초대해서 함께 점심을 먹고 대화를 하게 했다.

애트나 보험사 회장 존 파일러John Filer가 멋진 논평으로 대화의 포문을 열었다. 특히 그는 그 자리에 모인 사람들을 '닮지 않은 사람들의 아름다운 연합체'라고 지칭했다. 이어서 내가 우리 회원들이 루스 씨를 비롯한 재단 임원들과 대화를 나누고 싶어 한다면서 구체적인 내용은 포럼을 통해 무엇을 할 수 있으며, 포럼이 개개인에게 가지는 의미가 무엇이며, 포럼 지부 설립 이후 지역사회에 어떤 변화가 일어났는가가 될 것이라고 간단히 설명했다. 그날 논의될 어떤 주제도 미리 리허설을 하거나 준비하지 않았다. 그래서인지 한동안 어색한 침묵이 이어지다가 마침내 한 회원이 말문을 열었다.

에디 페레스는 스토우Stow라는 마을에서 진행되는 리더십 포럼 프로젝트를 이야기했다. 이곳 회원들은 주민 1,000여 명과 함께하는 공영주택 개발 프로젝트를 계획했다. 주민 대부분은 남아메리카나 아프리카계 미국인으로 극빈층이었다. 이들은 무력감과 패배감에 젖어 있었는데 서너 명의 자녀를 둔 미혼모가 다수를 차지했다. 프로그램의 목표는 50가구를 선정해서 이들이 실질적인 고용을 통해 경제적으로 자립할 수 있게 만드는 것이었다. 너무 방대한 계획이다 싶기도 했지만 포럼 활동을 통해서 집단 내부의 힘과 활력, 열정을 목도한 회원들은 의욕이 넘쳤다.

에디는 해당 프로그램이 어떻게 시작되었으며, 여러 영역에 걸쳐서 어떻게 진척되고 있는가를 이야기했다. 그는 프로그램이 모범 사례로 주목받으며 전국적인 환영을 받고 있다고 말했다. 실제로 하트퍼드에서 다른 집단이 해당 프로그램을 선례로 삼아 별도의 공영주택 프로젝트를 진행하고 있었다. 에디는 성공의 핵심 요인은 기업 부문과 공공부문의 긴밀한 협력이라는 의견을 밝혔다. 몇 가지 만만찮은 장애물이 있었는데 지위와 권력을 동시에 가지고 있는 대기업 출신들이 나서서 단시간에 해결할 수 있었다는 점도 강조했다. 이어서 그는 구체적인 문제 해결 사례를 하나 이야기했다. 프로젝트가 상당히 진행되었을 무렵이었다. 많은 여성이 직업 교육 프로그램을 이수했으며, 교통 수단과 보육 시스템이 완비되었고 안정적인 일자리도 확보되었다. 더구나 아무런 장래성이 없는 일자리가 아니라 승진과 자기 만족이라는 미래가 보장되는 실질적인 일자리였다. 여성들은 출근할 사무실 환경에 맞춰

옷을 입는 법까지 배웠다. 모든 것이 마련되었다고 생각한 순간 뜻하지 않은 장애물이 나타났다. 의료보험 문제였다. 당연히 여성들은 직장의 료보험 혜택을 받았다. 그런데 첫해에는 본인 이외에 다른 가족이 의료보험 수혜자에서 제외되었다. 비용 부담이 너무 커서 정책적으로 허용되지 않는 부분이었다.

이 여성들은 의료 혜택이 제공되지 않으면 직장에 나갈 수도 아이들을 떠날 수도 없었다. 복지 프로그램에서 이런 혜택을 제공하지만 직장에 다니기 시작한 첫 1년간은 고용주가 이를 보장해줄 수가 없었다. 에디는 정말 열심히 찾고 또 찾았지만 해결 방법을 찾을 수 없었다. 에디는 마지막에 자포자기 심정으로 ALF 동기 짐 그릭스비에게 전화를 걸었다. 짐은 세계 굴지의 보험회사 시그나CIGNA에서 10억 달러 규모의 사업부를 이끌고 있었다. 비서가 대신 전화를 받아 용건을 메모하더니 짐이 밖에 나간 지 꽤 되었다며 돌아와서 연락까지 하려면 아마 시간이 많이 걸릴 것이라고 공손하게 말했다. 비서의 세계에서 이런 표현은 사실상 정중한 거절을 의미하는 것이었다.

그날 오후 짐이 사무실에 돌아오니 엄청난 전화 메모가 기다리고 있었다. 메모를 훑어보다가 아래쪽에서 에디의 이름을 보았다. 메모 내용은 이랬다. "에디 페레스, ALF 동기, 도움 필요. 연락 바람." 그날 짐은 에디에게 전화를 걸었다. 둘의 대화는 대략 이렇게 흘러갔다.

"에디, 짐일세. 무슨 일이야?"

"만났으면 싶은데. 스토우 마을 프로젝트에 중대한 문제가 생겼거든.

자네 도움이 절실하네."

"그래? 전화로 얘기하는 건 어때? 일단 얘기를 들어보고 방법을 강구해보자고."

에디에게 그간의 상황을 들은 짐이 말했다. "그렇게 된 거로군. 상황을 알겠네. 일주일에서 열흘 정도 시간을 주게. 우리 쪽에서 방법이 있는지 알아보겠네. 그리고 자네에게 다시 전화하도록 하지."

짐은 약속한 대로 일주일 뒤에 에디에게 전화를 했다. "에디, 문제를 해결했어. 들어보게." 짐은 이어서 자기 회사에서 보험을 인수해 문제를 해결하는 구체적인 방법을 설명했다. 설명을 마친 에디가 헨리 루스 주니어를 비롯한 재단 인사들을 보면서 말을 이었다. "보세요. 제가 만약 1년 전에 시그나에 있는 그릭스비에게 이런 전화를 했다면 메모가 짐에게 전달되지도 못했을 겁니다. 비서가 알아서 걸러 버렸겠지요. 짐이 저에게 회신을 해주지도 않았을 테고 결국 문제를 해결하지 못했을 겁니다. 분명한 것은 우리 모두가 하트퍼드 주민이고, 하트퍼드에 뭔가 도움이 되었으면 하는 마음을 갖고 있다는 사실입니다. ALF는 이런 사람들을 네트워크로 연결해주었습니다. 같은 지역에 살기 때문에 우리는 지역 상황을 알고 방법도 알고 있지요. 하지만 때로는 방법을 알아도 실행할 힘이나 권력이 없는 경우도 있습니다. 이런 경우 그런 자리에 있는 사람의 도움이 절실합니다. ALF는 그런 것을 가능하게 해줍니다."

이런 식으로 돌아가면서 사람들의 이야기가 이어졌다. 회원들은 저마다의 방식으로 하트퍼드라는 지역사회에 일어나는 변화를 이야기했다. 저마다 개인적인 이야기를 하고 한편으로 서로의 말에 힘을 실어주었다. 잠시 침묵이 흐르면 어디선가 다른 회원이 끼어들어 현재 이야기되는 내용에 도움이 되는 말을 했다. 짤막한 몇 마디 혹은 몇 문장일 때도, 관련된 또 하나의 이야기를 곁들일 때도 있었다. 하지만 누구도 다른 사람을 설득하려 하지 않았다. 문득 회원들은 다른 회원의 입에서 자기가 생각하던 내용이 나오는 것을 듣고 있었다. 대화의 흐름은 계속 이어졌다. 각각의 문장, 요점, 일화 등이 약속이나 한 것처럼 아귀가 딱딱 들어맞았고 서로 설득력을 더하고 힘을 실어주고 있었다. 복잡한 문양의 아름다운 태피스트리를 짜는 것 같았다. 마치 짜인 각본에 따라, 직물로 말하면 미리 정해놓은 디자인에 따라 말을 하는 것 같았다. 하지만 절대로 사전 리허설 따위는 없었다. 의미의 흐름은 정말로 경이로웠다. 집단은 전체가 하나인 것처럼 움직였고 모든 구성원이 사고 과정에 공동으로 참여했다. 마치 여러 명이 참여하여 하나의 생각을 만들어내는 것 같았다. 방 안의 모든 사람이 대화라는 교향악에 푹 빠져 있음을 느낄 수 있었다. 이런 상황을 직접 보니 빌 러셀의 말이 실감났다. "불가사의한 마법이 경기에 개입하는 것만 같다."

〈하트퍼드 커런트The Hartford Courant〉지의 사설란 편집자인 존 자카리언은 신문 편집자 문단에 최초로 흑인 인사를 포함시킨 성공담을 들려주었다. 교육장인 에르난 라퐁텐은 ALF 동기들과 함께 준비한 직업 알선 프로그램을 이야기했다. 하트퍼드 지역 내의 고등학교를 졸업하고 미취업 상태에 있는 200명의 젊은이에게 직업을 알선해주었는데 상공회의소 산하 부서가 인수해서 계속 운영하고 있으며 아주 성공적이라고 했다. 이런 성과 또한 학교, 지역사회, 기업 부문 리더들이 공동으로 참여하고 협력했기에 가능한 일이었다. 그렇지 않았다면 젊은이들에게 버젓한 취업 기회를 제공하기는 쉽지 않았을 것이다.

경찰서장 버니 설리번과 지역 노동계 리더인 메릴리 밀스테드는 그들이 처음 만난 경위부터 이야기했다. 하트퍼드에서 일어난 파업 도중 설리번 서장이 밀스테드를 구금하면서 두 사람은 처음 만났다. 파업 기간에 폭력과 유혈 사태가 일어나는 것은 어제오늘의 일이 아니었다. 이후 밀스테드와 설리번 서장은 ALF 1기 동기생으로 만났다. 그해 말 두 사람은 다음 파업 때는 다르게 해보자는 합의를 했다. 다음 파업이 발생하자 밀스테드가 설리번 서장에게 먼저 전화를 했다. "파업할 예정입니다. 우리가 합의한 대로 한번 해봅시다." 설리번 서장이 부하직원들에게 가서 말했다. "메릴리 밀스테드가 이끄는 파업이 일어날 것이다. 현장에 출동해서 질서 유지를 맡는데 데모 진압 장비는 두고 가도록." 부하직원들은 서장의 말대로 데모 진압 장비를 두고 현장으로 출동했다. 현장에서는 완전히 평화로운 파업이 진행되고 있었다. 유혈 사태도 구금된 사람도 없었다. 오랜 세월 파업이 진행되었지만 처음 있는 일이었다. 탁자를 사이에 두고 하나씩 너무나 자연스럽게 그렇게 이야기들이 진행되었다.

마지막에 길지만 편안한 침묵이 흘렀다. 그리고 헨리 루스 주니어가 일어나서 말했다. "리더십 프로그램의 자료를 이미 읽었기 때문에 매우 흥미로울 것이라고 예상은 하고 왔습니다. 감동적인 이야기를 듣게 될 거란 짐작도 했지요. 하지만 이 정도일 줄은 몰랐습니다. 재단을 통해 여러분을 지원하도록 하겠습니다." 2개월 뒤 우리는 헨리루스 재단으로부터 45만 달러의 보조금을 받았다. 재단이 공적인 사업에 지원한 금액으로는 사상 최대였다.

▲

그날 하트퍼드에서 헨리 루스 주니어를 비롯하여 헨리루스 재단 관계자가 참석한 자리에서 일어난 일은 '공동 리더십collective leadership'이 제대로 발휘된 사례였다고 할 수 있다. 회원들은 함께 모여 대화에 참여하면서 개인으로는 불가능한 집단 리더십을 발휘했다. 나는 오래전부터 이런 리더십이 아주 효과적이라고 생각해왔다. 그리고 나는 오늘날 세계에 필요한 것이 바로 이것이라고 확신했다. 앉아서 대화에 참여하는 동안 사람들은 전체로서 리더십을 발휘한다. 이것이 봄이 말한 창조적 과정이 펼쳐진 것임에 다름 아니다. 바로 창조적인 사고가 이루어지는 방식이며 이는 오로지 집단으로만 가능하다.

ALF에서 일하는 동안 집단 리더십이 발휘되는 감동적인 모습을 여러 번 보았지만 당시에는 그것을 100퍼센트 이해하지 못했다. 리더십 포럼 프로그램을 만들 때도 우리는 보통 부분을 중심으로 사고했다. 제휴 모델에서 암묵적인 전제는 우리가 분리된 개인으로서 함께 모여 협력하는 체제를 구축해야 한다는 것이다. 보통은 각종 교환과 거래를 통해서 제휴를 성사시킨다. 모두가 받아들일 만하고 서로에게 이익이 되는, 소위 말하는 '윈윈win-win' 형태의 합의가 되기를 희망하면서.

하지만 대화에서 우리는 전혀 다른 전제, 사실상 전혀 다른 준거 틀을 가지고 움직인다. 대화에서는 아무것도 의도적으로 만들어내지 않는다. 그저 존재하는 전체가 명확하게 드러나도록 내버려둔다. 이는 부분을 중심으로 뭔가를 만들어간다는 개념과는 완전히 다른 심오한 의식의 변화다.

사람들은 늘 '뒤로 물러서서 큰 그림을 봐야 한다'고 말한다. 부분을 보는 단계에서 전체를 구성하는 단계로 가야 한다는 의미다. 하지만 전체는 우리가 구성하는 것이 아니라 이미 존재한다. 단지 우리의 잘못된 세계관 때문에 인지하지 못할 뿐이다. 대화에서는 자연스럽게 전체가 드러나고, 나중에 개인이 행동을 취할 때 더욱 두드러진다.

'사물을 전체로 본다는 것'은 결국 자각과 의식의 내면적 변화를 의미한다. 마르틴 부버는 이런 개념이 사람과 사람 사이에서 어떤 의미를 가지는가를 성찰하면서 너무나 아름답게 표현했다.

> 선율은 음표나 시구, 선상으로 이루어진 것이 아니다. 하지만 그 개체를 억지로 잡아당기면 전체로서 통일성이 사라지고 여러 조각으로 뿔뿔이 해체된다. 내가 그대라고 부르는 사람도 마찬가지다. 나는 그에게서 머리 색깔, 말투, 선량함

등을 분리해낼 수 있다. 그런 분리된 상태를 원한다면 쉴 새 없이 그렇게 해줘야 한다. 하지만 매번 그렇게 할 때마다 그는 더 이상 그대가 아니다.

17

교훈:

함정을 만나다

발이 걸려 넘어질 뻔한 바로 그곳에 당신이 찾는 보물이 있다.

- 조셉 캠벨

1987년 어느 날 나는 오리건 주 포틀랜드 회원들과 함께 포럼 창립 당시 내가 거쳐온 여정을 이야기하고 있었다. 좋았던 시간은 물론 시련과 고난의 시간까지도 포함해서. 오리건 지부 사무국장 메리 앤 뷰캐넌이 문득 이런 말을 했다. "방금 우리에게 말한 내용이 조셉 캠벨의 〈천의 얼굴을 가진 영웅〉이라는 책에 나온 내용과 너무 비슷해요. 거기서 베낀 게 아닌가 싶을 만큼요." 나는 당시 조셉 캠벨의 책은커녕 이름조차 모르고 있었다. 내 대답을 듣고 그녀는 놀랍다는 반응을 보였다. 그 무렵 조셉 캠벨의 최신작 〈신화의 힘The Power of Myth〉이 인기리에 팔리고 있었기 때문이다. 메리는 최근 세상을 떠난 캠벨이 신화학의 권위자이자 걸출한 학자라고 소개했다. 메리가 내게 캠벨의 책을 보내주었고 나는 읽자마자 완전히 빠져들고 말았다. 〈천의 얼굴을 가진 영웅〉에서 조셉 캠벨은 영웅의 모험 과정을 일종의 합성사진처럼 보여주는데 알고 보면 이는 인간과 조직이 공히 거치는 변화 과정의 원형이라 할 수 있다. 여기서 보여주는 그림은 내가 과거 15년 동안 거쳐온 여정과 놀라울 정도로 유사할 뿐만 아니라 로버트 그린리프가 〈서번트 리더십〉에서 말한 기본 개념을 충실히 따르고 있었다. 그린리프는 서번트 리더가 떠나는 모험의 궁극적인 목표가 자신의 운명을 실현할 자질을 발견하는 것, 달리 말하면 타인에게 봉사하는 데 필요한 지혜와 힘을 찾는 것이라고 했다.

책을 읽자마자 한없이 평화로운 느낌이 밀려들었다. 이 길을 걷기 시작한 이래 처음으로 옳았음을 확인받고 진정으로 이해받는 그런 기분이었다. 이 모든 일을 하는 내내 나는 너무 외로웠다. 때로는 정말로 반쯤 미쳐 가는 기분이 들기도 했다. 캠벨의 책을 읽은 다음 비로소 나는 그동안 내 안에서 일어난 일을 전체적으로 보기 시작했고 그중에 일부를 진정으로 이해했다.

캠벨의 서술은 '황무지', 즉 진짜가 아닌 삶에서 시작된다. 과거의 관념, 이상, 감정이 무의미해진다. 문턱을 넘어야 할 시간이 머지않았다는 징조다. 모험에의 부름이 오랫동안 다양한 방식으로, 알아차리기 힘든 미묘한 방식으로, 때로는 아주 명시적인 방식으로 찾아온다. 이는 봉사에의 부름으로 자신을 넘어서는 더 큰 무엇에 우리의 삶을 바치라는 것이며 애초 정해진 운명을 따르라는 것이다. 달리 말하자면 우리의 '존재 목적'을 실현하라는 부름이기도 하다.

모험에의 부름을 받은 이들 중에 일부는 과감히 떠나는 쪽을 택한다. 하지만 어떤 이는 두려움을 극복하고 부름에 응하기 전까지 오랜 시간 두려움과 두려움으로 부름을 거부하고 싶은 유혹을 붙잡고 씨름한다. 불안, 배척의 두려움, 걱정, 현재 가진 것을 거는 용기의 결여 등으로 운명을 거부하곤 한다. 마음 깊은 곳에서는 운명에 협력하면 엄청난 힘이 생김과 동시에 크나큰 책임이 따른다는 사실을 인지하고 있다. 만약 운명을 받아들이면 우리는 우주의 목적에 부합하여 움직이고, 우주의 목적이 우리 자신의 목적을 통해서 드러난다. 부름을 거부하면서 한편으로 우리는 계속 불안해한다. 그러다가 어디서인지 모르게 갑자기 안내자가 나타난다. 모험의 문턱으로 우리를 이끌 무엇 혹은 누군가가. 이는 내면의 목소리와 같은 형태를 취할 수도 있고 길을 알려주는 사람일 수도 있다.

우리가 부름에 긍정적으로 응답하면 모험의 문턱을 넘어간다. 우리는 부름에 응하기로 선택을 했다고 생각하지만 엄밀히 말하면 그것은 선택이 아니다. 마르틴 부버는 이런 결정의 순간을 이렇게 말한다. "그것은 우리가 '해야 하는' 의무라고 말하기도 그렇다. 그보다는 오히려

… 달리 도리가 없다고 말하는 편이 맞다." 자유와 운명이 통합되는 지점이 바로 여기다. "제가 여기 있습니다. 이럴 수밖에 달리 도리가 없으니까요. 주여 도와주소서." 면죄부 판매에 반대하여 95개조 반박문을 발표한 마르틴 루터가 했던 말이다.

우리는 익숙한 세계의 관문을 지나 미지의 세계인 공허 속으로 들어간다. 길을 알려주는 지도가 없는 영역으로 말이다. 그리하여 위험한 여정이 시작된다. 이곳에서 우리는 일련의 시험, 시련, 고난과 마주친다. 이곳은 공포와 기회가 공존하는 공간이다.

우리가 진정 헌신적으로 꿈을 추구하면 어떤 강력한 힘이 모험 내내 우리를 도와주고 우리의 성장과 변화에 자양분을 제공한다. 이는 우리 자신과 우리의 의지를 넘어서는 어떤 존재다. 우리의 여정을 인도하는 것은 바로 이런 보이지 않는 손들이다. 이들은 아무런 도움을 받지 않은 의지에 의존했을 때보다 훨씬 정확하게 우리를 이끌어준다. 캠벨은 이를 '시련이 계속되는 내내 선택된 자를 보살피는 초자연적인 조력(助力)'이라고 말한다.

예상한 대로 여행 도중 우리는 적어도 한 번 이상 극한의 시련과 마주친다. 영웅의 모험에서 불가피한 요소다. 이런 시련은 선택한 길에 대한 우리의 헌신을 시험하는 것으로 실패를 통해 배울 기회를 제공한다. 여행 말미에 우리는 관문을 연달아 통과하게 된다. 정신적 성장에 따르는 고통을 감내하고 개인의 한계를 타파하면서 말이다. 이런 극한 상황을 이겨낸 우리는 더 이상 예전과 같은 사람이 아니다. 부버의 표현을 빌자면 우리 내부에는 '단순한 성장 이상의 뭔가'가 있다.

마침내 모험이 끝나고 우리는 성공의 열매인 영약을 가지고 사회에 복귀하기 위해 귀환한다. 모험의 마지막 단계에 맛보는 환희와 황홀경을 뒤로 하고 오랫동안 잊고 지내던 출발지로 돌아가기란, 사람들이 자아의 극히 일부를 보며 완결된 자아라고 생각하는 불완전한 세상으로 돌아가기란 쉽지가 않다. 돌아오는 순간 귀환의 충격을 받아들이기가 쉽지 않다. 이성에 의존한 갖가지 질문, 격렬한 분노, 어떻게 이해해야 할지 갈피를 못 잡는 선량한 사람들이 귀환한 영웅을 기다리고 있다. 사실 우리의 귀환은 또 다른 여행을 준비하기 위한 것일 뿐이다. 중요한 것은 우리가 달라진 모습으로 돌아왔다는 사실이다. 우리는 공동체에의 봉사라는 새로운 여행을 떠날 준비가 되어 있는 강력한 새로운 존재로 돌아온 것이다.

물론 똑같은 모험이란 있을 수 없다. 누구도 타인의 모험을 복제하여 그대로 체험할 수는 없다. 그럼에도 캠벨이 이야기하는 전체적인 순환 구조와 단계는 나를 깜짝 놀라게 했다. 개인적으로뿐만 아니라 포럼 자체를 생각해도 참으로 흥미로운 노릇이 아닐 수 없었다. 캠벨의 글은 내가 경험했고 지금도 내 안에 생생하게 살아 있는 변화를 말하고 있었다. 나는 내가 겪은 모든 것을 동료와 공유했고, 결과적으로 우리는 이를 ALF에서 회원들이 하게 되는 모험 여행에 원용했다.

내 개인 여정의 초기 단계를 생각하면 정말 흥미롭다. 캠벨이 말하는 모험에의 부름은 워터게이트 사건으로 인한 격렬한 내적 투쟁이라는 형태로 찾아왔다. 아버지와 내가 목장에서 대화를 나누던 때였다. 그리고 이혼의 고통, 유럽 여행 기간에 읽은 많은 책과 티턴 산맥에서의 깨달음이 이어졌다. 리더십 포럼이라는 꿈을 처음으로 톰 팻초에게 털어놓았고 그는 꿈을 좇아가라고 조심스럽게 내 등을 떠밀었다. 당시 팻초는 일단 시작하면 꿈의 실현에 모든 관심을 쏟아야 한다는 냉정한 충고도 덧붙였다. 하지만 나는 부름을 거부하고 런던으로 갔다. 마침내 그곳에서 나의 안내자가 나타났다. 카이로에서의 경험, 조카의 죽음과 그로 인한 클레어와의 일체감에서 얻은 경험, 이어서 데이비드 봄과의 만남을 통해 얻은 경험이 나를 모험으로 이끄는 안내자 역할을 했다. 문턱을 넘은 직후 일어난 일들, 말하자면 보이지 않는 도움의 손길의 등장은 나에게 너무나 중요했고 그런 만큼 거기에 대해서 생각하고 이야기하는 것을 즐긴다.

나중에 깨달은 사실이지만 여행에서 가장 도움이 되는 부분은 힘든 시기를 보내며 내가 배운 교훈에 있었다. 도중에 마주친 불가피한 시련 속에서 넘어지면서 배운 것들이다. 캠벨은 이를 '시련의 길Road of Trials'이라고 불렀다. "신비주의자의 표현을 빌자면 이는 '자기 정화'에 이르는 길의 두 번째 단계에 해당한다. 감각이 '정화되고 겸손해지는' 시기다." 캠벨은 계속해서 말한다. "이런 과정에서 우리는 '현재 자신의 총제적인 모습뿐만 아니라 구원받으려면 무엇을 해야 하는지 단서'도 발견한다."

나는 세 번 함정에 빠졌는데 포럼 자체가 존폐의 위기에 처할 만큼 심각했다. 내가 스스로의 결점과 대면하는 순간이었고, 결과적으로 전체 조직이 살아남을 수 있었던 것은 순전히 신의 가호와 동료의 헌신과 노고 덕분이었다.

내가 말하는 함정trap이라는 용어는 무엇이 되었든 과거 사고방식과 행동 방식으로의 퇴행을 야기하고, 그리하여 우리가 펼쳐지는 창조의 과정에 참여하는 것을 방해하는 요소를 가리킨다. 앞서 말한 것처럼 조직 자체가 존폐 위기에 처할 만큼 함정은 강력했다. 하지만 역설적인 것은 깊은 속을 들여다보면 사실상 실체가 거의 없다는 사실이다. 어쨌든 함정에 빠진 당시에는 결과가 매우 직접적으로 나타나며 당연히 무척 불쾌한 경험이다. 한참 일이 잘되는 고점에 있다가 흐름을 잃고 바닥으로 떨어진다는 것은 누구에게나 아주 곤혹스러운 경험일 수밖에 없다. 모든 창조의 활동이 정지되고 모든 공시성이 갑자기 사라져 버린다. 누가 마술이라도 부린 양 말이다.

사람이 함정에 빠지는 경우는 도박으로 치자면 거액의 판돈이 걸려 있을 때다. 활력이 넘치고, 그만큼 많은 일이 일어나고, 만사가 순조롭게 굴러가고, 그만큼 많은 돈이 투입되어 있는 그런 상황이다. 이런 때는 강력한 환상 혹은 과거의 나쁜 사고 습관이 작동한다. 일단 함정에 빠진 뒤에는 악순환이 시작되어 상황이 급속도로 악화일로로 치닫는다. 하지만 함정을 인식하고 위험성에 경계를 게을리하지 않으면 그로 인한 나쁜 결과를 대부분 피할 수 있다.

내가 빠진 함정은 순전히 내 개인의 특성이 반영된 것으로, 말하자면 내 과거 사고 습관에서 나왔다. 마찬가지로 각자의 꿈을 좇아 여행하는 다른 이들도 자신의 과거 존재 방식 때문에 생기는 독특한 함정과 마주친다. 아래 소개하는 예는 본격적인 여행이 시작된 뒤에 마주칠 가능성이 있는 함정의 일부일 뿐이다. 우리가 흐름의 최고점에 있고, 펼쳐지는 생성적인 질서에 어느 때보다 긴밀하게 연결되어 있다고 느끼는 때에 만나게 되는 함정이다. 구체적인 내용을 보면 알겠지만 이런 함정은 서로 밀접하게 연관되어 있다. 따라서 함정에서 또 다른 함정이 야기되는 경우도 많다.

책임이라는 함정

나에게 책임의 함정은 가장 힘들었다. 일을 시작한 초기에 이런 함정을 만났고 이로 인해 오랫동안 힘들어 했다. 포럼 설립 초기에는 마법처럼 상황이 딱딱 맞아 들어갔다. 세계적인 인사들로 구성된 이사회가 꾸려졌고, 고안한 커리큘럼은 시범 운영에서 엄청난 성공을 거뒀다. 평가도 아주 좋았고 필요한 자금 모금도 순조로웠다. 본부와 지부 직원도 빠른 속도로 늘어났다. 초기 작업이 성공적으로 진행되자 나는 마음속으로 이런 생각을 하기 시작했다. "이봐, 이건 더 이상 꿈이 아니라고. 현실이야. 내가 이들을 끌어들였고 다들 나에게 기대고 있어. 그들은 각자의 꿈을 믿고 나에게 투자했어. 이사회와 기부자, 회원들 모두 나를 믿고 모험을 하고 있어. 언론의 관심도 아주 뜨겁다고. 정말 엄청난 상황이야. 정말 대단하다고!"

나는 모든 과정에 내가 없으면 안 된다는 생각을 하기 시작했다. 관련된 모든 사람을 내가 책임져야 하고, 모든 사람이 나에게 의지하고 있다고 생각했다. 더 큰 사명이 아니라 나에게 의식을 집중했다.

이런 상태이다 보니 나를 불안하게 하는 요인이 점점 증가했다. 나는 자신을 혹사하던 '과거의' 조셉으로 되돌아갔다. 주중 내내 열두 시간, 열다섯 시간, 열여덟 시간씩 일하고 결국에는 주말에까지 일했다. 한밤중 땀에 흥건히 젖어 잠에서 깨곤 했다. 내가 밥줄을 책임져야 하는 사람들을 생각하고, 필요한 운영 자금을 어디서 구할지를 걱정했다. 엄청난 부담감에 압도당하는 느낌이었고 그럴수록 스스로를 혹사했고 심한 중압감에 시달렸다. 마침내는 강박에 가까운 걱정 때문에 공황 발작 증세가 나타났다. 법정변호사로 일하던 시절 종종 겪었던 함정이었다. 특히 처음 변호사 개업을 하고 자보르스키 대령의 아들이라는 것과 무관하게 나만의 명성을 쌓으려고 몸부림치던 시기에 그랬다.

이 시기 ALF에서 나는 그때처럼 견디기 힘든 부담을 느꼈다. 함정에 오래 빠져 있을수록 상황도 점점 나빠지는 것 같았다. 생산성도 효율도 고갈되었다. 자꾸 역부족이라는 느낌이 들고 자신감도 점점 사라졌다. 마법처럼 손쉽게 일이 진행된다는 느낌 대신 불을 끄려고 이리저리 정신없이 뛰어다니는 사람마냥 항상 아등바등한다는 느낌이었다. 모든 것이 예전보다 어렵게만 보였다. 이렇다 보니 이사, 기부자, 회원, 직원을 효율적으로 활용하지도 못했다. 나의 열정도 중압감 속에 갇혀 버렸다. 초기에 그렇게나 충만하던 활력도 속수무책이었다. 나는 이제 가능성에도, 위험과 창조적 능력에도 예전처럼 열린 자세가 아니었다.

사람에 따라 함정이 달라질 수 있을 것이다. 어쨌든 나한테는 책임감이라는 함정이 가장 크게 다가왔다. 관심과 강박적인 걱정을 구별하는 법부터 배워야 했다. 동업자와 동료의 행복을 걱정하는 것이 아니라 거기에 관심을 가져야 했다.

상황을 있는 그대로 보게 되면서 나는 서서히 함정에서 빠져나왔다. 내가 우주의 흐름 속에서 움직이고 있다는 사실이었다. 이는 커다란 우주의 계획의 일부일 뿐 내가 이 일을 한다고 해서 크게 특별한 것이 없었다. 누구라도 가능한 일이었다. 이런 마음가짐을 가지면 그동안 복잡하게만 보였던 상황이 자연스럽게 정리된다. ALF에 참여한 사람들은 같은 길을 따라 걷는 동시에 각자의 길을 가고 있었다. 같은 영역에서 더불어 일하는 사람을 사랑하고 그들에게 관심을 가지는 것은 옳지만 그들에게 책임감을 느낄 필요는 없었다.

항상 머릿속의 생각이 문제다. 머릿속에서 만들어낸 강력한 환상이 강박적일 정도의 불안과 걱정의 원인이었고, 이런 환상은 현실 앞에서는 눈 녹듯이 사라지게 마련이다. 결국 잘못된 사고 습관이 이런 함정을 만들어낸 것이었다. 우리가 그런 사실을 인식하는 순간 함정은 힘을 상실한다. 그러므로 굳이 맞서 싸울 필요가 없다. 바로 사고방식의 문제로 일단 올바로 인지하고 나면 저절로 사라진다는 것이 이런 함정의 본질이다. 그렇다고 전혀 대비할 필요가 없다는 말은 아니다. 최악의 시나리오에 따른 불미스러운 결과를 예상하고 대비하는 자세는 항상 필요하다. 하지만 불운한 시나리오를 예측하고 대비하는 것과 강박적인 걱정은 전혀 다른 얘기다. 시나리오 예측은 적극적으로 미래를 대비하게 하지만 강박적인 걱정은 활력을 떨어뜨리고 의지를 꺾을 뿐이다.

의존이라는 함정

의존이라는 함정은 팀원에게 느끼는 책임감의 이면이라 할 수 있다. 이런 함정에 빠지면 핵심 직원, 자금 제공자, 이사의 지원에 크게 의존하게 되고, 해당 요소가 빠지면 사업 전체가 실패할 것처럼 느끼게 된다. 이런 두려움은 꿈의 기본 태도까지 변질시키며 상황을 있는 그대로 보고 판단하지 못한다. 그들을 화나게 하면 어쩌나, 그들이 팀을 떠나면 어쩌나 하는 두려움 때문에 그들에게 솔직하게 의견을 말하는 것조차 힘들어 한다. 진심에서 우러난 말을 하지 못하고 눈치를 보며 기회주의적인 태도를 취하게 된다. 이들 핵심 인물이 프로젝트에 가담한 것은 우주의 흐름과 우리 마음속 부름에 응답한 것이라는 근본 의미를 망각하게 된다. 사실 그것 때문에 처음부터 서로 끌리고 관심을 가졌던 것이다. 하지만 함정에 빠지면 이를 인식하지 못한다.

그렇다고 주위에 다른 사람이 필요 없다는 말이 아니다. 차원이 다른 헌신적인 태도를 가진 사람들로 구성된 공동체가 만들어지지 않고는 진정으로 중요한 어떤 일도 일어나지 않는다. 그러므로 분명 사람은 중요하다. 하지만 문제는 우리가 사업이 성공하려면 특정 인물이 반드시 필요하다는 맹신에 빠져서 옴짝달싹 못하게 된다는 사실이다.

의존의 함정은 자신이 부족하고 하찮은 사람이라는 생각에서 나온다. 나의 경우에는 일과 관련된 모든 영역에서 이런 함정이 교묘하게 작용했다. 물론 눈에 보이지는 않았지만 말이다. 나는 특정 핵심 직원, 이사, 자금 제공자에게 정말로 깊이 의존했고, 이런 의존 때문에 하마터면 우리 사업 전체를 좌초시킬 뻔했다.

가장 아찔했던 사건은 초창기인 1983년에 일어났다. 포럼을 시작하고 나는 잭 워렌을 소개받았다. 그는 1970년대 후반과 1980년대 초반 텍사스에서 가장 성공한 석유업자로 꼽혔다. 잭은 ALF의 비전에 경도되었고 가능하면 어떻게든 도우려고 했다. 나에게 친구들을 소개해주고 정신적인 지원도 아끼지 않았다. 시범 프로그램이 아주 성공적으로 끝난 1983년 말에는 일시불로 거액을 내놓겠다는 약속을 했다. 나는 잭이 더없이 중요한 사람이라고 판단했고 그를 이사회에 포함시켰다. 그의 사업적인 판단, 성품, 선천적으로 갖고 있는 서번트 리더십 감각 등을 나는 아주 높게 평가했다. 잭의 기부 약속은 ALF 상세 사업 계획에 중요한 영향을 미쳤는데 그의 기부 약속으로 커리큘럼 개발 이후 한두 지역에서 추가로 테스트할 여유를 갖게 되었다. 해당 지부에서 긍정적인 결과가 나오면 전국 규모로 확대하여 적용할 예정이었다. 이것이 전체 계획이었고 우리는 실행 단계로 돌입했다.

그즈음 석유 위기가 휴스턴을 강타했고 우리에게도 서서히 파장이 밀려왔다. 처음에는 모두가 금세 상황이 끝날 것이라고 생각했다. 잭은 직접 나를 찾아와서 당장은 기부 약속을 미뤄야겠지만 상황이 호전되자마자 이행하겠다고 했다. 지금 생각하면 융통성을 발휘해서 즉시 다른 자금 확보 방안을 모색해야 했다. 하지만 나는 잭의 약속 이행을 전제로 하는 애초 계획에만 집착했다. 금세 끝날 것이라는 예상과 달리 석유 위기는 오히려 심화되었다. 휴스턴과 텍사스 주는 깊은 불황에 빠졌고, 그것이 부동산 시장 붕괴를 야기했고, 텍사스 주요 금융기관의 몰락으로 이어졌다.

몇 주가 흐르고 다시 몇 달이 흐르는 동안에도 나는 계속 원래 계획에 의존했다. 잭의 기부를 지역사회 다른 저명인의 귀감으로 삼을 작정이었기에 더더욱 포기하기가 힘들었다. 그래서 위기가 지나가기만을 기다리면서 계획 변경을 계속 미뤘다.

지금 생각하면 나는 잭과 소수 핵심 이사에게 지나치게 의존했을 뿐만 아니라 원래 계획에 과도하게 집착하고 있었다. 어떻게든 정해진 계획을 고수해야만 했다. 방향을 바꾸는 것은 나에게 있어 나약함의 상징과 같았으니까. 어떤 위기가 와도 나는 굳세게 견디며 애초의 계획을 밀고 나가야 한다고 생각했다. 나는 '내가 시작한 것을 어떻게든 끝까지 해낸다'는 전통적인 의미의 헌신에 의존했고, 이런 태도가 결국 우리를 심각한 궁지로 몰아넣었다. 나는 '애초 계획'에 문제가 생길까봐 병적으로 우려했다.

나는 우리가 만들어내고자 하는 결과가 아니라 과정에 집중하고 있었다. 야외 체험학습에 포함시켰던 '리더십과 통솔력' 강의는 창조적인 대응 능력을 무엇보다 중시했다. 그러려면 원하는 결과를 성취하는 '특성' 과정에 집착하지 않고 결과에 집중해야 한다. 뭔가 새로운 것을 창조하는 과정에서 우리는 상황에 맞추고 적응하는 정신적인 융통성을 가져야 한다. 이런 융통성을 갖는 비결이 뭘까? 엄밀히 말하자면 상황이 구체적으로 어떤 방식으로 진행되어야 하는가에 집착하지 않는 것이다. 이는 어찌 보면 항해와도 비슷하다. 최종 목적지가 아니라 항로에 집중하면 낭패를 볼 수 있다. 항로를 벗어났다고 해서 무작정 가던 길로 돌아오지는 않는다. 아무도 그렇게 배를 몰지는 않는다. 오히려 최종 목적지에 집중하고 거기에 맞춰서 항로를 새로 짤 것이다. 하지만 우리가 살아가는 방식은 오히려 전자에 가깝다. 상황이 어떤 방식으로 돌아가야 하는지 이미 갖고 있는 전제에 집착하고 우리가 만들어내고자 하는 최종 결과가 무엇인가를 망각한다. 결과에 집중한다는 개념은 '리더십과 통솔력' 강의에서 가장 기본적인 전제다.

이런 기본 전제를 깊이 들여다보면 사실 두 가지 측면이 있다. 첫 번째는 우리가 관심을 갖는 결과에 집중하는 것과 어떻게 이를 이룰지 가정에 집중하는 것 사이의 차이다. 두 번째는 결과 자체의 태도 문제다. 대다수 사람은 자신과 관련된 뭔가를 얻기 위해서, 말하자면 자신을 위해서 결과를 달성하려고 한다. 열과 성을 다해 헌신하는 꿈이나 비전이 있는 사람에게 그렇게 헌신하는 이유가 무엇인지 묻는다면 어떤 대답이 나올까? "비전을 달성하면 나는 정말 행복할 거야." "내가 이번 사업에 성공하면 다들 나를 엄청 존경할 거야. … 나는 경영자로서 성공하게 될 테고 … 우리는 많은 돈을 벌게 되겠지." 아마도 대부분은 이런 대답을 할 것이다. 사실 사람들이 이루고자 하는 것 자체에만 집중하고 초점을 맞추는 경우는 아주 드물다. 결과에 집중한다는 원칙을 둘러싼 깊은 속내를 보면 사정이 이렇다. 자신의 이익이 아니라 정말로 원하는 것 자체를 위해서 헌신하고 있는가? 시인 로버트 프로스트는 이런 말을 했다. "모든 위대한 행위는 그 자체가 목적이 되어 이루어진다." 만약 우리가 우리의 비전과 꿈을 이런 식으로 생각한다면 이는 겉으로 드러나지 않는 미묘한 것이지만 가장 심오한 내적인 변화라고 할 수 있다. 바로 이런 상황에서 '보이지 않는 손'이 작용하기 시작하고 상상을 초월한 기회의 문이 우리 앞에 열린다.

어쨌든 ALF를 만들고 키워 가는 이 단계에서 나는 우리가 세운 사업 계획에 집착하는 완고한 태도로 돌아가 있었다. 우리가 의도하는 결과와 비전에 집중하지 않고 말이다. 너무나 성공적이었던 초기 단계와는 완전히 상반되는 행동이었다. 예전까지 나는 계속 꿈에 집중했고 사고와 태도 면에서 항상 융통성을 가지고 있었다. 만물의 흐름과 함께 움직였고, 너무 복잡하게 생각하지 않고 하나씩 문제를 풀어가고, 다음 단계의 지침에 귀를 기울였다. 하지만 이번 위기에서 나는 경직되어 있었고 예전 방식이 다시 주도권을 쥐게 되었다.

이런 상황에서 큰 두려움이 생겨났다. 원래 사업 계획에서 멀어질수록 내가 느끼는 두려움은 커졌다. 앞으로 나가지 못하고 발이 묶인 상태가 되자 대안이 없다는 공포가 점점 커지면서 괴물처럼 앞을 가로막았다. 그리고 미묘한 변화가 내 안에서 일어났다. 이것이 나에게 어떤 영향을 미칠 것인지 걱정하기 시작했다. 프로젝트가 실패했을 경우 명성에 타격을 입는 것을 비롯해서 개인적으로 받을 영향을 걱정하기 시작했다. 이것 또한 원래 태도와는 180도 다른 것이었다. 전에 나는 실패의 두려움이 없었고 꿈 자체에 깊은 관심을 가졌다. 나는 꿈을 실현하는 일에 나의 명성, 지위, 인간 관계까지 기꺼이 모든 것을 걸었다. 나는 이것이 나의 목표이며 내가 바라는 일이라는 것을 마음속 깊이 느끼고 있었기 때문에 꿈 자체를 위해 봉사했다. 나는 완전한 자발성과 자유를 갖고 택한 비전에 그야말로 열과 성을 다해 임했다. 바로 그때 문이 열리고 상승 작용이 일어났다.

결국 나는 스스로에게 하고 있는 행동과 그것이 전체 사업에 미치는 영향을 깨달았다. 보스턴에서 피터 센게, 찰리 키퍼, 밥 프리츠를 만나 시간을 보냈다. 그들 덕분에 그동안 나의 태도에 미묘한 변화가 있었다는 사실을 알 수 있었다. 나는 깊이 반성했고 초기 작업 방식으로 돌아갔다. 시간의 흐름과 함께 나는 필요한 변화를 마쳤고 우리가 바라는 결과, 즉 서번트 리더십을 육성하는 전국적인 규모의 조직 구성에 집중했다. 우리는 원래 계획에 박차를 가해서 휴렛 재단, 루스 재단, 맥아더 재단, 포드 재단 등 전국적으로 투자자를 찾아다녔다. 전국을 돌며 모금 활동을 하려면 약간의 준비가 필요했고, 거기에 소요된 시간만큼 계획이 지체되기는 했지만 결국 우리는 해냈다.

나의 사고 습관, 구체적으로 말하면 초기 3년 동안은 텍사스에서 자금 지원을 받는다는 내용을 골자로 하는 최초 상세 사업 계획에 의존했기 때문에 하마터면 프로젝트 자체가 끝장날 뻔했다. 다른 지역에 지부를 설립하지 않은 상태에서 전국적인 기금 조성에 나서기는 무리라는 판단 때문에 이런 사고는 더욱 굳어졌다.

우리가 목적하는 진정한 결과에 다시 집중하자 과거 사고방식은 거의 힘을 잃었다. 나에게는 아주 중요한 학습 경험이었다. 책임과 의존의 함정은 많은 에너지를 대안이 없다는 두려움에서 얻는다. 하지만 항상 대안은 있게 마련이다. 다만 우리가 보지 못할 뿐이다. 일단 대안이 있다는 사실을 인식하면 두려움의 상당 부분이 사라지고 함정을 객관적으로 보게 된다. '내가 없으면 안 된다는 잘못된 생각에 다시 빠져 있었군 … 조직에 있는 특정 인물과 사업 계획에 지나치게 의존하고 있었군.' 하는 식으로 말이다. 강력한 환상에도 불구하고 이 얼마나 간단한 해결책인지 정말 놀라웠다.

함정과 관련해서 배운 가장 중요한 교훈 중에 하나는 흐름을 놓친 상황에서 균형을 회복하기가 얼마나 쉬운가 하는 것이었다. 걷는 동작을 생각해보라. 항상 하는 생각이지만 걷는 동작은 이 문제와 관련하여 정말 훌륭하고 설득력 있는 비유다. 걷거나 뛸 때 우리는 항상 말 그대로 '쓰러지는' 과정을 경험한다. 앞으로 나가는 동작을 할 때 두 다리는 순간적으로 균형을 잃고 몸은 쓰러지려 한다. 하지만 우리는 빠르고 능숙하게 움직이는 법을 터득했고, 그리하여 재빨리 다음 발걸음을 뗌으로써 동적 균형을 유지한다. 만약 우리가 곧장 연결하여 아주 능숙하게 움직이지 않으면 균형을 잃은 상태에서 넘어지고 말 것이다. 걷고 뛰기는 어려서부터 자연스럽게 몸으로 익힌 것이기 때문에 만약 균형을 잃으면 거의 무의식적으로 이를 바로잡고 균형을 회복한다. 그리고 계속 나아간다.

일상생활도 마찬가지다. 내가 몇 달 동안 그랬던 것처럼 우리는 때로 균형을 잃는다. 균형을 회복하는 간단한 방법이 있다는 사실을 충분히 인지하지 못해서다. 대부분의 무술은 균형 회복이 아주 간단하다는 원리를 활용하고 있다. 심호흡 같은 간단한 신체 동작이 중심을 잡고 균형을 회복하는 데 도움이 된다. 일단 균형을 회복하고 나면 내면의 소리를 다시 들을 수 있다. 그때 우리는 우리가 가는 길을 더욱 명확하게 보게 되고 다시 시작할 자연스러운 방법을 찾는다.

과잉 활동이라는 함정

내가 마주한 세 번째 중대한 함정은 스스로 '과잉 활동overactivity'이라고 지칭하는 것이다. 정신없이 바쁘게 돌아가는 상황 속에서 차분히 돌아보고 성찰하는 시간, 주위 변화에 맞춰 스스로를 재교육하는 시간을 갖지 못하는 데서 야기되는 함정이다. 말하자면 엄청나게 많은 활동만 있고 성찰이 없을 때 우리는 쉽게 이런 함정에 빠진다. 이런 함정은 조직 내의 꿈에 동의하지 않는 사람이 있어서 결과적으로 심각한 불협화음이 일어나는 시기에 극명하게 모습을 드러낸다.

리더십 포럼을 세우는 초창기에 나는 그야말로 '풀가동' 상태였다. 함께할 사람을 모으고, 커리큘럼을 구상하고, 휴스턴 초기 회원과 커리큘럼을 검증하면서 모든 것이 기대대로 순조롭게 진행되었다. 하지만 조직이 커지면서 점점 세부적인 일에 발이 묶여 꼼짝을 못하게 되었다. 1983년 이전에 우리는 무언가를 만들어내는 창조적인 단계에 있었다. 참가자를 모집하고 프로그램을 만들었다. 이는 더할 나위 없이 즐거웠고 자금 조달의 어려움을 상쇄해주었다. 하지만 프로그램을 실행하고, 회원을 선발하고, 새로운 지부 설립을 시작하자 상황이 달라졌다. 세부 사업 계획, 채용, 해고, 급료 지급, 온갖 자질구레한 조정 사항 등 경영과 관련한 결정 사항이 점점 많아졌다.

그즈음 나는 나를 능가하는 커다란 뭔가가 있고, 내가 그 안에 있다는 사실을 깨닫기 시작했다. 리더십 포럼을 처음 만드는 시기에는 여행이 쉬워 보였다. 포럼 설립이라는 비전과 그것이 가지는 미학적인 아름다움에 완전히 빠져 있었다. 하지만 어느 순간이 되자 모든 사람이 모이고 사업이 진행되었다. 마침내 나는 '정신을 차렸고' 상황을 깨달았다. 내가 불러들인 엄청난 사람들이 눈앞에 있었다. ALF와 이그제커티브 벤처스 그룹Executive Ventures Group 안에 있는 이사, 발기인, 고문, 자금 제공자, 동업자 모두를 내가 불러들였다.(이그제커티브 벤처스 그룹은 야외에서 진행되는 일부 프로그램을 담당하기 위해서 별도로 세운 산하 조직이었다.) 내가 지급해야 하는 급료도 엄청났고 나에게 거는 기대도 컸다. 일이 얼마나 많은지 거의 압사하겠다 싶었다. 압박감을 느끼기 시작했다. 내가 누구라고 생각했던 거지? 여기서 내가 도대체 뭘 하고 있는 거지? 나는 엄청난 불안을 느꼈고, 내가 과연 이 모든 것을 해낼 수 있을지 의문을 품기 시작했다. 사격장에서 거의 만점에 가까운 명중률을 보이다가 '정신을 차린 다음' 마지막 한 발을 맞추지 못했던 때와 비슷한 상황이었다.

런던에서 돌아온 이후 초기 단계에서 맛본 진정한 자유로움과 목표의 명확성에 금이 가기 시작했다. 일단 일이 진행되는 속도가 나와는 맞지 않는 데도 어쩔 수 없이 거기에 맞춰 움직여야 했다. 나는 상황과 진행되는 '과정'을 돌아보고 생각할 시간이 많은 경우에 일을 잘하는 편이다. 내가 불가피한 혼란 속에서도 차분함을 유지하는 비결이 바로 충분히 생각할 시간을 갖는다는 것이었다. 초기에는 그럭저럭 괜찮은 상태였지만 시간이 흐르면서 일이 정신을 차릴 수 없게 빠르게 진행되었다. 내가 진행 속도를 제어할 수 없게 되었고, 다른 사람의 속도로 일을 할수록 내면이 혼란스러워졌다. 예전처럼 방향이 선명하지도 않고 일관성도 없어졌다.

이런 과정에서 나는 내 앞에 나타난 정말로 중요한 기회를 여럿 놓쳤다. 예를 들면 데이비드 봄이 1983년 초에 2년 전의 만남이 너무 즐거웠다며 다시 만나 대화에 대한 심층적인 이야기를 나누고 싶다는 메모를 남겼다. 봄과 다시 만날 기회를 놓친 것은 지금 생각하면 애석하기 그지없는 일이다.(1992년 봄은 세상을 떠났고 나에게는 그것이 마지막 기회였다.) 하지만 당시에 나는 일도 너무 많고 책임도 막중하다는 생각에 짓

눌려 있었다. 나는 봄의 메모를 뒤로 제쳐 두었고 나중에라도 챙겼어야 했는데 그러질 못했다. 이는 당시 내가 불완전하고 부족하다는 증거였다. 사실 나에게 가장 중요한 것은 런던에서 봄이 이야기한 원칙에 이해를 심화시키는 것이었다. 실제 상황에 해당 원칙을 활용할 준비를 하면서 말이다. 봄이 줄 수 있는 정신적인 자양분과 지도가 나에게는 무엇보다 중요하고 절실했다. 하지만 하루하루의 책임에 눈이 어두워서 나에게 찾아온 소중한 기회를 보지 못했다.

이런 내면의 불완전함은 결국 내가 믿지 못할 사람을 포럼의 핵심에 끌어들이는 우를 범하게 만들었다. 진정으로 포럼에 관심이 있는 것이 아니라 개인적인 목표에 궁극적인 관심이 있는 그런 사람들이었다.

극단적인 예로 잘못 영입한 한 사람 때문에 지부 설립 자체가 위태로웠던 적도 있다. 동북부 대도시에 지부 설립을 준비하고 있을 때였다. 문제의 인물과 지부 사무국장 후보가 다른 조직의 후원을 받아 진행하겠다면서 새로운 프로그램을 기획했는데 이것이 그들의 이권과 연결되어 있었다. 결과적으로 문제는 해결되었지만 해당 사건 때문에 상당한 시간과 에너지를 허비했고 한창 탄력을 받아 일이 진행되던 시기에 맥이 끊기고 말았다.

물론 이렇게까지 악화되는 경우는 드물다. 하지만 개인적인 방식을 고집하다가 조직의 결속과 통일성에 심각한 해를 끼치는 이들은 적잖이 있었다. 여기에는 본부의 상급 직원뿐 아니라 지부에서 핵심 역할을 맡은 이도 있었다. 그들은 좋은 사업에 뭔가 기여하고자 하는 선의를 가지고 나름 열심히 일했다. 하지만 전체 흐름과는 근본적으로 맞지 않는 구석이 있었고 해결할 방법이 없는 것 같았다. 물론 해결하려고 부단히 노력했지만 그런 상황이 되면 흐름이 이어지지가 않았다. 뭔가 힘들이지 않고 저절로 흘러가는 것 같은 특성이 사라지고, 매사를 안달복달하며 힘들게 처리해야 하고, 항상 긴장과 불안이 흐르는 힘든 상황이 되었다. 이런 불협화음이 계속 깊어지더니 결국에는 야외 체험 프로그램 진행 부서의 해체로까지 이어졌다. 지금 와서 이런 종류의 불협화음을 생각하면 적진에서 일하는 것 같았다는 말이 적절하지 않을까 싶다. 항상 뭔가 불편하고 거북하다는 느낌을 받았고, 내가 공동체의 진정한 일원이라는 생각이 들지 않았다. 나에게는 정말 괴로운 경험이었다.

이런 상황에서는 다른 사람을 탓하기 십상이다. "도대체 이해를 못하는군." "저 사람은 헌신적이지 않아." 항상 내가 아닌 '그들'은 있게 마련이다. 그리고 바로 여기서 혼동이 일어난다. 이런 상황에서 책임져야 할 주체는 '그들'이 아니라 그들까지 포함한 '우리'다. '그들'을 탓하는 이런 문화는 우리의 과거와 무관하지 않다. 분리, 고립, 낮은 자존감, 하찮은 존재라고 생각해온 우리의 과거가 조직의 결속력 부재에 대한 인식과 상호 작용하면서 나와 '그들'을 분리하고, '그들'이 문제라고 탓하는 그런 그림을 우리 머릿속에 만들어낸다.

이런 함정에서 벗어날 방법은 뭘까? 떠나는 것은 문제 해결에 아무런 도움이 되지 않는다. 어디를 가든 우리는 '도대체 이해를 못하는 그들'과 함께 있을 것이기 때문이다. 만약 이해를 못하는 사람과 일하고 있다면 우리가 자신의 과거가 문제일 수 있음을 인식해야 한다. 그리고 외부로 드러나는 일뿐 아니라 자기 내부에서 해야 하는 일도 있다는 사실을 인정해야 한다.

말하자면 '과잉 활동'이라는 함정을 극복하는 열쇠는 우리 내면의 성찰이다. 그래야 개인 차원에서, 그리고 팀 전체 차원에서 필요한 균형을 회복할 수 있다. 창조적인 작업이 한창 달아오른 상황에서 할 일이 너무 많아지면 흐름 안에 있어야 한다는 기본 방향을 망각한다. 개인으로, 그리고 집단 전체로 계속 흐름 안에 머무는 훈련을 하지 않으면 우리는 결국 흐름을 놓치고 만다.

모두에게 대화 훈련이 그렇게 중요한 이유가 여기에 있다. 정규적으로 모여 진지한 대화를 나누는 시간을 가지면 구성원들이 정신없이 바쁜 와중에도 성찰의 여유를 가질 수 있다. 희망하는 미래를 이야기하면서 모두가 함께 일종의 재교육을 받는 소중한 공간이요 시간이다. 이런 실천은 반드시 정기적으로 진행되어야 하고 프로젝트를 진행하는 내내 끊이지 않고 계속되어야 한다. 사업의 목표가 계속해서 변하고 발전하기 때문이다. 이런 재교육은 사업 전체의 발전 속에서 한 부분으로 진행되는 것이 가장 바람직하다. 발전의 필수 요소다.

▲

포럼과 함께한 이런 경험을 돌이켜보는 것이 나에게는 고통스러운 일이다. 본의 아니게 내가 상처를 입힌 사람도 있다. 내가 그렇게 무지하지 않았더라면 좀 더 잘해줄 수 있었을 그런 사람들. 더욱 깨어 있어야 했고 더욱 유능했어야 했는데 그렇지 못했던 시간이, 참으로 많은 실수를 저질렀던 시간이 지금도 부끄럽다. 하지만 이런 상황을 모두 파악하고 제때 대처하기란 쉽지 않다. 그런 아픈 경험이 나의 발전과 스스로의 펼쳐짐에서 필수 불가결한 과정이었다는 것을 이제는 안다. 삶이라는 여정에서 무시할 수 없는 부분이 바로 이런 내적인 투쟁으로 채워진다. 이런 내적인 투쟁을 통해서 누적된 부담감을 극복해야만 다시 펼쳐지는 생성적 질서의 흐름 안에서 움직이게 된다. 내적 투쟁에서 승리하는 유일한 방법은 말 그대로 그것을 '겪는' 것이다. 말하자면 함정을 만나고 겪으면서 거기서 새로운 교훈을 배우고 성장하는 것이다. 이는 값을 매길 수 없는 귀중한 경험이다.

18

헌신의 힘

이것이 삶의 진정한 기쁨이다. 스스로가 진정 가치 있다고 인정하는 목표에 자신을 바치는 것. … 세상이 전심전력을 다해 나를 행복하게 해주지 않는다고 푸념을 늘어놓으며 짜증과 불평불만으로 가득한 신경질적이고 이기적인 소인배가 되기보다는 자연의 힘의 일부가 되는 것.

–조지 버나드 쇼

1988년 초에 우리는 캘리포니아 실리콘밸리에 새 지부를 여느라 한창 분주했다. 주중 내내 집을 떠나 있다가 주말에 휴스턴에 돌아가서 메이비스와 새로 시작하는 미술관 전시회를 보러 갔다. 그날 저녁 우리는 대부분의 관객이 떠난 늦은 시간까지 관람을 했다. 차를 미술관에서 한 블록쯤 떨어진 곳에 주차했는데 가로수가 늘어선 어둡고 가로등도 없는 거리를 걸어가야 했다. 미술관을 나오니 밖에는 비가 내리고 있었다. 아내를 정문에서 기다리게 하고 혼자 차를 가지러 갔다. 차가 주차된 곳에 도착해서 문을 열고 우산을 접어 뒷좌석에 던져놓은 다음 운전석에 앉았다. 문을 닫으려는 찰나 옆구리에 차가운 쇠가 닿는 느낌을 받았다.

고개를 들어보니 스물다섯쯤 되어 보이는 거구의 사내가 사나운 표정으로 서서 총검 크기의 칼을 내 옆구리에 들이대고 있었다. 남자는 칼을 그냥 들고 있는 것이 아니라 옆구리에 힘껏 들이대면서 이를 악물고 말했다. "해치고 싶지 않아. 하지만 그럴지도 모르지. 운전석에서 비켜."

나는 열쇠를 남자에게 건네면서 말했다. "차만 가져가고 나는 내리게 해줘요." 남자가 다시 칼을 옆구리에 세게 쑤셔넣으며 말했다. "차가 아니라 댁이 필요해."

남자의 정확한 의도는 모르겠지만 그 순간 운전석에서 비키면 죽은 목숨이라는 생각이 들었다. 오른쪽을 슬쩍 보니 다른 남자가 조수석 문 바로 밖에 서 있는 것이 보였다. 순간적으로 '이들이 나를 죽이게 내버려둘 순 없어, 나는 정말 중요한 일을 하고 있고 이걸 끝내야 한다.'는 생각을 했던 기억이 난다. 그러고는 바로 남자가 칼을 옆구리에 찔러넣기 전에 양손으로 재빨리 남자의 손목을 잡았다. 잡은 손목을 잡아 빼서 남자의 손이 차의 문짝에 세게 부딪히게 하자 손에 있던 칼이 바닥으로 떨어졌다. 순간 발을 움직일 수 있게 되었고 발을 차면서 남자의 접근을 막았다. 그때 남자는 다시 칼을 집어들었고 방패삼아 내밀고 있는 내 발을 찌르려고 했다. 내가 남자의 얼굴을 세게 걷어찼던 기억이 난다. 남자가 손에 칼을 든 채로 뒷걸음치다가 다시 나를 향해 달려들었고 나는 목청껏 그를 향해 미친 듯이 소리를 질렀다. "이 더러운 자식, 나에게 다시 손만 대봐 죽여 버릴 테니까. 빌어먹을 놈아! 자, 어디 한번 해봐!"

남자가 한 걸음 뒤로 물러나더니 나를 쳐다보았다. 나는 더 큰 소리로 고함을 쳤다. "해봐, 이 더러운 개자식아." 나는 미쳐 날뛰는 짐승 같았다. 남자가 자리에 선 채로 가만히 나를 쳐다보았다. 잘은 모르겠지만 제법 긴 시간 같았다. 이어서 남자가 몸을 돌려 달아났고 조수석 옆에 있는 공범도 달려갔다. 남자가 달려가는 동안에도 나는 계속 목이 터져라 고함을 쳤다.

그들이 가고 나서 나는 서서히 마음을 진정시켰고 무슨 일이 일어났는지 깨달았다. 순간적으로 치솟았던 아드레날린이 고갈되자 두려움이 밀려오고 몸이 걷잡을 수 없이 떨리기 시작했다. 당시 내가 구체적인 정황을 냉정하게 파악하고 대처했던 것은 아니다. 다만 확실한 것은 위기의 순간에 내가 맨손으로 거대한 칼에 대항해서 나를 지킬 힘이 나에게 있다고 믿었다는 사실이다. 내가 이런 힘을 느낀 이유는 내가 맡은 일에 대한 헌신 때문이었다. 내 목표는 포럼을 활성화시키는 것으로 갑작스럽게 나타난 불한당이 이를 멈추게 내버려둘 수 없었다. 포럼에 대한 헌신은 단순한 목표를 넘어서는 것이었다. 그것은 나의 존재 이유이기도 했다.

그야말로 절체절명의 위기의 순간이었고 당연히 두고두고 되새기게 되는 상황이었다. 당시 일생의 사명이 위기에 처했다는 것을 깨달은 순간 갑자기 내 안의 원시적인 힘이 작동하기 시작했다. 마치 내가 자연의 거대한 힘의 일부가 된 것 같았다. 생명을 위협하는 것은 무엇이든 물리칠 수 있을 것 같은 강력한 힘이 내 안에서 느껴졌다. 예전에는 인지하지도 활용하지도 못했던 원시적인 에너지였다. 그날 경험을 통해서 나는 펼쳐지는 생성적 질서에 적극적으로 참여하는 데에 필요한 헌신의 본질을 더욱 명확하게 이해했다.

헌신에는 두 가지 측면이 있다. 첫 번째는 행동에 옮기는 헌신이 있다. 이런 헌신은 상징적인 행동을 통해서 드러난다. 예를 들면 나의 경우 회사를 떠나는 행동이 그런 역할을 했다. 타인이 헌신적이라는 사실을 어떻게 아는가? 그들이 행동으로 옮기고 있기 때문이다. 사람들은 헌신적이기 때문에 모험의 문턱을 넘는다. 이것은 그린리프가 말한 내적인 변화로 가기 위해 반드시 필요한 첫 단계이기도 하다. 경영자들이 흔히 말하는 헌신적인 행동이 바로 이런 것이다.

이 방면에서 나는 상당한 장점을 가지고 있었다. 나는 아주 어린 시절부터 대령에게서 헌신과 자기 통제를 배웠다. "진심으로 법정변호사로 성공하고 싶다면 상대보다 철저하게 준비해야 한다. 그것이 핵심이다." 나는 끈기와 의지를 가지고 시작한 일을 어떻게든 마무리하는 이런 종류의 헌신에 일가견이 있었다. "제대로 해라. 무엇도 너를 막지 못하게끔."

헌신에는 상당히 미묘한 두 번째 측면이 있다. 말하자면 이는 행동을 하게끔 만드는 존재의 근거the ground of being라고 할 수 있다. 헌신의 두 번째 측면에서의 나의 이해는 봄과 만나 대화를 나누는 과정에서 구체화되었고 이후 몇 년에 걸쳐서 발전했다.

내가 그동안 전체 모험과 합치되는 방식으로 행동하게 이끈 존재의 근거는 무엇인가? 공시성, 구체적으로는 데이비드 봄과 메이비스를 만나고 이후 몇 달 동안 일어났던 '전력 질주의 순간'을 경험하는 등의 공시성이 일어나게 해준 존재의 근거는 무엇이었을까? 나의 헌신의 본질은 나의 존재의 근거가 바뀌는 순간에 같이 바뀌었다. 이는 전통적인 개념과는 분명 다른 헌신이었고 행동으로 나아가기 위한 일종의 토대 같은 것이었다. 이는 마르틴 부버가 '빈약하고 자유롭지 못한 의지'와 대비하여 '위대한 의지'라고 불렀던 바로 그것이다.

> 자유로운 사람은 제멋대로인 아집 없이 의지를 발휘하는 사람이다.
>
> 그는 운명의 존재를 믿고 운명이 자신을 필요로 한다는 사

실을 믿는다. 운명은 그를 속박하는 것이 아니라 오히려 그를 기다리고 있으며, 그는 운명에게 가야 하지만 구체적으로 어디로 가야 하는지는 모른다. 하지만 그는 자신의 존재 전체를 걸고 가지 않으면 안 된다는 것을 안다. 이는 그의 결정에 따라 달라지는 문제가 아니다. 하지만 그가 스스로 의지를 발휘할 대상을 결정한 때에야 비로소 일어날 일이 일어난다. 그는 사물과 본능에 의해 통제되는 빈약하고 자유롭지 못한 의지를 버리고 위대한 의지를 섬겨야 한다. 그럴 때 위대한 의지는 더 이상 예정된 존재가 아니라 현실이 된다. 그런 상태에서 그는 펼쳐지는 상황에 개입하지도 않지만 동시에 상황이 단지 벌어지도록 내버려두지도 않는다. 그는 자신을 통해서 드러나는 것에, 세상에 있는 존재의 방향에 귀를 기울인다. 거기서 도움을 받기 위해서가 아니라 존재가 원하는 것을 실현하기 위해서.

위대한 의지가 작동하게끔 하는 존재의 근거는 '접힌 질서'라는 토대다. 말하자면 우주가 펼쳐지는 과정, 세상에서 존재의 흐름의 일부가 되는 것이다. 이는 우리의 행동과 구체적인 조치에 의해서 삶에서 드러난다. 우리는 구체적인 목표보다는 방향을 확신하며 매일 다음 단계의 지침을 구한다. 우리는 매일의 삶을 해야 하는 일에 바친다. 진정으로 하지 않으면 안 되는 일을 하는 데 말이다. 또한 우리는 주위에서 진행되는 모든 것에 주의를 기울인다. 우리의 의식은 다양한 차원에서 작용하는데 다음 할 일을 위해서 모든 차원의 의식을 동원하여 세심하게 귀를 기울인다. 우리는 결코 전체 풍경을 보지 못한다. 그러므로 전 단계에 배운 것을 즉석에서 활용하면서 아주 작은 보폭으로 다음 단계로 나아간다. 스페인 시인 안토니오 마차도Antonio Machado는 이런 사고방식을 아름다운 시구로 표현했다. "방랑자여, 길은 없다. 길은 그대가 걸음으로써 만들어지나니." 이는 완전히 다른 형태의 헌신이며, 그린리프가 말한 내적 변화의 핵심에 바로 이런 헌신이 있다.

여기에 하나의 역설이 있다. 기존 관점에 따르면 '위대한 의지'는 마치 다른 누군가에게 할 일을 말해달라고 묻고 있는 것처럼 보인다. 하지만 중요한 뭔가가 달라졌고 근본적으로 변한 것은 바로 '나'다. 내가 마음을 결정하고 있지만 나라는 존재의 정체성이 이미 달라졌다. 나는 이제 펼쳐지는 생성 과정의 일부며, 이런 존재 상태에서 나는 더 이상 사물과 본능에 지배되지 않는다.

이런 존재 상태에서 우리는 아주 어려운 일을 해낸다. 그것이 과거 일하던 방식으로 보면 해내는 것이 이상하다 싶은 그런 것까지도 말이다. 이런 새로운 헌신 안에서 우리는 어려운 과제를 떠안는다. 보기에는 불가능해 보이는 과제를 말이다. 그리고 이를 해내기 위해 매우 열심히 일하고 완전한 집중 상태를 유지한다. 하지만 이것은 힘겨운 투쟁이나 몸부림과는 다르다. 오히려 크게 힘을 들이지 않고 '쉽게' 해낸다.

봄과의 대화를 끝내고 나올 무렵 포럼 설립이라는 꿈이 마음을 온통 빼앗는 커다란 목표로 자라기 시작했다. 그것은 내 삶에 의미를 부여했다. 그것이 바로 내 삶이었고 내가 바로 그것이었다. 나의 운명이었다. 나에게는 다른 선택의 여지가 없는 것 같았다. 나는 칼 융이 자신에 대해서 말했던 것과 정확히 같은 느낌을 받았다.

> 운명이라는 느낌을 받았다. 마치 내 삶이 숙명에 의해 나에게 할당되었고 그 숙명을 완수해야 할 것 같은 느낌. 이것은 나에게 내적 안정감을 주었다. … 나는 모든 중요한 문제에서 그런 느낌을 받는다. 그런 경우 나는 사람들 속에 있지 않고 홀로 신과 함께 있다.

지금 생각하면 참 비이성적인 생각이었다. '아메리칸 리더십 포럼'이라는 꿈은 워낙 거대했기 때문이다. 나는 당시 내가 하고 있는 일에 무지했다. 리더십 육성 분야에 아는 사람도, 필요한 종잣돈도 없었다. 또한 내가 해야만 할 것 같은 그 일을 구체적으로 어떻게 실현할지 아이디어도 없었다. 하지만 마음 깊은 곳에서 이것만은 확실하게 알았다. 어떤 장애물이 있더라도 나의 꿈을 실현하리라는 것을.

아주 오랫동안 나는 어떠한 두려움도 느끼지 않았다. 조셉 캠벨이 말하는 전투에 나가는 전사처럼 말이다. 예전처럼 다른 사람의 의견에 휘둘리지도, 동료나 이웃이 어떻게 생각할지도 걱정하지 않았다. 내 안의 새로운 힘을 찾았다.

봄의 사무실에 나온 그 순간부터 나에게 일어난 모든 일은 마법이 개입한 것처럼 신비로웠다. 거의 노력을 하지 않아도 매사가 알아서 굴러갔다. 예상하지 못한 사건들이 일어나고, 나에게 중대한 도움을 줄 비범한 사람과의 만남이 이어졌다.

이것은 내 삶에서 작동하는 '접힌 질서'였다. 자신의 삶에서 생성적인 질서가 작동하는 경험은 그야말로 신나는 체험이다. 마치 물마루를 타듯 행복의 절정에 있는 그런 기분이다.

이런 체험을 말로 표현하기란 쉽지 않다. 조셉 캠벨이 TV에 나와서 했던 말이 이런 체험을 그나마 가장 잘 표현하고 있다는 생각이 든다. 캠벨의 저서 〈신화의 힘〉을 토대로 기획한 PBS 방송국의 6시간짜리 시리즈물에서 빌 모이어스Bill Moyers와 캠벨의 대화 내용이다.

> **모이어스** : 천복(天福)을 좇을 순간순간에 보이지 않는 손길이 나를 도와주고 있다는 그런 느낌을 받아본 적이 있는지요? 저는 가끔 그런 느낌을 받습니다만.
>
> **캠벨** : 항상 받습니다. 정말 기적 같은 일입니다. 그런 순간이면 어김없이 저를 찾아오는 보이지 않는 손길 때문에 굳게 믿는 미신까지 생겼답니다. 어떤 미신인가 하면 이렇습니다. 천복을 좇으면 항상 거기서 나를 기다리고 있던 길로 들어서게 됩니다. 그리고 내가 살아야 하는 삶이 지금 내가 살고 있

는 삶이 됩니다. 그것을 깨닫는다면 같은 천복 안에 있는 사람을 만나게 되는데 그들은 문을 열고 나를 맞아주지요. 분명히 말하거니와 천복을 좇고 두려워하지 말아야 합니다. 그러면 생각지도 못한 곳에서 문이 열립니다.

Synchronicity

헌신하기 전까지는 망설임이 있고
물러날 기회도 있다.
하지만 항상 성과는 없다.

진취적이고 창조적인 모든 행동과 관련하여
한 가지 기본적인 진실이 있다.
그것을 무시하면 무수히 많은 아이디어와
멋진 계획이 사장된다는 것이다.

사람이 분명하게 스스로를 헌신하는 순간
그때 신의 섭리도 함께 움직이기 시작한다.

온갖 종류의 일이 일어나서 그를 돕는다.
그렇지 않았으면 결코 일어나지 않았을 일들이.
전체의 흐름이 헌신이라는 그 결정에서 나온다.
그에게 도움이 되는 온갖 방식의 사건과 만남,
그리고 물질적인 도움이 거기서부터 나온다.
그런 일이 일어나리라고
누구도 꿈조차 꾸지 못한 일들이.

윌리엄 머레이W. N. Murray,
〈스코틀랜드 히말라야 원정대The Scottish Himalayan Expedition〉

Part 4

선물

19

귀환, 그리고 새로운 모험

박물관 밖에서 일어난 사건은 내 삶의 분기점이 되었다. 그 일은 내가 과거 8년에 걸쳐 작용하던 신비한 원리를 상기하고 직접적인 관심을 기울이게 된 계기였다. 이때까지 나의 생활은 사람들과의 연결의 연속이었다. 이런 공시성의 연결을 만드는 것이 자연스러운 생활 방식이 되었다. 사실 나는 다른 방법으로 움직이는 법 자체를 몰랐다. 나는 펼쳐지는 질서와 더불어 움직이는 법과 자연스럽게 원리를 실천하는 법을 터득하기 시작했다.

시간이 흐르면서 나는 나에게 속삭이는 내면의 소리를 더욱 민감하게 들을 수 있었다. 원리를 작동하려면 많은 반성의 시간이 필요하다는 것도 알았다. 나는 아침 일찍 조깅을 한 다음 가능하면 낮에도 짬을 내서 반성하고 경청하는 시간을 가졌다. 그런 시간을 통해서 나는 이런 원리가 내 삶에서 규칙적으로 작동한다는 것이 얼마나 매혹적인 일인가를 알았다. 어떤 의미에서 나에게 그것은 경이로운 '삶의 상태'였다. 먼저 나는 최선을 다해서 내가 할 바를 해야 했다. 그러고는 휴식을 취하는 전사처럼 날카롭게 깨어 있는 상태에서 기대를 가지고 적절한 시기가 오기를 그저 기다려야 했다. 나를 찾아올 '1세제곱센티미터의 기회'를. 그리고 마침내 기다리던 기회가 모습을 드러내면 의식적인 생각 따위는 버리고 동물적으로 움직여야 했다.

많은 경우 나는 이런 상태에서 내가 취하는 행동을 당시는 물론 이후에도 완전히 이해하지 못했다. 적기에 적소에서 취하는 가볍고도 날랜 움직임이 그야말로 큰 성과를 가져오곤 했다. 적절한 타이밍 포착이 무엇보다 중요했다. 그런 순간이 오면 아주 경미한 몸짓만으로 온갖 행동과 결과를 일어나게 할 수 있었다. 이것이 바로 수단을 절약하는 '간결함'의 원리이며, 이 원리는 우리가 능숙하게 운용하는 법을 배울수록 점점 두드러진다.

미술관 사건이 있고 불과 몇 주 뒤 나는 겉보기에 중요하지 않아 보이는 우연한 만남을 가졌는데 이런 원리의 좋은 예라는 생각이 든다. 30초 동안의 대화가 내 삶의 다음 단계 전체에 영향을 미치는 일련의 사건의 시발점이 되었다.

어느 날 저녁 나는 휴스턴 문화회관에서 열린 모임에 참석했다. 휴스턴 지역에서 활동하는 20여 명의 사업가와 전문직 종사자가 두 달에 한 번씩 만나 저녁 식사를 하면서 아이디어를 교환하고 함께 공부하는 모임이었다. 보통 한번 만나면 두어 시간 함께 있었다. 프로그램을 맡은 회원이 흥미로운 인사를 초대해서 회원들과 대화를 나누게 하는 경우도 많았다. 1988년 2월에 열린 이날 행사에서는 회원 한 명이 노먼 던컨Norman Duncan을 초대해 로열 더치 셸 그룹에서 활용하는 시나리오 기획 과정을 설명하도록 했다. 그날 행사 이전에도 나는 한두 번 노먼 던컨을 만났었고, 그가 셸 그룹 최대의 자회사 중에 하나인 셸 정유회사에서 아주 높은 지위에 있는 임원이라는 사실을 알고 있었다. 그는 사장에게 직접 보고하는 위치에 있었다. 노먼은 그날 저녁 셸 그룹은 일반적인 예측에 의존하지 않고(예측이란 필연적으로 틀리게 마련이다) '의사결정 시나리오'라는 것을 활용하여 자체적으로 미래 전략을 세운다고 말했다. 시나리오 기획은 계획 수립이 아니라 경영진이 이를 통해서 기업 환경과 세계에 대한 그들의 멘탈 모델mental model(심성 모형)을 개혁하는 방법이다. 셸 그룹에서 시나리오 기획은 학습 조직을 유발하는 동인이기도 하다. 그는 특정 관리자가 갖고 있는 멘탈 모델이 절대로 현실을 정확하게 반영하지 못한다고 말했다. 멘탈 모델은 현실 자체가 아니라 머릿속에서 만들어진 것이기 때문이다. 의사결정 시나리오는 의사결정자의 머릿속에서 만들어진 이런 인식 타파를 목표로 한다. 전문 작업을 통해 탄생한 시나리오는 세상을 보는 다른 방식을 관리자에게 제공함으로써 아주 귀중한 것을 선물한다. 바로 현실을 '재인식하는' 능력이다. 이런 능력이 있으면 개인의 정신의 한계를 넘어 현실을 통찰하고 올바른 미래 전략을 세울 수 있다.

노먼에 따르면 런던에 있는 시나리오 기획팀에는 경제학, 사회정치학, 에너지, 환경, 기술 관련 전문가가 포함되어 있다. 이들은 셸 그룹 내의 최고위 관리자 50여 명과 정치, 과학, 교육, 기업, 경제, 기술, 종교, 예술을 비롯한 여러 분야에서 세계 최고로 인정받는 저명한 사상가와 끊임없이 대화를 진행한다. 그리고 3년마다 이런 정보를 종합하여 2개 혹은 그 이상의 시나리오로 만들어낸다. 시나리오의 내용은 앞으로 몇 년 혹은 몇 십 년에 걸쳐 기업 환경이 어떻게 전개될지 예측하는 것이다. 셸 그룹은 시나리오와 시나리오가 제시하는 결론을 향후 전략적인 경영 방침의 토대로 삼는다.

참석자들은 모두 노먼의 발표 내용에 매료되었다. 몇몇 기업 경영자는 이런 전략적인 경영 방침이 셸의 경영을 세계 최고의 반열에 올려놓은 주된 동력이라고 평했다. 그날 저녁 대화는 어느 때보다 활기차게 진행되었고 예정된 시간을 훌쩍 넘길 때까지 계속되었다. 대화가 끝나갈 무렵 노먼은 런던의 시나리오 팀에 합류해달라는 제안을 받았다는 말을 했다. 그래서 2주 뒤에는 런던으로 떠날 예정이며, 현재 진행중인 작업을 진척시켜 구체적인 시나리오로 만드는 과정을 돕게 될 것이라고 했다.

참석자들이 모두 소지품을 챙겨 떠나는데도 나는 잠시 그대로 앉아서 방금 들은 이야기를 머릿속으로 정리해보았다. 그러고는 노먼에게 다가가서 오늘 발표 내용이 무척 흥미진진했으며 전략기획팀의 일원으로 선발되었다니 정말 존경스럽다는 이야기를 했다. 언젠가 기회가 되면 나도 꼭 그런 일을 해보고 싶다는 말도 덧붙였다. 미리 생각하고 그랬다기보다는 순전히 즉흥적으로 한 행동이었다. 노먼은 미소를 지으며 고맙다는 인사를 건넸다. 이어서 우리는 악수를 하고 내가 그에게 행운을 빈다는 말을 한 다음 헤어졌다.

그로부터 열 달 뒤인 1988년 12월 어느 날 아침 나는 로열 더치 셸 그룹의 뉴욕 지부 대표 레나타 카를린Renata Karlin의 전화를 받았다. 그녀는 구체적인 방문 목적은 밝히지 않고 만날 약속을 정했으면 한다고만 했다. 셸 정유회사 미국 지사는 지난 몇 년 동안 우리 프로그램을 지원해주고 있었다. 따라서 나는 그녀의 방문이 그와 관련된 일이려니 생각했다.

우리는 일주일 뒤에 내 사무실에서 만났다. 카를린은 런던에 있는 시나리오 기획팀장으로 4년 동안 일할 의향이 있느냐고 단도직입적으로 물었다. 나는 먼저 그녀의 제안에 많이 놀랐다고 솔직한 심정을 밝혔다. 이어서 우리는 상세한 이야기를 나눴고 내가 일주일 뒤에 확답을 주겠다고 했다.

그날 저녁 메이비스와 나는 아이들을 재운 다음 진지한 대화를 시작했다. 솔직히 나는 셸의 제안에 흥분한 상태였다. 자체로만 보면 이는 더할 나위 없이 좋은 배움의 기회이자 선물이었다. 하지만 당시 우리가 처한 상황은 아주 복잡했다. 런던으로 이사할지 말지를 논의한다는 자체가 말이 안 되는 상황이라고 볼 수도 있었다. 메이비스는 베일러 의대에서 레지던트 과정을 밟고 있었는데 실력도 아주 좋았고 무엇보다 레지던트 일을 무척 좋아했다. 그런 메이비스가 레지던트 과정을 중단한다는 것은 생각해보지 않은 일이었다. 당시 우리 계획에는 없는 일이었다.

더구나 우리는 텍사스 의료센터 근처의 휴스턴에 막 새집을 마련한 참이었다. 메이비스가 레지던트 과정을 마치는 3년 뒤에 병원을 낼 예정이라 규모도 컸다. 집을 계획하고 설계하고 건축하는 데 2년이 넘는 시간을 보냈다. 거기서 생활한 지는 채 9개월이 되지 않았고 우리 둘 다 다시는 이사하지 않겠다고 맹세했었다.

사정이 이렇다 보니 메이비스에게 카를린의 제안을 이야기하는 내 심정은 무척 혼란스러웠다. 일단 나는 정말 관심을 갖고 있는 일을 해볼 더없이 좋은 기회를 제안받은 상태였다. 하지만 당시 내게 가장 중요한 일은 메이비스가 외과의사의 꿈을 이루도록 돕는 것이었다. 그것이 최우선이었고 다른 것은 모두 부차적이라 할 수 있었다.

이야기 도중에 메이비스가 '다 안다'는 표정으로 미소를 지었다. 순간 당황한 나는 말을 끝맺지 못하고 그대로 멈춰 버렸다. 그러자 메이비스가 너털웃음을 터트리며 말했다. "내가 그랬잖아요! 기억나요? 세인트폴 대성당 앞에서?" 나는 재빨리 심호흡을 했다. 그건 사실이었다. 5년 전에 메이비스와 나는 런던으로 여행을 갔었다. 그때 나는 과거 내가 자주 다니던 곳으로 메이비스를 데리고 다니면서 많은 이야기를 들려주었다. 그로스버너 광장에 있었던 법률사무소, 내가 살던 아파트(거기서 나는 어느 일요일 아침 처음으로 데이비드 봄에 관한 기사를 읽었다), 좋아하던 레스토랑과 공원, 이런저런 생각에 빠져 자주 거닐던 첼시의 작은 골목 등.

그리고 어느 날 저녁 메이비스와 나는 택시를 타고 세인트폴 대성당으로 갔다. 대성당 계단을 오르기 시작했을 때 메이비스가 걸음을 멈추더니 내 팔을 잡고 말했다. "조셉. 확실한 사실을 알려줄게요. 앞으로 몇 년 안에 우리 가족은 런던으로 이사를 오게 될 거예요. 당신은 커다란 다국적 회사에서 아주 중요한 일을 하게 될 거예요." 당시 나는 리더십 포럼 하트퍼드 지부 설립으로 한창 바빴고 메이비스의 말이 상황과 맞지 않는다는 생각이 들어 심각하게 받아들이지 않았다. 지금은 메이비스의 예감을 진지하게 받아들이지만 당시만 해도 그런 능력이 낯설었고 그럴 마음의 준비가 되어 있지 않았다.

세인트폴 대성당 앞에서 했던 말을 상기시킨 다음부터는 메이비스가 대화를 이끌었다. 메이비스는 런던에 가는 것이 우리의 운명이라고 했다. 거기에는 의문의 여지가 없다는 말도 덧붙였다. 메이비스는 지금 ALF는 초창기 시작 단계를 넘어 본격적인 운영 단계에 접어들었다고 지적했다. 처음부터 나는 때가 되면 운영에 일가견이 있는 사람을 영입해서 ALF를 맡기겠다고 생각하고 있었다. "게다가 당신은 항상 당신의 최종 목표는 ALF의 원칙을 세계에 적용하는 것이라고 말했잖아요. 지금 이 일은 구체적인 방법을 배울 좋은 기회예요. 어떻게 보면 이 모두가 더 큰 계획의 일부라고 볼 수 있죠." 그 순간부터 우리의 대화는 방향이 달라져 있었다. 내가 이야기를 꺼낼 때만 해도 우리에게 주어진 기회, 말하자면 셸의 제안을 받아들일 것인가 말 것인가가 대화의 주제였다. 하지만 이제는 내가 일을 맡으면 지금의 생활이며 일을 어떻게 정리할 것인가를 중심으로 대화가 흘러갔다. 내가 애초 생각했던 것과는 정반대로 흐르고 있었다. 하지만 메이비스의 생각은 간단했다. "이건 운명이에요. 확실히 해야 하는 일이고요."

당시 우리의 상황은 분명히 그리 단순하지 않았다. 앞에서 말한 대로 어찌 보면 이런 문제를 논할 계제가 아니었다. 설령 긍정적으로 검토한다고 해도 상당히 복잡한 토의를 거치는 것이 마땅했다. 어느 쪽이 이익인지를 따져보고, 개인적인 상황을 놓고 협상하고, 새로 지은 집을 떠나야 하는 상황을 한탄하면서 힘겹게 결정을 내려야 마땅한 상황이었다. 하지만 그날 밤 우리는 떠난다는 결정을 짧은 시간에 아주 쉽게 내렸다. 그것이 정해진 운명이었다는 사실 앞에서 다른 모든 문제는 부차적인 것이 되었다.

메이비스와 나는 내면의 목소리에 귀를 기울이는 삶의 이야기를 나누었다. 명시적으로 드러나지 않은 것을 이해하게 도와주는 목소리와 지난 세월 우리가 직감을 따르면서 배운 교훈을 떠올렸다. 메이비스는 항상 그런 존재 방식에 단단히 뿌리를 박고 생활해왔다. 내면의 소리, 내면의 고감도 지각 능력과 예지 능력에 사고는 물론 생활까지 맞추는 그런 식으로 살아왔다. 이런 존재 방식은 봄이 말한 기포 상자 안에서 생활하는 것과 같다. 시공간이 때로 거꾸로 움직이며 그렇기 때문에 시간적인 순서라는 개념이 명확하지 않은 그런 생활 말이다.

메이비스와 생활하는 동안 나는 그녀의 예지 능력을 일상적으로 목격했다. 처음에는 낯설었지만 어느 순간 나도 생활의 일부로 받아들이기 시작했고 편안하게 느끼게 되었다. 런던으로 이사해서 2년쯤 되었을 무렵 모임에 가다가 호텔 복도에서 메이비스와 마주쳤다. 메이비스가 내 팔을 잡아당기는 바람에 걸음을 멈췄다. 그녀가 나를 보고 아무렇지 않게 말했다. "셸에서 당신 임무가 끝나고 나면 우리는 보스턴에서 살게 될 거예요." 물론 보스턴에서 산다는 생각은 전혀 해본 적도 없었다. 우리 계획은 휴스턴으로 돌아가서 떠나온 자리에서 다시 시작하는 것이었다. 하지만 셸 근무를 마치고 거의 3년이 되어 가는 지금 이 순간 나는 보스턴 북쪽 해변에 있는 집에 앉아 이 글을 쓰고 있다.

▲

마지막 몇 달 동안 지부들을 둘러보면서 나는 우리의 포럼이 훌륭하게 굴러가고 있고 축하할 일이 많다는 생각을 했다. 리더십 포럼 과정을 이수하고 졸업한 다음 활발히 활동하고 있는 고참 회원과의 만남에서 우리 작업의 중요한 성과를 목격했다. 바로 결속력이었다. 이들은 성장 배경과 현재 몸담고 있는 분야 등을 고려할 때 이질성이 높은 집단인데도 보기 드물게 높은 결속력을 보여주었다. 그들과의 대화에서 나는 하나 된 그들의 정신을 느낄 수가 있었다. 때로는 잭 캠프, 워렌 베니스, 존 가드너 같은 전국적으로 널리 알려진 인물이 회원들과의 대화에 함께하기도 했다. 대화가 끝난 뒤에 그들은 하나같이 회원들의 높은 결속력과 애정이 인상적이었다고 지적했다. 이런 결속과 애정은 지금도 ALF의 중요한 특성이며, ALF는 내가 떠난 뒤에도 오래도록 번성하고 있다.

ALF를 떠나기 전 마지막 몇 달은 깊은 성찰의 시간이기도 했다. 이 기간에 나는 1980년 포럼을 시작한 이래 내 삶에서 일어난 갖가지 사건을 되짚어보았다. 그동안의 일은 자체로 생성적 질서의 상징이었다. 생성적 과정은 부단히 펼쳐지고 있고 우리는 거기에 참여하기 위해 여기에 있다. 실제로 우리는 그런 창조적 과정에 참여하고 있을 때 가장 깊은 만족감을 느낀다. 부모가 되는 것이든, 조직을 만드는 것이든, 프로젝트를 진행하는 것이든.

과거를 돌아보는 과정에서 우리 아이들의 탄생도 빼놓을 수 없는 사건임을 알았다. 1982년 아들 레온이, 4년 뒤에 딸 섀넌이 태어났는데 당시 내가 느낀 기쁨과 경이는 이루 형언할 수 없는 것이었다. 나는 아버지로서 두 아이의 탄생 과정에 온전히 참여했다. 예전에 조이가 태어났을 때의 안타까운 상황과는 많이 달랐다.

레온이 태어나자 의사가 곧장 메이비스의 품에 안겨주었다. 당시 메이비스는 마취제의 도움을 전혀 받지 않고 온전한 자연분만을 해서 완전히 깨어 있는 상태였다. 아이가 1분 정도 메이비스의 젖을 빨았고 이어 나한테로 왔다. 갓난아기의 머리끝부터 발끝까지 자궁에서 보낸 세월의 흔적이 묻어 있었다. 아기는 밝은 불빛 때문에 눈을 감은 채로 울음을 터뜨렸다. 나는 부드럽게 아기를 안고 욕조 안의 따뜻한 물에 넣었다. 그러면서 아기가 자궁 안에 있을 때 매일 밤 하던 것처럼 부드러운 목소리로 말했다. "레온. 아빠야. 우린 예전부터 친구였잖니. 걱정하지 마렴. 우리 꼬마. 아무 일도 없을 거야. 괜찮아." 내가 이야기하는 사이 아기가 갑자기 울음을 그치더니 처음으로 눈을 뜨고 나를 똑바로 쳐다보았다. 그 순간 우리의 영혼이 연결되었다. 아기는 분명 자궁에서 들은 내 목소리를 기억하고 있었다. 아기를 따뜻한 욕조 속에 눕히고 씻겨주면서 안심시키는 동안 내 볼에서는 하염없이 감격의 눈물이 흘러내렸다. 아기는 내내 나를 똑바로 보고 있었다. 내가 부드러운 목소리로 이야기하는 동안 아무 소리도 내지 않고 내 손에서 편안히 쉬고 있었다. 아기가 '바깥세상'으로 나온 다음 처음으로 우리의 영혼이 연결되었던 그 순간은 영원히 잊지 못할 것이다.

아들과의 이런 결합은 ALF와 함께한 세월이 내게 준 소중한 선물이었다. ALF 자체가 나의 성장을 상징하고 있었기 때문이다. 세월이 흐르면서 나는 자신에 대해서, 나의 진정한 우선순위에 대해서 점점 많은 것을 배웠다. 메이비스와의 결혼, 탄생 순간 레온과 이후 새넌과의 결합 경험은 이런 펼쳐지는 과정에서 나에게 찾아온 이루 형언하기 어려울 만큼 중요한 세 가지 선물이다.

그리고 그만큼 중요한 선물이 하나 더 있다. 이번 선물은 야외 체험

프로그램의 일환인 일기 쓰기를 통해서 얻었다.

일기를 쓰면서 나는 내가 대령에게 화가 나 있다는 사실을 깨달았다. 그래서 어느 날 목장 거실에 있는 아버지에게 가서 말했다. "아버지가 저에게 사랑한다는 말을 해준 적이 없는 것 같아요. 물론 저를 사랑한다고 믿어요. 하지만 왜 지금까지 말을 안 해주시는 거예요?"

아버지는 그저 잠자코 있었다. 사실 무슨 말을 해야 할지 몰랐다는 표현이 더 맞을 것이다. 잠시 뒤에 아버지가 눈을 내리깔고 말했다. "음, 알잖니, 내가 너를 사랑하는 거."

그러자 내가 말했다. "그런데 왜 직접 말을 못하세요?"

"항상 너를 사랑했다. 너도 그걸 알잖니. 내가 너를 사랑하는걸."

"모르겠어요. 아버지가 저한테 한 번도 그렇게 말해주지 않았다는 사실이 속상해요."

그날 헤어질 무렵 나는 아버지를 꼭 안아드렸다. 아버지는 나뭇조각처럼 뻣뻣이 있었고 더 이상 아무런 반응이 없었다. 아버지는 그렇게 완고한 분이셨다. 나는 다시 한번 아버지를 안아드리고 등을 두드려준 다음 작별 인사를 했다.

나는 대령이 사랑을 표현하지 않았던 것은 할아버지가 그에게 사랑한다는 말을 안 해서일 것이라고 생각한다. 말하자면 아버지는 구식이었다. 남자가 남자에게 '사랑한다'고 말하는 것은 뭔가 할 만한 행동이 아니었다. 특별한 이유는 없었다. 그저 자연스럽지 않은 행동이라고 생각했다. 남자는 항상 자신을 억누르고 통제해야 했다. 남자는 결코 눈물을 흘리거나 소리 내어 울지 않았다. 남자는 모두를 돌보고 뒷바라지하는 그런 존재여야 했다. 특히 가정에서는 더욱 그랬다. 그리고 집에서 남자는 권위 있는 사람이었다. 아버지가 살았던 구식 패러다임에서 남자는 다른 가족과 조금 거리를 두고 지냈다. 남자는 강인한 모습을 통해서 남자다움을 보여야 했다. 강인한 정신, 불굴의 의지. 또한 남자는 결코 자신의 무지를 인정해서는 안 되었다. 자연스러운 감정 표현은 그런 남자한테는 어울리지 않는 것이었다.

나는 만날 때마다 아버지를 안아드렸고 아버지도 서서히 변해갔다. 다음 해쯤에는 작별 인사를 할 때 아버지도 나를 안아주었다. 더욱 시간이 흐르자 만나고 헤어지면서 인사를 할 때마다 아버지가 나를 힘껏 안아주었고 '사랑한다'는 말도 아주 편안하게 하게 되었다. 우리 부자 관계가 과거에 비해 감정을 표현하는 방향으로 변했다.

이즈음 대령과 나는 일종의 전통을 하나 세웠다. 매주 금요일 휴스턴에 있는 코로나도 클럽에서 만나 점심을 먹는 것이었다. 매주 금요일 점심을 아버지와 함께한 것은 나에게 아주 중요한 의미가 있었고, 지금은 아들 조이와 이런 전통을 이어가고 있다. 내가 휴스턴에 있을 때는 금요일 점심을 조이와 함께하는 식이다. 조이도 법정변호사로 활동하고 있고 그 사이 상당한 명성을 쌓았다. 조이와 나는 오랜 시간에 걸친 힘든 노력을 통해서 애정이 넘치고 건강한 부자 관계를 만드는 법을 배웠다. 그리고 지금 나는 우리 부자 관계를 가장 소중한 보물로 여긴다.

^

어느 금요일 점심시간에 대령이 나를 보며 말했다. "얘야, 나는 부츠를 신은 채로 죽고 싶단다. 목장에서 삼나무를 베다가 죽으면 여한이 없겠구나." 마침 나가려고 일어선 참이었다. 그날 헤어지면서 우리는 한 번 더 이별의 포옹을 했다. 이즈음 우리에게 포옹은 아주 자연스러웠고 예전처럼 큰일이 아니었다. 그로부터 불과 이틀 뒤에 아버지는 소원대로 목장에서 산비탈을 개간하던 도중 심장마비로 돌아가셨다.

나는 늘 생각한다. 만약 우리가 그런 전통도 만들지 않고 서로에게 사랑을 표현하는 법도 제대로 익히지 못했더라면 아버지의 죽음이 나에게 어떻게 다가왔을까를. 내가 만약 그날 코로나도 클럽에서 아버지와 가벼운 악수만 한 채 헤어지고 다시는 아버지를 보지 못하게 되었더라면 어떤 기분이었을까?

20

장(場)을 마련하다

1990년 4월 중순 나는 런던에 도착했다. 세계적으로 놀라운 변화가 진행되던 격변의 시기였다. 불과 몇 달 전에 베를린 장벽이 갑자기 무너졌다. 구소련도 해체되었고, 그와 함께 제2차 세계대전 이후 국제 정세의 기본 가정과 체제가 무너졌다. 엄청난 흥분과 기대가 함께하던 시기였다. 나는 이런 특수한 때 거기에 있는 것이 정말 잘된 일이라고 느꼈다.

나는 넉 달에 걸쳐서 집중적으로 사람들을 만났다. 처음 나에게 연락을 했던 레나타 카를린을 따라 런던과 헤이그를 오가며 로열 더치 셸 그룹의 여러 고위 임원을 만났다. 이런 과정에서 그녀의 상사인 전략기획부 책임자 아리 드 호이스Arie de Geus와 많은 시간을 보냈다. 마지막에는 그룹의 회장, 부회장과 거의 하루를 보내며 대화를 나눴다.

셸에서 처음 연락을 받고 런던으로 오기까지 몇 달 동안 나는 상당한 분량의 숙제를 해치웠다. 나는 셸 그룹과 시나리오 기획 과정에 입수 가능한 모든 자료를 읽었다. 시나리오라는 수단을 통해서 향후 전략을 짠다는 개념이 무척 마음에 들었다. 기업과 정부가 효과적으로 장기적인 미래를 '계획'한다는 것이 가능하지 않을 것이라 생각했기 때문에 더더욱 그런 방식이 마음에 들었다. 사실 기업이든 정부든 미래를 계획하는 것이 아니라 펼쳐지는 미래를 창조하고 발견하는 법을 배워야 했다. 사전 조사 과정에서 나는 셸의 시나리오 기획 과정이 오래전에 데이비드 봄이 내게 이야기한 양자물리학 세계관의 핵심과 정확하게 맞아떨어진다는 것을 알 수 있었다. 말하자면 셸의 시나리오 기획 절차는 내가 스스로의 삶에서 적용하고 있는 방식과 완전히 일치했다.

모든 물질과 우주는 끊임없이 움직이고 있다. 눈에 보이지는 않지만 완전한 전체성, '접힌 질서'가 있으며 그로부터 겉보기에는 별개로 보이는 사건이 일어난다. 우리는 열린 마음으로 배우고, 그런 배움을 통해서 새로운 현실을 인지하고 실현하는 능력을 키워야 한다. 이는 우리네 삶의 의무다.

나는 이미 나에게 익숙한 이런 과정을 더욱 많은 것을 배울 소중한 기회를 제공받은 것이라고 생각했다. 그것도 엄청나게 커진 규모로 말이다. 세계 100여 개국에 12만여 명의 노동자를 가진 거대한 조직이니 규모 면에서 예전에 내가 경험한 것과는 차원이 달랐다. 게다가 내면의 소리는 회사라는 울타리를 넘어선 세계 규모에서 이런 원칙이 어떻게 적용되는가를 배울 중요한 기회라고 속삭이고 있었다. 말하자면 이것은 나를 위해 펼쳐진 '접힌 질서'의 일부 같았다. 작용하는 거대한 힘을 단순히 받아들이고 반응하는 것이 아니라 세계적인 사건에 긍정적으로 영향력을 행사하고 뭔가를 창조해가는 방법을 배울 기회라는 점에서 말이다.

모르는 사람 입장에서 보면 이렇게 넓은 관점에서 생각하고 우주의 질서 같은 데까지 신경을 쓴다는 사실이 너무 거창하다 싶을 수 있었다. 심지어 바보 같다고 생각할 수도 있는 일이었다. 따라서 나는 이런 느낌을 쉽게 드러내지 않도록 각별히 조심하고, 생각을 표현하는 경우에도 과연 누구에게 이야기할 것인가에 많이 신경을 썼다. 하지만 내가 이해하는 우주의 원리에 따르면 이런 종류의 배움은 가능할 뿐만 아니라 우리가 격동의 시대를 성공적으로 헤치고 나가려면 반드시 필요한 것이기도 했다. 나는 마음속 깊이 확신했다.

내가 보기에는 대기업 중에서도 로열 더치 셸이 유일하게 미래를 제대로 바라보는 이런 역량을 갖추고 있었다. 따라서 셸의 시나리오 접근법의 실제 효과와 향후 발전 가능성을 정확히 이해하고 싶었다. 1972년 초에 나온 셸의 시나리오는 석유수출국기구(OPEC)의 결성과 1973년에서 1974년으로 바뀌는 겨울에 세계를 강타한 석유 가격 폭등(제1차 석유 파동), 마찬가지로 중요한 의미를 가지는 1986년 1월에 시작된 석유 가격 폭락을 예견했다.(대부분이 이런 오일 쇼크를 느닷없는 현상으로 받아들였지만 셸의 시나리오 기획팀은 결코 그렇게 생각하지 않았다.) 1984년 셸은 '러시아의 부활'이라는 시나리오에서 소비에트연방의 해체 가능성과 그에 따른 동유럽의 혼란을 언급했다. 나에게 흥미로웠던 것은 시나리오의 정확성만이 아니었다. 나는 시나리오 절차 자체가 사람들이 복잡한 현실을 이해하고 미래를 적극적으로 만들어 나가도록 도울 수 있으리라고 보았다. 셸이라는 기업 내부에서뿐 아니라 울타리를 넘어서도 말이다.

나는 셸의 시나리오 공정이 최근 남아프리카공화국에 주목할 만한 영향을 미쳤다는 사실도 알고 있었다. 1980년대 남아프리카공화국에서 셸의 시나리오 프로세스를 본뜬 시나리오 팀이 꾸려졌다. 여기에는 셸에서 시나리오 기획부서 책임자로 일했던 피에르 왁Pierre Wack도 포함되어 있었는데 광산회사인 앵글로 아메리칸에서 자금을 지원했다. 시나리오 팀은 작업을 통해 남아프리카공화국의 미래와 관련된 긍정적인 시나리오와 부정적인 시나리오를 만들어냈다. 1985년 무렵부터 정부 관료, 경영인, 흑인 지역사회 단체, 망명한 흑인 지도자 집단을 대상으로 시나리오 팀에서 내놓은 결과물을 공개하는 각종 발표회가 진행되었다. 이런 발표회를 통해서 수많은 사람이 어떤 미래를 선택할 것인가를 진지하게 고민했다. 아파르트헤이트(인종 분리 정책)를 폐지하고 정치경제적으로 개방된 체제를 택해 결국에는 지구촌 공동체에 재편입될 것인가, 아니면 인종 분리 정책을 고수하면서 나라 전체가 깊어지는 고립과 경제 침체, 내부 갈등으로 신음할 것인가? 1990년 2월 백인 소수 정부 대통령 프레드릭 데 클레르크가 넬슨 만델라의 석방을 선언한 역사적인 연설에서 공개적으로 드러났고, 지금까지도 계속 이어지는 남아프리카공화국의 놀라운 변화와 발전은 바로 이런 고민에 뿌리를 두고 있다. 특히 자신들이 현재 가고 있는 길이 지속 가능성을 담보하지 못하며, 그들에게는 다른 미래를 선택할 기회가 있다는 남아프리카공화국 국민의 깨달음이었다.

나는 나의 세계관을 영원히 바꿔놓은 벨의 정리와 봄과의 만남을 계속 생각했다. 이들을 통해서 나는 우주가 눈에 보이지는 않지만 씨실과 날실로 촘촘하게 짜인 천처럼 연결되어 있다는 사실을 깨달았다. 또한 적기에 적소에서 일어나는 작은 변화가 시스템 전체에 영향을 미칠 수 있다는 사실도 알았다. 전체 시스템을 하나로 통합하고 있는 깨지지 않는 전체성을 공유하고 있기 때문이다. 전체의 일부분에서 일어난 겉보기에 중요하지 않은 행동이 광범하게 영향을 미친다. 말하자면 국소적인local 행동이 비국소적인nonlocal 결과를 낳는다. 보이지 않는 연결은 양자역학에서 말하는 비연속적인 도약처럼 곳곳에서 생각지도 못한 결과를 만들어낸다. 내 경험에 비추어보면 '점증적인 변화Incremental change'라는 전통적인 모델보다는 비연속적인 도약이라는 양자역학의 모델이 훨씬 잘 맞아떨어졌다.

나는 과학자들이 그들이 관찰한 온갖 연결을 설명하기 위해 '장(場, field)'을 이야기하기 시작했다는 사실도 알았다. 봄은 런던에서 인류 모두의 '보편적인 장'을 언급했었다. "우리 모두는 연결되어 있으며, 사고하고 지각하는 삶이라는 장(場) 안에서 움직이고 있습니다."

이번 임무 때문에 런던으로 이사하기 불과 서너 달 전에 저명한 영국 생물학자 루퍼트 셸드레이크Rupert Sheldrake에게서 '장이론field theory(場理論)'을 배울 기회가 있었다. 당시 그와 나는 뉴멕시코 산타페에 사는 친구 집을 방문 중이었다. 우연한 기회에 그를 소개받은 나는 주말을 온통 그와 대화를 나누며 보냈다. 당시의 대화를 통해서 나는 우주의 상호 연결에 대한 이해를 한층 심화시킬 수 있었고, 셸에서 내가 하는 일이 더욱 넓은 범위에서 어떻게 작용하고 기여할 것인지 통찰을 얻었다.

셸드레이크는 '장'이란 특정 영향력이 미치는 비물질적인 범위로, 공간 혹은 행동에 작용하는 보이지 않는 힘이라고 말했다. 예를 들면 지구의 중력장(重力場)은 우리 주위 어디든 존재하지만 우리는 그것을 보지 못한다. 그것은 형태가 있는 물질, 즉 유형물(有形物)이 아니지만 그럼에도 실재(實在)한다. 그것 때문에 모든 사물이 무게를 갖게 되고 완전해진다. 또한 우리 뇌와 신체 기능의 기초가 되는 자기장(磁氣場)이 있다. 자기장 안에서 진동 형식을 띠는 무수히 많은 활동이 일어나지만 인간의 지각으로는 감지가 불가능하다. 하지만 이런 자기장은 라디오나 텔레비전 수신기에 맞춰 조율할 수가 있다. "장(場)은 자체 속성을 보면 신비로운 현상일 수밖에 없습니다. 하지만 흥미로운 것은 우리가 이런 장을 모두 당연하게 생각한다는 것이지요." 셸드레이크는 또한 물리학자가 인정하는 전자장, 중성자장 등 여러 가지 양자 물질장quantum matter field이 있다고 지적했다. '보이지도 않고, 만질 수도 없고, 들을 수도 없고, 맛도 없고, 냄새도 없지만' 양자이론에서 '장'은 우주를 구성하는 실체다. 장은 분명 공간의 상태를 말하지만 여기서 말하는 공간은 통상의 공간이 아니다. 여기서 말하는 공간은 서로 연결된 에너지와 보이지 않는 구조물로 가득 차 있다.

대화를 나누는 동안 나는 산타페에서, 구체적으로 말하면 내가 종종 주말을 보냈던 찰스와 베스 밀러 부부의 집에서 늘 경험한 에너지장energy field을 생각하지 않을 수 없었다. 나는 그해뿐만 아니라 여러 해 동안 주말에 종종 밀러 부부의 집을 방문했다.(그곳은 여류 화가 조지아 오키프가 살았던 집이기도 하다.) 거기에 모이는 비범한 사람들과의 깊이 있는 대화를 통해 글을 쓰고 사색하고 공부하는 데서 영감을 얻기 위해서였다. 그곳에 있을 때면 언제나 말 그대로 '장'이 만들어지는 느낌을 받았다. 샤르트르 대성당에서, 배낭여행을 하는 동안에, 리더십 포럼 야외 체험 도중 모닥불 주위에 둘러앉아 대화를 나눌 때, 몬차의 그랑프리 경기장에서 체험한 것과 같은 것이었다.

셀드레이크와의 대화를 통해서 나는 대화에 대해서, 대규모 조직의 변화 가능성에 대해서 더욱 깊이 이해했다. 결과적으로 나는 조직의 자율적인 자기 통제 과정에서 대화와 학습 조직의 중요성을 명확하게 깨닫기 시작했다.

셸에서 임무를 시작하는 초기 단계부터 이런 모든 것이 내 생각의 중심에 있었다. 메이비스가 레지던트 1년차를 마무리하는 넉 달 동안 나는 런던에서 혼자 살았다. 덕분에 초기에 온전히 일에만 몰두할 시간을 벌 수 있었다. 나는 혼자 있는 모든 시간을 독서하고 사색하는 데에 썼다. 내가 맡은 임무와 관련된 현안 목표와 더욱 포괄적인 목표 둘을 모두 고려하며 많은 자료를 읽고 생각했다. 나는 오래전부터 이듬해 어떤 선택을 하고 어떤 목표를 달성할지를 미리 준비하고 머릿속에 그려보며 수정하고 다듬는 훈련을 해왔다. 내년의 목표와 선택 사항을 정규적으로 기록하고 머릿속에서 구체적으로 그려보았다. 1990년 1월 내가 최우선으로 준비하고 있는 것은 로열 더치 셸에서 글로벌 시나리오를 만들어내는 일이었다. 셸이라는 기업 내부에서뿐만 아니라 세계 전체에서 긍정적으로 공동 사고를 형성하고 여기에 영향을 미치는 공정을 촉발시킬 시나리오를. 점점 단절되어 가는 세계에서 사회적인 결합 강화에 도움이 될 그런 시나리오를. 나는 이런 목표 달성을 위하여 내가 가진 능력 안에서 최선을 다하겠다는 확고한 의지와 그런 과정에서 무엇이든 필요한 것이 있다면 자연이 내게 그것을 얻게 해주리라는 굳은 믿음이 있었다.

이런 목표를 달성하려면 가능한 박식하고 다양한 영역의 사람으로 구성된 시나리오 팀과의 공동 작업이 필수였다. 이는 나에게 정보를 제공하는 지원 인력의 도움을 받아야 했고 혼자 할 수 있는 일이 아니었다. 부서 전체의 축적된 지혜가 투입되어야 하는 일이었다. 따라서 1차 목표는 다양성이 담보되는 팀을 조직하는 것이었고 나는 여기에 모든 노력을 집중했다.

상당수의 팀원이 이미 결정된 상태였지만 셸 안팎에서 신규로 영입할 사람이 아직 남아 있었다. 우리는 일본, 싱가포르, 아프리카, 캐나다, 미국, 오스트레일리아, 네덜란드, 프랑스, 영국, 스코틀랜드 출신 팀원을 영입하는 데 성공했다. 나름 운이 좋았다고 생각하지만 애초 생각했던 남아메리카, 인도, 중국 출신의 팀원 영입은 뜻대로 되지 않았다.

팀이 꾸려지자 나는 팀원 사이에 일종의 장(場)이 형성되도록 돕는 일에 착수했다. 우리가 지지하는 가치, 중요하게 생각하는 것, 팀 내부에서 어떤 식으로 상호 작용할지, 다른 그룹과는 어떻게 기능할지 등을 분명히 함으로써 조직 안에서 공간을 확정하는 것이었다. 우리는 서로 끊임없이 대화를 하게끔 만드는 일련의 절차를 고안했다. 정기 보고 회의, 오찬을 겸한 학습 시간, 관심 있는 외부 강연자 초빙, 함께 학습하고 결속을 다지기 위한 정기 '야유회' 등이 이런 절차에 포함되었다.

첫째 과제는 팀의 모습과 팀이 어떻게 돌아가야 하는지 비전을 정하는 일이었다. 처음부터 만족스러울 만큼 결속력이 느껴졌다. 또한 팀에는 에너지가 넘쳤다. 그룹을 대표하는 다양한 분야에서 엄선된 가장 지적인 사람들이 모인 집단이었으니 어찌 보면 당연한 현상이었다. 20퍼센트는 외부인으로 충원했는데 경주마만큼이나 에너지가 넘치고 활동적인 사람들이었다. 이들은 모두 우리의 임무가 전체 그룹에서 갖는 중요성과 가치를 충분히 인식하고 있었고 팀원으로 선발된 것에 자부심을 느꼈다.

하지만 초기부터 적잖이 놀란 부분도 있었다. 그룹 안의 서구 출신들이 너무 이성적이라는 느낌이 들었다. 그들 대부분은 자신들이 '말랑말랑한 것'이라고 부르는 모든 것에 회의적이었고 심지어 경멸하는 태도까지 보였다. 그들이 말하는 '말랑말랑'이란 수치로 측정할 수도 정량화할 수도 없는 그런 것이었다. 그래서 그룹 안에서는 계량한 수치를 일목요연하게 정리한 그래프와 차트가 유행이었다. 이런 현상이 내게는 매우 난감한 문제로 다가왔다. 과거 10여 년 동안의 변화를 통해서 나는 측량할 수 없는 것과 수치화되지 않는 것을 가장 실질적인 것으로, 가장 관심을 기울여야 할 것으로 생각했기 때문이다. 봄이 했던 말이 떠올랐다. "측량이 인간 이전의 것이고 인간과 독립되어 존재한다고 가정하는 것은 이미 본 바와 같이 인간의 통찰력을 '대상화objectification'하는 현상을 야기해서 결국 단절과 총체적 혼란을 야기하면서 변화를 힘들게, 나아가 불가능하게 만든다."

이런 분위기에서 지내다 보니 초기에는 오랫동안 물 밖에 나와 있는 물고기처럼 답답하고 힘이 빠졌다. 하지만 다른 한편으로 나는 그것이 축복이라고 생각했다. 미래에 이런 상황이 발생할 경우 효율적으로 대처할 능력과 균형감을 기를 기회였기 때문이다. 어떤 식으로든 이런 환경에 노출되는 경험을 해볼 필요가 있었다. 이것이 내가 여기 있는 부분적인 이유였고 내 배움의 일부였다. 사실 내가 배워야 할 것은 이것만이 아니었다. 내 앞에는 아주 짧은 시간에 배워야 할 엄청난 것들이 놓여 있었다. 그러므로 처음부터 나는 열린 마음으로 경청하고 몰입하고 질문하고 이해했다. 국제적으로 진행되는 셸 그룹의 사업에 대해서,

그룹의 경영 방식에 대해서, 이곳만의 독특한 기업 문화에 대해서 … 가능한 모든 것을 말이다. 임무를 맡자마자 시작한 시나리오 관련 인터뷰가 특히 많은 도움이 되었다.

이어지는 여섯 달 동안 나는 50여 명의 셸 그룹 고위 경영진을 만났다. 거기에는 상무이사, 지사장, 부서장, 세계 각지에서 셸이 운영하는 주요 회사의 최고경영자가 고루 포함되어 있었다. 나는 아예 문을 걸어 잠근 채로 이들 경영진과 강도 높은 일대일 대화를 나눴다. 면담 시간은 보통 3시간이었지만 때로 시간을 넘기기도 했다. 그들은 내가 거기 있는 이유를 정확하게 알고 있었다. 셸의 외부와 내부 환경에 대한 그들의 멘탈 모델을 알아내기 위해서라는 사실과 그것이 그룹의 글로벌 전략 시나리오 개발 과정의 첫 번째 단계라는 사실도 확실하게 이해하고 있었다. 이들과의 대화는 매혹적인 경험이었고, 그곳 사람들과 관계를 구축하고 전반적인 그룹 문화에 익숙해질 가장 좋은 방법이었다. 이런 면담의 상당수가 데이비드 봄이 말하는 '대화' 수준까지 올라가거나 거의 근접했다. 주위를 가득 채운 의미의 흐름이 느껴지는 그런 대화였다. 봄이 말하는 이상적인 대화가 갖는 모든 특징이 거기 있었다. 흐름, 보기 드문 유대감, 머리를 맞대고 이야기를 나누는 과정에서 진정한 집단 지성이 발휘되는 그런 느낌이었다. 더구나 나는 이런 작업을 하면서 정말로 가족 같은 몇몇 사람을 만났다. 일을 하는 과정에서 도움이 필요할 때면 언제든지 도움을 청할 수 있겠다 싶은 그런 사람들. 정보, 유대감, 혹은 정신적 지지 등을 기대할 수 있겠다 싶은 그런 사람들.

이런 과정에서 얻은 잠정적인 결론은 향후 30년을 대비하는 글로벌 시나리오라면 주로 부유한 선진국과 가난한 개도국의 관계에 중점을 두어야 한다는 것이었다. 우리는 이런 아이디어를 테스트하는 작업과 동시에 핵심 이슈를 집중 조사하는 작업에 들어갔다. 전체 시나리오 그룹을 작은 프로젝트 팀으로 나눠 핵심 이슈를 맡도록 했다. 팀별로 해당 이슈를 조사하고 아이디어를 진척시켜 별도 장소에서 개최하는 3일간의 총회에서 전체 그룹에 보고하도록 했다.

이후 열두 달 동안 팀원들은 소위 '현장' 조사를 하면서 세계 곳곳을 누볐다. 우리는 먼저 아르헨티나, 브라질, 멕시코, 인도와 중국 등을 포함한 아시아, 러시아, 남아프리카, 중동 등의 신흥 개발도상국을 둘러보았다. 또한 미국, 캐나다, 일본, 유럽 여러 국가를 위시한 선진국에서도 많은 시간을 보냈다. 현장 조사에서 우리는 해당 지역의 최고 지성들을 만나 대화를 나눴다. 로열 더치 셸이라는 거대 다국적기업의 영향력은 막강했고 우리의 현장 조사에도 크게 도움이 되었다. 쉽게 방문 국가의 협조를 얻어 다양한 분야 전문가와 하루나 이틀짜리 워크숍을 열었다. 해당 국가에서 기업을 경영하는 핵심 경영진도 초대했다. 워크숍은 모든 참석자가 동등한 발언권을 가지는 일종의 원탁회의 형식으로 진행되었다. 우리는 회의를 이끌거나 통제하려 하지 않고 알아서 돌아가게끔 내버려두었다.

현장 조사 이후 우리는 처음에 가졌던 생각과는 아주 다른 견해를 갖고 런던으로 돌아왔다. 아직 근본적인 구조와 원동력을 모두 이해하지 못했지만 세계 역사에서 그야말로 혁명적인 변화의 순간을 우리가 목격하고 있다는 사실만큼은 확실하게 알았다. 이후 8개월 동안 우리는 그동안의 정보를 중심으로 머릿속에 그려지고 있는 미래의 설득력 있는 시나리오를 만들어 발표할 준비를 했다.

21

바리케이드 :

장벽으로 가로막힌 세상

글로벌 시나리오의 마감 예정일은 1992년 9월 1일이었다. 그날 우리는 셸의 최고경영진이 참석하는 경영위원회에서 시나리오를 발표하고 승인을 받을 예정이었다. 위원회에서 승인이 나면 셸 그룹 산하 모든 회사에 시나리오가 유포된다. 이는 어겨서는 안 되는 날짜로 우리는 시작하는 순간부터 이날을 향한 임계 경로(臨界經路)를 정해놓은 상태였다. 중압감이야 항상 있었지만 그해 1월까지 예상대로 목표를 향해 가고 있었다.

우리는 프로젝트 팀별 대표 여섯 사람으로 구성된 편집팀을 만들었다. 편집팀은 꼬박 2주 동안 런던 중심부에 위치한 클럽 맨 위층 밀실에 틀어박혀 외부와 연락을 끊었다. 아침과 점심을 거기서 먹었고 전화도 일체 하지 않기로 했다. 편집팀의 임무는 그동안 진행된 두 가지 시나리오의 전체 구조와 개괄적인 논지를 발전시키는 것이었다. 2주가 지난 뒤에 편집팀은 자체 결론을 전체 팀원 앞에서 발표하고 전체 틀을 해체했다가 재조립하는 작업을 시작했다. 작업 내내 비밀 실험실 같은 분위기가 풍겼다. 스트레스가 만만치 않았지만 팀은 최고의 효율을 내며 돌아가고 있었고, 모든 구성원이 자기 몫 이상으로 기여했다. 우리는 지금까지 내린 결론을 현장에서 확인하기 위해 다시 한 번 중국, 인도, 라틴아메리카, 남아프리카 등지로 흩어졌다.

그리고 그해 4월에 우리는 런던으로 돌아왔다. 실제 시나리오를 작성하는 까다로운 작업을 시작할 준비를 마친 상태였다. 지금까지 우리는 정기적으로 회의를 개최하고 사내 회보, 중간 보고, 진척 상황을 보여주는 각종 그래프와 차트를 통해서 자세한 사항을 알리고 공유했다. 하지만 나는 전체 과정에서 가장 중요한 부분은 한 줄 한 줄 시나리오를 써내려 가는 순간이 되리라는 것을 속으로 짐작하고 있었다. 시나리오 작성자는 최고의 문장가이자 정리자여야 할 뿐 아니라 팀의 전문가들을 중재할 능력을 갖고 있어야 했다. 팀 내 전문가는 구성이 다양한 만큼 무척 다양한 의견을 내놓을 테고, 자신의 의견을 주장하는 데 있어 강한 입장을 취할 것이었다. 이들을 중재하면서 시나리오를 완성한다는 것은 분명 만만치 않은 일이었다. 이런 생각을 품고 있던 나는 조셉 캠벨의 〈신화의 힘〉을 편집한 텍사스 대학의 베티 수 플라워즈

Betty Sue Flowers 교수에게 런던으로 와서 시나리오 작성 작업을 맡아달라고 의뢰했다.

시나리오 작업이 시작된 아주 초기부터 나는 지금 일어나는 세계적인 사건에 영향을 미치는 원동력이 무엇인가를 고민했고, 그 문제에 팀의 공동 합의를 끌어내려고 노력했다. 역사학자는 역사 속의 개인과 사건을 설명하지만 기저에 있는 근본적인 역사의 원동력, 톨스토이가 〈전쟁과 평화〉에서 '역사의 법칙'이라고 말했던 것까지 설명하지는 못한다. 하지만 시나리오를 만드는 데는 이런 힘을 정확하게 밝히는 것이 필수 전제였다. 더구나 나는 개인적으로 이런 원동력을 이해해야 하는 더욱 중요한 이유가 있다고 생각했다. 만약 우리가 이런 원동력을 깊이 이해하면 변화를 일으킬 방법을 쉽게 파악할 수 있으리라고. 어떤 행동과 변화가 중요한지, 지속적인 진보를 위해서는 무엇이 필요한지를 파악할 수 있으리라고. 전체 구조를 이해하면 역사의 방향이 어떻게 바뀔 것인가도 알 수 있을 것이었다. 시나리오 구성 작업을 하면서 우리는 이런 근본 문제를 놓고 오랫동안 씨름했고 이런 과정에서 팀원 사이에 강한 유대감과 결속력이 생겼다.

마침내 우리는 상호 연관된 두 가지 흐름이 세계에 변화를 가져오는 근본 동력이라는 데 합의했다. 바로 점증하는 자유화와 세계화였다. 또한 우리가 최초로 진정한 의미의 글로벌 혁명을 경험하고 있다는 사실을, 정치와 경제 양 방면에서 자유화 물결이 전 세계를 강타하고 있는 그런 시대에 살고 있다는 사실을 깨달았다. 1989년을 기점으로 우리는 독일 통일, 동유럽의 자유 선거와 경제 개혁, 구소련 공산주의의 종말, 중국과 인도의 개방 정책 촉진, 남아프리카공화국의 인종 분리 정책 폐지 등을 목도했다. 또한 라틴아메리카와 멕시코의 광범위한 개혁을 목도하고 있다. 지난 18개월 동안 우리가 세계 각지를 여행하는 동안에 깨달은 메시지는 명확했다. 상호 연관성이 점점 증가하는 세계에서는 권위주의 정치 체제와 중앙 계획 경제가 힘을 발휘하지 못한다는 것이다. 자유화가 그렇게 급속히 퍼진 이유가 바로 세계화다. 다른 사람이 어떻게 살고, 다른 사회가 어떻게 돌아가는지는 정보가 잦은 해외 여행과 국제적인 커뮤니케이션을 통해 급속하게 퍼진다. 정부가 정보를 통제하고, 사람들의 물질 욕구와 자신의 운명을 스스로 통제하고자 하는 욕구를 억누르기가 점점 어려워지고 있음을 세계 곳곳에서 보았다. 반대로 자유화는 개방과 상품 및 지식의 자유로운 흐름을 통해 세계화를 촉진시킨다. 세계화와 자유화는 이처럼 서로를 강화하고 보완하는 역할을 하고 있었다. 미래에는 양자의 관계가 어떨지 모르지만 적어도 지금은 그랬다. 우리는 이 두 가지가 아주 효과적이고 강력한 역사의 원동력이라고 보았다.

하지만 우리는 지속적인 자유화가 불가피한 것이 아니라는 사실도 알았다. 자유화는 사실 상반되는 두 얼굴을 가지고 있다.(우리는 자유화의 이런 양면성을 기초로 두 가지 상반된 시나리오를 만들어냈다.) 한편으로 자유화는 개인, 집단, 회사, 국가에 삶의 질을 높일 엄청난 기회를 제공한다. 이런 기회를 포착하여 현실화하면 사람들은 자유화에 희망과 기대를 갖는다. 이런 희망과 기대는 추가적인 정치경제적 변화에 압력으로 작용하고 그렇게 선순환의 고리가 만들어진다.

하지만 다른 한편으로 자유화는 많은 이들에게 위협이 될 수 있다. 사람들은 자유화로 인해 현재 자신이 중요하게 생각하는 것을 잃을까 두려워한다. 국가적, 종교적, 문화적 정체성을, 정치적 권력을, 혹은 경제적 지위를 잃을까봐. 이런 태도는 점증하는 공포와 저항의 정서를 야기하고, 결과적으로 나쁜 방향으로 서로를 부채질하는 부정적인 순환이 만들어진다.

우리는 중요한 전환점에 있는 세계를 보았다. 혹자는 '역사의 사북hinge of history'이라고 지칭하기도 했다.[14] 급속하게 변화하는 유동적인 세상에서 자유화가 지속적으로 퍼지고, 더불어 개발도상국에서 거대한 신흥시장이 만들어진다. 이런 상황이 우리가 생각하는 '시나리오 A'였고 나중에 새로운 미개척지를 뜻하는 '뉴프런티어'라는 명칭을 붙였다. 다른 한편으로 자유화는 저항에 직면하고 제한되면서 분열과 장벽으로 가득한 세상이 만들어질 수도 있다. 엄청난 부의 불평등으로 심각하게 분열된 세상, 만연한 빈곤, 도시 범죄, 환경 훼손 등으로 총체적으로 절망과 무기력을 수반할 수밖에 없는 그런 세상. 우리는 이것을 '시나리오 B'라고 지칭했고 나중에 '바리케이드'라고 명명했다. 이런 근본적인 구조에는 팀 내에 이의가 없었다. '바리케이드' 시나리오의 구체적인 내용에도 완벽하게 합의했다. 사실 우리가 조사한 바에 따르면 향후 역사가 이런 시나리오로 펼쳐질 가능성이 오히려 높았다.

바리케이드 시나리오

냉전에 이은 물안정이 계속되는 상황에서 비전을 제시하는 '새로운 세계 질서'가 확립되지 못한다. 다들 내부적으로 문제를 안고 있는 상황이라 뜻을 같이하는 국가도 쉬이 합의에 이르지 못한다. GATT(WTO의 전신) 회담은 결렬되고 미국과 일본, 미국과 유럽 공동체(유럽연합 전신) 사이에 긴장이 커진다.

하지만 가장 큰 골은 선진국(부국)과 개발도상국(빈국) 사이에 생긴다. 부유한 선진국은 가난한 개발도상국의 혼란한 정치 상황을 우려한다. 개발도상국의 정치 혼란 때문에 야기되는 난민, 무법 상태, 마약 거래, 환경 파괴 등의 파급 효과를 잘 알고 있기 때문이다. 따라서 선진국은 그런 혼란한 세계로부터 스스로를 격리시키고자 한다. 그들은 스스로 이방인의 가치관이라고 생각하는 것에 혐오감을 느낀다. 예를 들면 이슬람 원리주의나 발칸 반도, 카프카스(흑해와 카스피해 사이. 러시아, 조지아, 아제르바이잔, 아르메니아 등이 국경을 맞대고 있는 동서 교통의 요충지이며 유전 지대이기도 하다-옮긴이), 아프리카 등지에서 벌어지는 종족 간 유혈 사태 등에 몸서리를 친다. 결국 선진국은 관심을 내부로 돌리고 이들 빈곤과 질병이 만연한 세계로부터 스스로를 격리시키는 조치를 취한다.

가난한 국가는 그들대로 부유한 선진국을 의심의 눈초리로 바라본다. 식민 착취, 포함 외교, 정치 불안 조장 등의 과거 역사를 떠올리면서 이기적이고, 사악하고, 비도덕적이고, 인종 차별주의자라는 선진국의 부정적인 이미지는 불화를 더욱 심화시킨다. 그리하여 두려움과 의심이 양쪽 진영을 지배한다.

부유한 선진국이 이민을 규제하고 수입 관련 제도를 변경하면서 개발도상국을 어떻게 배제할지 방법을 모색함에 따라 양자 사이의 골은 더욱 깊어지고 넓어진다. 빈곤국 사람은 입국을 거부당하거나 본국으로 송환된다. 우리 시나리오에 따르면 1990년대 말에 알제리에서 이슬람 원리주의자의 쿠데타가 일어나고, 프랑스로 밀려든 수많은 난민이 결국 이런 취급을 받는다. 독일은 폴란드인과 러시아인을, 미국은 중앙아메리카 사람을, 일본은 중국과 북한 사람을 이런 식으로 대한다. 그들은 이미 역사적 경험을 통해서 인정사정없는 무자비함이 정치적으로 효과적이라는 사실을 터득했다. 과거 이탈리아가 알바니아인을, 미국이 베트남과 아이티 난민을 다루면서 그랬던 것처럼 말이다. '바리케이드' 시나리오에서 이민 정책은 유럽 국가 간 긴밀한 관계를 유지하면서 나머지 세계에는 배타적인 유럽 공동체로 뭉치게 하는 촉매 역할을 한다. 과학 기술도 개발도상국 소외를 가속화한다. 자동화는 저임금 노동의 가치를 더욱 떨어뜨린다. 발달한 원거리 통신 수단과 컴퓨터 네트워크는 부유한 선진국이 더욱 긴밀히 결속하게 해준다. 이를 감당할 여력이 없는 이들을 철저히 배제시킨 자신들만의 공동 체제 안에서 말이다.

하지만 21세기가 되면 경제적으로 고립된 선진국이 침체에 빠진다. 가난한 개발도상국의 수요로 인한 경기 부양은 전혀 기대할 수 없다. 노동력은 감소하고 환경과 사회적 비용이 생산성을 떨어뜨린다. 인구

노령화로 저축률과 투자율이 떨어지고, 정치적으로 움직이는 특별 이익 단체들이 사회적 합의 형성을 막는다. 결과적으로 적자가 지속적으로 증가한다.

자유화가 여러 개발도상국에 파급되면서 국가별 전통과 문화가 우리가 생각했던 것보다 훨씬 중요하다는 사실이 1990년대 초반에 분명해진다. 한창 자유화가 진행되던 1990년대 초반만 해도 동일한 경제 성장 처방이 파키스탄, 폴란드, 페루 할 것 없이 모든 국가에 무차별적으로 적용되었다. 이런 처방이 인도와 멕시코에서는 어느 정도 성과가 있었다. 하지만 러시아와 아프리카에서는 전혀 효과를 보지 못한다. 역동적인 새로운 기업 환경을 학수고대하는 기업가가 애초에 없는 지역이기 때문이다. 이런 곳에서는 외국인 투자자도 적극적이지 않은데 위험의 우려로 투자를 망설이면서 사태를 관망하는 입장을 취한다. 정치인은 자유화를 통한 경제 개혁으로 곧장 대단한 효과를 볼 것이라고 약속하지만 국민이 느끼는 현실은 전혀 그렇지 않다. 국민의 입장에서는 생활 수준이 나아지지 않는 이유도, 저축을 늘리라면서 미래를 위한 희생을 강요하는 정부도 도무지 이해가 되지 않는다.

이런 현실 앞에서 사람들은 심각한 정신적 고통을 받고 환멸감을 느낀다. 외부 주도 자유주의는 아무래도 기대했던 성과를 내지 못한다는 판단이 든다. 실망한 정책 결정자는 일본과 한국의 '국가자본주의' 경험에 눈을 돌린다. 특히 '한국 모델'이 매혹적으로 다가온다. 규제 완화와 민영화를 실행했지만 그렇다고 통제권을 외국인에게 넘기거나 기득

권을 뒤집는 혁명적인 결과가 야기된 것은 아니다. 자유무역은 수출에는 적용되지만 수입에는 적용되지 않는다. 얼마나 매혹적인가?

자본주의의 보다 국가주의적인 접근법이 일부 국가에서는 고통스러운 방향 선회라는 결과를 낳기도 한다. '바리케이드' 시나리오에 따르면 중국에서는 자유화가 진행되어 역동적으로 돌아가는 광둥 지방이 각종 부패, 범죄 조직, 매춘 등으로 유혈이 낭자한 땅으로 변해가자 이에 충격을 받은 온건파가 보수주의자와 손을 잡는 순간에 자본주의를 강력하게 탄압한다. 양자는 시장에 훨씬 세밀한 규제가 필요하며, 도덕적으로 부패한 서구의 영향력을 배제해야 한다는 데 합의한다. '토착적인 해결책'이 필요하다는 인식을 반영하는 과거 모델이 되살아난다. 인도에 새로 들어선 힌두교 원리주의자 정권은 '인도인의 존엄성'을 해치지 않는 범위에서만 자유주의를 받아들일 것이라고 선언한다. 러시아 경제는 대공황 시기의 미국 경제보다 열악해진다. 향후 몇 년 동안은 옐친의 불운한 자유주의 실험이 힘겹게 계속된다. 하지만 서구 자본주의로 인한 부패, 마피아, 탐욕, 궁핍, 도덕적 타락, 불공평 등의 혐오만 나날이 키울 뿐이다. 많은 국가에서 세계화는 서구의 침입과 지배를 연상시킨다. 특히 이슬람 세계에서는 서구적인 사고와 가치를 '문화 오염'이라면서 강하게 거부한다. 이슬람 원리주의 세력의 영향력 증대는 중동과 중앙아시아 여러 지역에서 발생하는 혼란의 간접적인 원인이 된다. 또한 기독교 혹은 힌두교 문화와 직접적으로 대면하는 곳에서 상호 적대감이 증가하는 하나의 원인이기도 하다.

많은 나라에서 사람들은 오랜 가난이 종식되기를 바라며 자유화를 택했지만 결과는 실망스럽다. 그들은 현대화, 생활 수준의 비약적인 발전, 서구와 대등하게 어깨를 겨루는 경제력 등을 기대했지만 현실은 오히려 반대다. 좌절감, 조직 범죄와 경범죄의 증가, 정치 불안, 산발적 폭력 사태 등으로 긴장이 끊이지 않는다. 특히 개발도상국의 대도시에서 이런 현상이 가장 민감하게 포착된다. 아프리카, 라틴아메리카, 아시아의 많은 국가가 이런 상황에 빠져 있다. 정부에서 특별 세금 우대 조치를 내놓는다고 해도 다국적기업이 투자를 거의 고려하지 않을 만큼 전체 상황이 열악하다.

이민 부문에서처럼 무역에서도 부유한 선진국은 가난한 개발도상국의 진입을 막는 바리케이드를 친다. 예를 들면 환경 문제에 우려가 깊어지면서 선진국은 비용이 많이 드는 각종 환경 규제를 신설한다. 이런 상황은 선진국과 개발도상국 사이에 생산 비용 격차를 넓히는 원인이 된다. 환경 규제로 자국의 생산 비용이 높아진 상황에서 이런 규제가 없는 개발도상국과 대등한 경쟁을 하려면 관세를 높이는 수밖에 없다. 따라서 선진국은 수입 상품에 다양한 형태의 '녹색 관세green tariffs', 즉 환경 관세를 부과한다. 결과적으로 개발도상국의 상품이 선진국 시장에서 서서히 밀려난다. 말하자면 대부분의 개발도상국에게 수출 주도 성장의 길이 막히는 셈이다.

이런 새로운 국제 질서의 기저에는 선진국의 개발도상국 문제에 대한 철저한 무관심이 자리 잡고 있다. 선진국이 보기에 개발도상국의 빈곤과 불안이라는 문제는 해결책이 없어 보인다. 서구 유권자의 개발도상국 원조 프로그램, 저가 수입품, 인구 과잉인 이웃 나라에서의 이민 등 적대감이 뚜렷하게 감지된다. 여기서도 일종의 악순환이 되풀이된다. 개발도상국은 장기적인 고민과 해결책이 필요한 절박한 문제를 안고 있지만 선진국은 계속해서 무관심과 성급한 바리케이드 설치로 대처한다.

2010년 무렵에는 개발도상국의 인구 과잉, 자원 고갈, 질병, 점증하는 무법 상황이 밀물처럼 거센 대량 이민 사태를 낳고 선진국이 쳐놓은 바리케이드를 강타한다. 열악한 환경과 천연자원 감소, 특히 수자원 고갈은 묵을 대로 묵은 증오심에 불을 붙인다. 국경 지대에서 대규모 난동이 일어나고, 전쟁과 범죄의 경계가 점점 흐려지면서 개발도상국은 점점 통제 불가능한 상황으로 치닫는다. 만연하는 범죄로 인한 개발도상국의 무정부 상태가 선진국에게는 중대한 위협으로 대두된다.

2030년 초반에는 바리케이드로 대변되는 세상의 문제점들이 너무 커져서 감당하기 힘든 지경에 이른다. 그동안 방치한 많은 문제가 급속도로 악화되고 긴장감이 점점 상승함에 따라 바리케이드가 과연 버틸 수 있을지에 심각한 의문이 제기된다.

22

뉴프런티어:

새로운 시장, 새로운 기회

우리에게는 세상을 처음부터 다시 시작할 힘이 있다. 지금과 같은 상황은 노아 이래 처음 있는 일이다. 새로운 세계가 탄생할 날이 머지않았다.[15]

-토마스 페인

바리케이드 시나리오는 우리에게 경각심을 불러일으켰다. 어찌 보면 정신이 번쩍 드는 그런 경험이었다. 해당 시나리오 전개에서 우리는 가능한 현실적이고 온건한 태도를 취하고자 했다. 그런데도 점점 분열되는 세계라는 간담을 서늘케 하는 그림이 나왔다. 우리 아이들 시대에서 무정부 상태가 판을 치는 그런 세상이 오리라는 전망을 내놓을 수밖에 없었다.

이어서 우리는 다른 미래 그림을 완벽하게 구체화하는 작업으로 눈을 돌렸다. 당시에는 그저 '시나리오 A'라고 불렀다. 우리는 해당 시나리오의 전반적인 동력에는 합의에 도달한 상태였다. 개발도상국에서 극적인 경제 성장이 일어나고 세계적으로 새로운 시장이 나타나는 것이다. 우리 팀은 시나리오의 핵심 논지를 정리한 다음 적절한 계량경제학 모델 및 에너지 모델을 통해 결론을 검증하는 테스트를 했다. 하지만 시나리오의 실제 내용을 작성하는 과정에서 문제가 발생했다. 팀원 사이에 해당 시나리오를 놓고 의견 차이가 뚜렷이 드러났기 때문이다.

기본적으로 멘탈 모델이 다른 데서 기인하는 차이였다. 우주가 구성되고 돌아가는 방식에서 우리가 갖고 있는 내면의 이미지가 달랐던 것이다. 일부 팀원은 현대 물리학의 관점으로 세상을 보았다. 그들이 보는 세상은 그물망처럼 연결된 관계들로 이루어진 세상, 만물이 끊임없이 움직이고 본질적으로 열려 있는 그런 세상이었다. 이런 세상에서 미래는 고정되어 있지 않았다. 이들에게 세상은 변화와 창조의 가능성으로 가득한 그런 공간이었다. 다른 팀원에게는 뉴턴 역학에 따른 멘탈 모델이 설득력이 있어 보였다. 이들은 교육 수준이 높고 다양한 분야에 걸쳐 있었고, 대다수가 현대 물리학을 인정했지만 오직 지적인 수준에서만 그랬다. 하루하루 생활하고 일하는 문제에서는 다른 멘탈 모델을 갖고 있었다. 세상이 돌아가는 방식에서 그들이 갖고 있는 내면의 이미지는 인과 관계, 결정론, 점진적인 변화 등에 기반하고 있었다. 결정론적인 관점은 때로 인간 동기의 진실성 혹은 선량함에 대한 회의와 불신이라는 일종의 냉소주의로 발전한다.

예를 들어 시나리오 A를 논의하던 초기에 팀 전체가 참석한 회의에서 나는 우리 아이들이 살았으면 싶은 그런 세상을 보여주는 시나리오, 즉 현재 세계에서 작용하고 있음을 확인한 원동력에 기반을 둔 완전히 그럴싸한 세계 질서를 보여주는 시나리오를 만들자고 제안했다. 지난 2년 동안 우리가 얻은 모든 지식과 지혜에 기초하여 이런 시나리오를 만들고 이를 활용하여 다가오는 미래에 소극적으로 대응하는 것이 아니라 미래를 적극적으로 창조하도록 돕는 것이 어떻겠느냐고 말이다. 말하자면 시나리오 내용을 자신의 것으로 만든 사람의 행동은 환경에 단순히 반응하는 것이 아니라 환경을 만들어 가게 된다.

이런 제안은 팀에 두 가지 중요한 문제를 불러일으켰다. 먼저 셸 그룹은 항상 시나리오를 그룹 경영진이 기업 환경 변화에 빠르게 반응하도록 돕는 용도로 활용해왔는데 실제로 시나리오는 셸 그룹에 크게 도움이 되었다. 셸 그룹은 시나리오 덕분에 1970년대 초반 이래 다른 회사와 차별화된 경쟁 우위를 점할 수 있었다. 하지만 기업 환경을 만들어내는 용도로 시나리오를 활용한다는 개념이 다수 팀원의 멘탈 모델에는 생소한 것이었다. 뿐만 아니라 나의 제안 자체가 그들에게는 사업적인 신뢰성이 결여된 것처럼 보였다. 무척 순진한 발상으로 다분히 공상적인 사회개량주의 냄새가 났고 심하게 말하면 신학적인 냄새를 풍겼다.

작업이 진행됨에 따라 우리는 해당 이슈와 관련된 토론을 하면서 시나리오의 핵심 논지뿐 아니라, 실질적인 내용과 그룹 고위 경영진이 모인 자리에서 문제없이 통과될 것인가 하는 현실적인 측면까지 다루었다. 대부분의 토론이 건설적이었고 유용했다. 하지만 때로는 대화가 어느 순간 논쟁으로 변해 상당히 격렬하게 오가기도 했다.

내 제안을 반대하는 이들은 셸 그룹 안팎의 고위직 간부들로, 그들이 경험한 것들에 의해서 뒷받침되는 나름의 확신을 갖고 있었다. 그들의 주장은 아주 이성적이었고 사실과 수치에 의해 뒷받침되고 있었다. 그들에게는 이처럼 숫자로 표현할 수 있는 것만이 확실했다. 반면에 내 주장은 그들이 말하는 '말랑말랑한 것'에 집중되어 있었다. 우리 모두는 서로 연결되어 있고, 참여가 중요한 세상에 살고 있으며, 지금 세상에서 펼쳐지는 것은 유일무이한 독특한 현상이며, 지금은 역사에서 '열린' 순간이라는 사실 등. 나는 이런 상황에서는 아주 작은 행동으로 전체 체제에 의미심장한 변화를 야기할 수 있다고 주장했다. 그것도 느닷없다 싶을 만큼 신속하게. 지금 새로운 세상을 창조할 엄청난 기회가 우리 앞에 놓여 있다. 우리는 공통의 멘탈 모델을 구축함으로써 우리가 펼쳐지기를 원하는 환경을 만드는 데 기여할 수 있다. 나의 논지를 대충 말하면 이런 식이었다.

당시만 해도 나는 이런 생각을 표현하는 데 서툴렀다. 하지만 결과적으로 팀이 이런 문제의식을 중심으로 뭉치게 만든 것이 우리의 가장 큰 업적이 되었다. 나는 진정한 내부 합의를 이끌어내기 위해서 시나리오 A가 어떻게 전개되어야 하는가에 멘탈 모델을 공유할 필요가 있다고 느꼈다. 그래야 우리 작업이 셸 그룹에 유용하게 쓰일 뿐 아니라 세계 전체가 건설적인 미래를 만들어가는 데 도움을 줄 수 있으리라 생각했다.

두 가지 사건이 우리에게 필요한 계기를 제공했다. 첫 번째는 1991년 말에 우리가 내린 결정에서 나왔다. 핵심 팀원인 아담 카헤인을 파견하여 남아프리카공화국이 인종 분리주의를 탈피해 간접 민주주의로 이행하는 작업을 돕도록 한 것이었다. 우리가 시나리오 관련 초기 작업을 진행하고 있을 무렵 남아프리카공화국 정치 지도자들은 함께 미래를 논의할 공통의 언어를 찾느라 분주했다. 고민 끝에 그들은 아담에게 남아프리카공화국의 미래를 준비하는 공통의 멘탈 모델을 만들 시나리오 프로젝트를 이끌어달라고 부탁했다. 그들이 이런 결정을 내린 데는 10년 전에 셸에서 시나리오 기획부서 책임자로 일했던 피에르 왝의 영향이 컸다. 런던의 셸 본사에 있는 우리 부서에 요청 사항이 전달되자 나는 이 문제를 가지고 셸의 남아프리카공화국 지사장은 물론 전략기획팀 및 홍보부서 고위 임원들과 긴 대화를 나누었다. 나는 남아프리카공화국의 정치적 이행 과정에서 셸 그룹이 중요한 도움을 제공할 좋은 기회라고 보았고 아담의 참여에 적극 찬성했다. 결국 우리는 아담에게 가능한 여건을 만들어주었고 아담은 이후 8개월 동안 해당 프로젝트를 이끌었다. 아담은 남아프리카공화국에서 일하는 동안에도 우리 부서에서 맡은 정치사회, 경제 팀장 역할까지 훌륭하게 수행했다.

남아프리카공화국 시나리오 기획팀은 다양한 유권자 집단을 아우르는 22명으로 구성되었다. 이 다인종 집단에는 좌파 정치가, 우파 분리주의자, 아프리카민족회의 관계자, 노동조합 관계자, 주류 경제학자, 기업 고위 임원 등이 두루 포함되었다.

케이프타운 근처 몽플뢰르에서 개최된 일련의 회의에서 팀은 정치체제의 이행이라는 가장 중요하면서도 불안정한 요소에 초점을 맞춘 네 개의 시나리오를 만들어냈다. 흥미로운 것은 시나리오 모두 새 이름을 따서 명명되었다는 것이다

첫 번째 '타조' 시나리오에서는 클레르크 대통령이 이끄는 백인 소수 정부가 통합을 거부하고 '머리를 모래 속에 박고' 있다. 자유 선거를 전제로 하는 민주주의로의 이행도 무산된다. 백인 분리주의자와 흑인 극단주의자 집단의 영향력이 커지면서 상호 소통이 멈추고, 나라 전체가 양극화되어 남아프리카공화국의 '레바논화'가 초래된다.

두 번째 '절름발이 거위' 시나리오는 체질적으로 연약한 과도 정부로 인해 이행이 신속히 이루어지지 못하고 장기화될 경우 어떤 일이 벌어질 것인가를 이야기한다. 정부는 모든 것에 대처하려 하지만 누구도 만족시키지 못한다. 투자자는 투자를 망설이고 성장과 개발은 불확실성 속에서 활력을 잃는다.

세 번째 '이카루스' 시나리오는 가장 유력한 시나리오로 판명되었다. 일부 흑인 팀원이 제안한 것으로 흑인 정부가 대중의 지지에 힘입어 정권을 장악하고, 유세 기간에 내놓았던 모든 공약을 지키려고 노력하

는 상황을 가정한다. 신생 흑인 정부는 거대하고 사실상 감당하기 힘든 비용이 들어가는 프로그램에 착수하고 결과적으로 경제가 붕괴된다.

마지막 '홍학' 시나리오는 가장 긍정적인 모습을 담고 있다. '절름발이 거위' 시나리오처럼 이것도 연합정부에 관한 것이다. 하지만 두 시나리오의 차이는 '올바른' 연합이란 어떤 모습인가를 보여준다. 홍학이라는 이름이 붙은 이유는 홍학이 비행할 때 천천히 비상하고 함께 날기 때문이었다. 이 시나리오에서는 개혁이 점진적으로 이루어진다. 더욱 중요한 것은 국민의 참여 아래 개혁이 이루어진다는 사실이다. 경제성장과 정치적 평등이 상호 보완 관계를 유지하면서 가는 현실적이고 갈등이 없는 시나리오이다.

런던에 있는 우리가 시나리오 A를 어떻게 풀어갈 것인가를 놓고 한창 논쟁을 벌이고 있을 무렵 몽플뢰르 시나리오들이 공식적으로 발표되었고, 남아프리카공화국의 대중과 정치, 경제, 전문직 분야에서 리더십을 발휘하고 있는 이들에게 활발히 소개되고 있었다. 시나리오들은 남아프리카공화국 여러 집단에게 중요한 시사점을 제공했고 향후 이것은 여러 영역을 아우르는 정치적인 대화를 촉발시켰다. 정부와 기업 관계자에게 '이카루스' 시나리오의 사전 경고는 일종의 안도감을 주었다. 이들은 예전부터 흑인 정부가 들어선 다음 감당하기 힘든 막대한 공공재정 지출 프로그램을 내놓고 결과적으로 경제가 붕괴할지 모른다는 우려를 하고 있었기 때문이다. 좌파 흑인 정당들에게는 아프리카민족회의와 범아프리카주의회의의 중요 인사가 포함된 집단이 과욕을 부렸을 경우 어떤 일이 벌어질지를 진지하게 생각해본 것은 이때가 처음이었다. 시나리오는 '이카루스'라는 유쾌하지 못한 메시지를 전달하는 온건한 방법으로 손색이 없었다. 경제적 자원을 지나치게 급진적인 방식으로 재분배하는 정부 정책이 낭패를 볼 수 있다는 강력한 경고였다.[16]

몽플뢰르 시나리오의 결과 보고는 우리 팀원에게 중요한 영향을 미쳤다. 시나리오 발표 이후 남아프리카공화국에서 전개된 사건은 시나리오가 단순히 변화에 신속하게 대처하도록 도와주는 역할을 넘어 건설적으로 환경을 만들어 가는 용도로 활용될 수 있다는 직접적이고 확실한 물증을 보여주었다.

시나리오 A 방향에 중대한 영향을 미친 두 번째 사건은 우리 팀원과 존경받는 명사 네 명과의 만남이었다. 그들은 우리가 해당 시나리오에서 묘사하는 것과 같은 비전을 강력하게 천명했다.

첫 번째는 캐논의 회장 가쿠 류자부로였다. 나는 예전에도 가쿠 회장을 몇 번 만났었고 그의 넓은 안목에 감동을 받았었다. 그는 모든 면에서 진정한 통찰력을 가진 정치인이자 세계 시민이었다. 팀에서 주요한 위치를 차지하고 있는 팀원 세 명과 내가 일본에 있는 셸 지사 고위 임원과 만나 시나리오에 관한 이야기를 나누기 위해 일본으로 갔다. 나는 우리 팀과 가쿠 회장을 비롯한 캐논의 고위 임원들이 만나는 자리를 마련했다. 캐논의 고위 임원 두 명이 가쿠 회장과 함께 그 자리에 참석했다.

당시 우리는 가쿠 회장과 다양한 주제를 놓고 대화를 했는데 대화는 계속해서 두 가지 중심 논지로 돌아오곤 했다. 하나는 일본과 세계에 근본적인 개혁이 필요하다는 것이었다. 그는 개혁을 이루는 데 필요한 몇 가지 단계를 언급하면서 다음과 같은 말로 시작했다.

> 지난 15년 동안 나는 개혁에 필요한 구체적인 계획을 가진 윤리적인 국가를 수립해야 한다고 강조해왔습니다. 첫 번째 단계는 일본에 새로운 목표를 주는 것입니다.
> 국가 번영이라는 예전의 목표가 달성되었기 때문에 우리는 '공생(共生)'이라는 새로운 원칙을 채택하고, 전심전력을 다해 이 목표에 헌신해야 합니다. 공생이란 다른 사람과 조화를 이루고 서로 의지하면서 더불어 사는 것을 말합니다.

대화는 상호 의존적인 세계에서 기업의 역관리자에게할이라는 가쿠 회장의 두 번째 논지로 넘어갔다. "오늘날 세계의 안정과 자신의 이익이 일치하는 유일한 조직체가 바로 다국적기업입니다. 말 그대로 세계적으로 활동하는 기업이기 때문이지요." 가쿠 회장은 성공하는 기업의 핵심은 고객, 직원, 사회에 기여하고자 하는 노력이라고 강조했다. 이는 1933년 창립 이래 변함없이 유지되어 온 '캐논 정신'의 핵심이기도 하다. 가쿠 회장은 이것이 캐논이라는 기업의 목표이며 근간이라고 강조했다.

그리고 가쿠 회장은 자신의 오랜 신념을 이야기했는데 기업은 4단계 과정을 거쳐 진화한다는 것이다. 첫 번째 단계는 순전히 자본주의적으로 노사 갈등이 발생한다. 이 문제를 극복하는 과정에서 기업은 노사 관계가 '운명 공동체'라는 인식을 공유하는 단계에 도달한다. 회사 안의 모든 사람이 동등한 대접을 받으며 임원과 일반 직원 사이의 임금 격차가 줄어든다. "운명 공동체라는 의식을 갖고 경영하면 모든 이해 당사자가 성공은 물론 기쁨과 슬픔까지 나누는 그런 기업 문화를 만들 수 있습니다." 이런 단계까지 진화하는 기업은 아주 드물다. 하지만 한편으로 가쿠 회장은 이런 범주의 결속을 지나치게 강조하면 기업과 사회 사이에 골이 생길 수 있다고 경고했다. 그러므로 다음 단계에서 기업은 지역사회에 관심을 갖고 지역사회 발전에 기여한다. 가쿠 회장은 국내외 몇몇 기업만이 이 단계로 진화했다고 보았다. 이런 단계에서 기업은 지역사회와의 장벽을 없앴지만 오히려 이것이 국제 사회에서는 마찰을 야기할 수도 있다. 이런 문제의식은 결국 기업이 철학과 구체적인 활동을 통해 인류 전체에 봉사하는 단계로 이끈다.

창사 50주년 기념일에 캐논은 네 번째 단계의 기업이 되기로 결정했다. "우리의 책임은 점점 커지는 세계의 불균형에 대처하는 것이다 … 빈부 격차가 점점 커지고 있다 … 개발도상국에 제조 공장을 설립하고 기술을 이전하여 그들의 자립을 돕는다." 가쿠 회장은 천연자원 고갈과 환경 파괴도 빈부 격차만큼이나 심각한 불균형을 낳고 있으며 마찬가지로 중요한 문제라고 지적했다. "이와 관련하여 제기되는 중대한 질문이 있습니다. 점점 악화하는 지구 환경이 과연 계속 늘어가는 인구를 먹여 살릴 수 있을 것인가, 심지어 지구에 생명이 지속될 수 있을 것인가 하는 문제입니다. 이는 현존 인류와 미래 세대 사이의 생명 유지와 관련된 불균형이라고 할 수 있습니다." 네 번째 단계의 기업은 이런 더없이 중대한 문제에 적극적으로 대처하고 전력을 다해야 한다.

"세계 곳곳의 기업이 우리의 방향에 동조한다면 훨씬 살기 좋은 세상이 되리라고 확신합니다." 가쿠 회장은 이런 측면에서 기업의 역할이 점점 중요해지고 있다고 강조했다. 과거에는 정부가 리더십을 제공했다. 하지만 글로벌 경제로 국경이 의미가 없어지는 세상에서는 상황이 달라진다. 가쿠 회장은 개별 국가를 위해 봉사하는 것이 정치인과 정부 관료의 속성이므로 '지구촌'을 이야기하는 시점에서는 정치인과 관료의 리더십에 의존하기 힘들다는 사실이 점점 명확해지고 있다고 지적했다. 하지만 다국적기업은 다르다. 다국적기업은 세계가 평화롭고 안정되어야 적극적으로 기업 활동을 할 수가 있다. "비즈니스를 하려면 지구에 평화 유지가 필수입니다. 이런 다국적기업이 리더십을 발휘하지 않으면 도대체 누가 세상을 구하겠습니까?"

두 번째 중요한 대화는 아르헨티나에서 로베르토 알레만Roberto Alemann과 이루어졌다. 알레만은 스위스에서 출발한 다국적 화학회사 시바가이기Ciba Geigy의 아르헨티나 회장과 CEO를 지냈고, 세 명의 대통령 밑에서 아르헨티나 경제부 장관을 역임했으며, 아르헨티나에서 가장 존경받는 정치인 중에 한 사람이기도 했다. 그는 시나리오 A를 통해 만들어낼 수 있는 세상에 대해서 워낙 능변으로 설득력 있게 말을 했기 때문에 나는 그를 런던으로 초대하여 셸의 경영위원회를 비롯한 최고위 관리자와 만나게 했다. 당시 행사에 우리 시나리오 팀원도 참석했다. 그날 아침 셸 본부에서 열린 행사에서 그는 우리가 진행하고 있는 시나리오 A를 이렇게 말했다. "자유와 민주주의의 매력은 절대로 사라지지 않습니다. 역사의 행진에서 불가결한 요소입니다. 가난한 나라 사람이 정치적, 경제적 자유를 향한 혁명에 앞장서고 있습니다. 이런 노력, 즉 이런 개혁이 세상을 근본적으로 바꿀 것입니다."

세 번째는 NATO 대사를 지냈고 ALF 이사로도 활동한 할런 클리블랜드였다. 그는 평생 국제 무대에서 남다른 임무를 수행해온 경험을 토대로 지금이 세계 역사에서 '기회의 순간open moment'임을 이야기하고, '다양성이 허용되는 세상'을 만들기 위해 진행되어야 하는 상세 전략를 개괄하여 소개했다. 클리블랜드는 다양성이 허용되는 세상에서는 어떤 국가나 연합체도 '지배를 받지' 않는다고 강조했다.

마지막으로 우리는 셸 본부를 장기간 방문한 맥킨지의 일본 지사장이자 비즈니스 분야에서 존경받는 일류 사상가인 오마에 겐이치와 이야기를 나누었다. 그는 '국경 없는 세상'의 대두를 이야기했다. 국경 없는 세상에서는 경제적 상호 의존을 통해 미래에 세계적인 번영과 평화를 이룩할 수 있다고 그가 말했다.

^

몽플뢰르 시나리오와 세계적인 정치인과의 만남으로 팀의 공동 멘탈 모델이 서서히 변화했다. 거의 한 달 동안 우리는 시나리오 A의 구체적인 내용을 놓고 토론하고, 글을 쓰고, 고쳐 쓰는 작업을 했다. 지루하고 고난한 작업이었지만 계속 대화하고 모든 가능성을 고려하면서 마침내 시나리오 A의 내용 구성에 합의했다.

1992년 6월 우리는 시나리오 A의 최종 버전을 쓰는 작업을 하고 있었고 이것을 '뉴프런티어New Frontiers'로 부르기로 했다. 세계가 모든 사람에게 정치적, 경제적 자유를 보장한다는 유례없는 도전을 받아들인다면 과연 어떤 일이 일어날지를 이야기하는 시나리오에 더없이 잘 어울리는 이름이라는 판단에서였다.

뉴프런티어 시나리오

'뉴프런티어'에서는 자유주의 개혁이 지속되며 광범위로 퍼져 나간다. 세계 경제의 무게 중심이 선진국에서 개발도상국으로 바뀌고 선진국에서는 새로운 우선순위가 생기면서 소비가 줄어들고, 반면에 성장이 진행 중인 개발도상국은 모든 영역에서 아주 높은 수요 패턴을 보인다. 선진국과 개발도상국의 이처럼 상반된 변화는 결과적으로 지구 전체에 수요와 공급의 균형을 가져온다. '뉴프런티어' 시나리오는 새로운 수요와 기회, 혼란, 엄청난 변화의 이야기이며, 정부와 기업 모두 과거에는 생각지도 못한 도전을 받는 그런 이야기이다.

'뉴프런티어' 세계의 가장 두드러진 특징은 개발도상국의 비약적인 경제 성장이다. 1992년부터 2020년까지 세계 경제와 글로벌 비즈니스 활동의 무게 중심이 선진국에서 개발도상국으로 넘어간다. 시나리오에서 다루는 기간에서 초기에는 구매력 면에서 개발도상국이 세계 경제에서 차지하는 비율이 50% 이하다. 반면 2020년에는 개발도상국이 세계 경제에서 차지하는 비율이 70%에 이른다. 인구가 많은 개발도상국, 특히 중국과 인도의 세계 경제로의 통합이 가장 지대한 영향을 미칠 변화다. 라틴아메리카 개혁도 지속적으로 결실을 맺는다. 하지만 라틴아메리카의 결정적이고 비약적인 발전은 브라질이 통화와 재정 불안정을 해결하는 시점에 찾아온다. 1990년대 후반은 라틴아메리카가 아주 빠른 성장을 하는 시기다. 발전의 선순환이 일어난다.

성공적인 경제 개혁은 자체로 정치 안정의 씨앗을 품고 있다. 개혁주의자는 그들의 개혁이 결실을 맺음에 따라서 국민의 신뢰를 얻으며 다시 선출된다. 보통은 과거에 가장 가난했고 정책에서 소외되었던 이들이 개혁의 가장 중요한 지지자가 된다. 경제 자유화와 정치 자유화 사이의 관계는 국가별로 다르다. 하지만 어떤 경우든 자유시장 경제로의 개혁이 성공하면 개인의 자유도 증가한다. 시간이 흐르면서 정부는 극빈층에 관심을 기울인다. 사회적 폭력을 막으려면 성장의 결실을 더욱 평등하게 분배해야 하며, 필요한 사회 안전망을 제공해야 한다는 사실을 정부는 서서히 깨닫는다.

폴란드, 멕시코, 남아프리카공화국 같은 주요 국가의 진보는 소위 '전시 효과'라는 것을 통해 다른 나라를 자극한다. 아프리카에서도 힘들고 고생스러운 개혁 과정이 21세기 초반이면 성과를 거두기 시작한다. 1990년대 초반에 도입된 품종 개량이 획기적인 성과를 거두어 아프리카인의 주식인 카사바와 수수 생산량이 늘어난다. 품종 개량은 주로 이들 작물이 가뭄에 강한 저항력을 갖도록 하는 데 집중된다.

과거 소비에트연방은 자유주의 경제로의 이행이 결코 만만치 않다는 것을 보여준다. 하지만 1990년대 중반이 되면 곳곳에서 수많은 신흥 기업이 나타나 급속히 성장하기 시작한다. 러시아의 벽지들은 급속히 발전하는 경제 중심지가 되며, 이들의 성장은 외국인 투자에 의해 활력을 얻는다. 세기가 전환될 즈음 과거 소비에트연방은 최대 고비를 넘기고 안정적인 성장의 길로 들어선다.

부유한 선진국에서는 경제적 번영이 악화되는 공공서비스, 인구 과잉, 교통 혼잡, 도시 청결 문제, 범죄 증가, 환경 오염 등과 맞물린다. 소위 말하는 '부의 역설'이다. '부의 역설'은 성장 패러다임을 근본적으로 재고하게끔 만든다. 삶의 질이 가장 중요한 이슈가 된다. 성장 자체를 위한 성장으로는 이제 충분하지 않다. 환경, 사회 기반시설, 교육 · 건강 · 범죄 억제 같은 사회재social goods에 돈을 쓰려는 대중의 의지는 세금 증가, 기업의 직접적인 사회적 비용 증가, 완만한 성장과 소비 등으로 이어진다.

선진국에서 개발도상국으로의 경제 중심 이동은 권력 이동을 수반한다. 경제적 위상이 높아진 개발도상국을 의사 결정에서 배제할 수 없다는 사실이 명확해지기 때문이다. 아이디어와 정보의 파급, 국경을 넘나

드는 자본의 흐름은 멈출 수 없다. 기술, 경제 발전, 이익의 상호성에 인식이 확산되면서 개발도상국 소외 현상이 사라진다. 그리하여 많은 개발도상국이 국제 무대에서 더욱 넓은 영역에 포진한다.

새로운 국제 질서 형성 과정은 느리고 동시에 복잡하며, 정부뿐만 아니라 기업가와 기업에게 점점 많은 시간과 에너지를 소모하게 하지만 결국에는 신질서가 형태를 갖춘다. 21세기 초반에는 인도와 브라질이 유엔안전보장이사회에서 자리를 차지한다.

뒤늦은 감은 있지만 GATT의 우루과이 라운드 협상이 완료되면서 세계 질서에 중요한 진전이 온다. 우루과이 라운드 협상 타결로 농업과 서비스 분야에서 자유화가 촉진되고 무역으로 전쟁의 위협을 없애는 효과를 본다. 개발도상국은 남아 있는 무역 장벽을 제거하기 위해서 분발하고, 한편으로 선진국은 환경 정책과 무역을 화해시킬 방안을 찾는다. 이런 분위기에 탄력을 받아 1990년대 후반에 봄베이 라운드가 시작되고 이어 미래의 많은 라운드, 즉 협상 테이블이 생겨난다.

새로운 국제 질서가 만들어지는 이유는 정부와 개인이 편협하게 단기간의 이익만을 보던 관행을 넘어서서 보다 넓은 범위의 장기 이익을 보게 되기 때문이다. 이런 관점의 변화는 진정한 관용의 정신을 보여주면서 러시아와 아프리카에 원조를 제공하고, 부채 상환 기간을 연장하여 개혁의 시간을 만들어주는 행동으로 구체화된다.

'뉴프런티어' 초기에는 세계화globalism로 가는 첫 단계라 할 수 있는 지역주의regionalism가 번창한다. 동남아시아에서는 기업이 이끄는 지역 통합 움직임이 한층 강해진다. 홍콩, 중국, 타이완, 혹은 싱가포르, 필리핀의 바탄 반도, 말레이 조호르를 잇는 삼각 개발 지역처럼 국경을 넘어 산업 개발 지역이 형성된다. 아시아 국가도 통합을 통해 유럽이 1950년대와 1960년대에 누렸던 강력한 힘을 경험한다.

유럽에서는 포괄 범위가 한층 넓어진 무역 협정과 안보 대책 등이 동유럽과 서유럽을 더욱 긴밀하게 묶는다. 2015년까지 대서양에서 우랄 산맥까지가 '유럽인 공동의 터전'이라던 고르바초프의 개념이 현실이 된다.

터키는 유럽의 일부이지만 동시에 중동의 일부이자 중앙아시아와 흑해까지 아우르는 정치경제 네트워크의 일부이기도 하다. 북아프리카는 무역과 가스 파이프라인을 통해 점점 유럽과 긴밀하게 연결되지만 아프리카 나머지 지역과도 연결된다. 멕시코는 북미 경제에 견고하게 통합되지만 둘 다 더욱 넓은 범위, 더욱 자유로운 서반구 무역권의 일부다.

시나리오에서 이야기하는 시대의 끝인 2020년 세계는 아주 다른 공간이다. 많은 개발도상국에서는 성공이 성공을 낳는 선순환이 계속된다. 고학력이 출산율을 떨어뜨리는 결과를 낳고, 경제 성장이 환경 개혁 운동으로 이어지며, 더욱 힘이 세진 경제 자유화는 민주주의의 동력을 지원한다. 더욱 활발해진 커뮤니케이션은 지역사회 공통 관심사를 찾아 논의하는 것을 더욱 쉽게 해준다. '뉴프런티어'에서는 부유층과 빈곤층 모두 경제적, 사회적, 환경적 상호 의존을 인정한다.

두 편의 시나리오는 경영위원회의 승인을 받은 뒤에 1992년 9월 책으로 묶여 셸 그룹 내부에 배포되었다. 1권에는 두 시나리오의 내용과 그것들이 국제 질서, 경제, 정치, 에너지, 환경, 기업, 사람과 관련하여 갖는 함의 등이 담겨 있다. 2권은 그런 세계적인 흐름이 여러 지역과 비즈니스 부문에서 어떤 식으로 진척되고 있는가를 보여주는 내용으로 구성되어 있다. 2권에서는 또한 두 개의 시나리오가 세계 경제 및 에너지와 관련하여 어떤 의미를 갖는지 수치를 제시하며 보여준다.

이후 일 년 동안 시나리오 팀은 셸의 지사가 있는 50여 개국을 돌면서 경영진과 만나 이삼 일씩 워크숍을 가졌다. 워크숍에서 우리는 독특하고 흥미로운 방식으로 시나리오를 발표했다. 참가자들이 이들 시나리오 상황에서 '사는' 체험을 할 수 있도록 발표가 끝난 다음에는 일련의 전략회의가 이어졌다. 회의 목적은 경영진이 시나리오에서 말하는 미래가 자신이 운영하는 지부의 특수한 환경에서 어떻게 펼쳐질 것인가를 보다 깊이 이해할 수 있도록 돕는 것이었다.

우리 팀은 셸 그룹 지부가 있는 여러 나라의 주요 정부 기구와 비정부 기구를 방문하여 면담을 하는 특권도 누렸다. 이런 모임에서 우리는 시나리오를 발표하고 참석자와 광범위한 주제로 대화를 나누었다. 아침 일찍 시작한 대화가 점심시간을 한참 넘긴 뒤에야 끝나는 일이 다반사였다. 이런 자리는 의사 결정자가 잠시 걸음을 멈추고 역사적으로 중요한 현시점에 세계가 선택할 미래의 대안이 무엇인가를 고민해보게 만들었다는 점에서 의미가 있었다. 우리는 세계은행, 국제연합, 국제통화기금IMF, 경제협력개발기구OECD, 유럽 공동체, 영국 외무부 등에 있는 핵심 정책 결정자와도 만났다. 미국에서는 50명의 저명한 정부 및 기업의 리더가 참여하는 5시간짜리 회의에서 시나리오 발표 기회를 가졌다.

회의는 워싱턴에서 1993년 6월 하순에 개최되었고 내가 참여한 셸의 마지막 시나리오 발표회였다. 이는 셸 그룹과 함께한 4년 가까운 세월을 마무리하기에 더없이 좋은 자리였다. 우리 팀은 이런 자리를 통해 비전의 중요한 부분을 달성했다. 바로 '공개 대화를 널리 알린다'는 것이었다. 이런 외부 발표회에서 우리의 목표는 새로운 시대가 시작되는 시점에 리더의 위치에 있는 사람들이 세계에서 어떤 일이 가능한지 머릿속에 그림을 그릴 수 있게 도와주는 것이었다.

글로벌 시나리오 작업을 하는 동안 직접 목격한 바에 따르면 '뉴프런티어'가 현실이 되기를 진심으로 바라는 리더는 세계 어느 곳에나 있다는 사실이었다. 그들은 지구촌의 단절을 종식시키고 모두에게 도움이 되는 보다 좋고 더욱 평화롭고 지속 가능한 세상을 꿈꾸었다.

▲

이들 시나리오가 셸 그룹에 장기적으로 어떤 영향을 미쳤는지를 판단하기에는 아직 너무 이르다. 하지만 우리가 작성한 시나리오가 셸의 경영진과 회사에 도움이 되는 아주 의미심장하고 새로운 전략적인 통찰을 얻도록 도왔다는 것만은 의심의 여지가 없다. 과거 몇 년간 셸에서 해당 팀과 기획조정실에서 받은 피드백은 그렇게 말해주고 있다. 우리는 또한 시나리오가 세월이 흐르면서 개인에게도 아주 많은 영향을 미치고 있다는 사실을 알았다. 시나리오 팀원으로 일한 두 사람은 아예 직업을 바꿔 구체적으로 '뉴프런티어' 세계를 만드는 작업을 돕는 일에 뛰어들었다.

내 경우에는 개인적으로 시나리오 팀에서 일한 것이 깊은 만족감을 주는 심오한 미적 경험이었다고밖에 달리 표현할 길이 없다. 전체 경험이 발전적 리더십이라는 영역에서 내가 알고 있었던 모든 것을 거듭 확인해주는 역할을 했다. 우리가 하루하루를 어떻게 운용하며 새로운 환경과 현실을 창출하는 과정에 어떻게 참여할 것인가를, 특히 2년 넘게 함께 일하는 동안 나는 우연의 일치가 얼마나 자주 일어나는가를 깊이 인식하게 되었다. 내가 어디를 향하든 항상 해답이 나왔다. 문이 열리고 신기한 '우연의 일치'가 일어나곤 했다. 누군가가 내게 다른 누군가를 소개해줬고 나중에 알고 보니 하필이면 그 사람이 우연찮게도 우리에게 아주 중요한 가르침을 줄 인물을 알고 있었다. 이런 우연의 일치는 때로 아주 미묘하게 기억을 상기시키는 미풍처럼 다가왔고, 어떤 때는 거센 파도처럼 강렬한 가르침으로 다가왔다. 그저 놀랍다는 말밖에는 할 말이 없는 그런 상황도 있었다.

예를 들면 우리가 일본의 캐논에 가서 가쿠 회장과 만난 일을 생각해 보자. 일단은 가쿠 회장 자체가 비범한 사람이었으니 우리의 방문 목적은 이미 달성된 셈이었다. 예상대로 우리는 그에게서 깊은 감명을 받았다. 그가 거기에 있고 그와 대화를 나눈다는 자체만으로 그야말로 대단한 경험이었다. 면담이 끝난 직후 배석했던 고위 임원 두 명이 우리를 데리고 다니면서 본부 시설을 보여주었다. 그리고 캐논의 역사를 알려주는 기록 영화를 보여주었다. 20분 정도 되는 짤막한 기록 영화를 보는 동안에 난데없이 화면에 익숙한 얼굴이 등장했다. 바로 베르나르 카이에르. 1977년 몬차에서 열린 그랑프리 대회에서 우연히 만났던 남자. 당시 그는 내게 경주를 보기에 제일 좋은 장소로 쿠르바 파라볼리카의 특정 지점을 알려주었다. 내가 에너지장과 공동의 흐름 상태의 통찰을 처음 얻은 곳이 바로 거기였다. 바로 몇 분 전 가쿠 회장과의 만남에서 경험한 것과 똑같은 장(場)이었다. 이 모든 공시성 앞에서 나는 그저 경탄할 뿐이었다.

점심시간에 대화가 리더십이라는 주제로 흘렀을 때 나는 다테누마에게 가쿠 회장의 태도와 사람 됨됨이, 너무나 인간미가 넘치는 모습에 깊은 인상을 받았다고 말했다. 마치 자석처럼 나를 끌어당기는 그런 사람이었다고.

다테누마는 자신도 전적으로 동의한다며 우리에게 가쿠 회장에 얽힌 놀라운 이야기를 들려주었다. 1945년 일본에 원자폭탄이 투하되었을 때 가쿠 회장은 불과 열여덟 살로 나가사키 조선소의 대형 선박에서 일하고 있었다. 폭발의 세기와 열기를 보고 가쿠 회장은 직감적으로 뭔지를 알았다. 물리학을 공부했기 때문에 핵분열 원리를 이해하고 있었던 것이다. 선원들 중에서도 연소자 축에 들었지만 그는 즉시 선원들을 이끌고 선창 깊숙한 곳으로 갔다. 그리고 바깥의 오염에 노출되지 않아야 한다고 경고하며 그는 선창에서 3일을 머문 다음에 밖으로 나가야 한다고 선원들을 설득했다. 가쿠 회장은 당시 시련을 계기로 완전히 새로운 사람으로 거듭났다는 것이 다테누마의 판단이었다.

그때 이후로 나는 종종 가쿠 회장과의 만남과 다테누마가 한 말을 생각했다. 나가사키는 가쿠 회장에게 있어서 극한의 고난이었다. 당시 그는 부버의 표현을 빌자면 '한층 성숙된 존재로 거듭나면서' 이를 헤치고 나왔다. 가쿠 회장은 비단 서번트 리더의 전형이었을 뿐만 아니라 끊임없이 더욱 차원 높은 질문을 던지며 사고를 심화시키고 있었다. 우리가 창조할 수 있는 것은 무엇인가, 어떻게 공동으로 우리의 운명을 만들어갈 것인가. 나는 마침내 결론을 내렸다. 이것이 바로 리더십이 궁극적으로 의미하는 바라는 것을 말이다.

23

가능성의 세계

다르게 인식하고 생각하는 능력이 획득한 지식보다 중요하다.

-데이비드 봄

1993년 2월 나는 셸 정유회사 경영진에게 1992년 글로벌 시나리오를 발표하기 위해 휴스턴에 있었다. 나는 몇 년 전에 휴스턴에서 있었던 모임을 떠올렸다. 거기서 나는 노먼 던컨에게 짧은 소감을 말했고 그것이 결국 나를 시나리오 팀의 리더로 이끌었다. 시나리오 발표를 마친 나는 하얏트리전시 호텔로 향했다. 존 가드너가 휴스턴 포럼 클럽에서 하는 강연을 듣기 위해서였다. 강연이 진행될 호텔 무도회장은 그야말로 발 들일 틈 없이 붐볐다.

그날 가드너의 강연 제목은 '국가의 부활rebirth of a nation'이었다. 그는 마지막에 기립 박수를 끌어내는 감동적인 연설을 했다.(사실 그에게는 그리 드물지 않은 일이다) 도중에 가드너는 다른 모든 질문의 기저에 있는 핵심 질문이라 생각한다는 질문을 던졌다. "우리의 과거에 걸맞은 미래를 창조할 능력이 우리 안에 있는가?"

정말 영감을 주는 강연이었다. 강연장에서 그가 만들어내는 에너지를 직접 느낄 수 있었다. 특히 나는 특정 부분에 감동을 받았다. 자유로운 국가 미국에 관해 논하면서 가드너는 이런 이야기를 했다.

> 미합중국 헌법에 명시된 '우리 미합중국 국민'이라는 놀라운 구절은 합중국을 포함한 주권국보다도 크고 중요한 정당성과 힘을 부여하는 원천이었습니다. 해당 구절은 대다수 미국인의 감정에 엄청난 반향을 불러일으켰고 들불처럼 유럽 전역으로 퍼져 나갔습니다. 전제 군주에 염증을 느끼는 유구한 역사를 자랑하는 국가에게 이것은 믿기지 않을 만큼 놀랍고 간담이 서늘할 정도의 충격이었습니다. 유럽인은 태연자약하게 그런 경악스러운 문구를 헌법 전문에 넣고 거기에 헌법의 정당성을 두는 미국인의 대담함과 뻔뻔함에 혀를 내둘렀습니다.

그날 저녁 런던 집으로 돌아가는 길에 나는 가드너가 말한 '미래 창조'라는 중심 논지를 계속해서 생각했다. 그리고 '우리 국민'이라는 단어가 가지는 어마어마한 힘을 생각했다. 나는 '우리 국민'이 어떻게 우리의 선언, 행동, 존재 방식을 통해 정말로 미래를 창조하는가를 거듭 생각했다. 우리가 내놓은 시나리오도 생각했다. 그림처럼 생생한 문장으로 표현한 시나리오를 가지고 경영진과 대화를 나눈 다음 모든 것이 우리가 바라는 대로 돌아갈 경우 해당 회사의 미래가 팀의 변화된 인식과 거기서 나온 행동에 의해 어떻게 바뀌는가를. 리더십 포럼도 생각했다. 처음에는 그것이 얼마나 추상적인 개념이었던가. 우리의 말과 소규모 집단으로 뭉친 사람들의 헌신과 행동에서 실체가 뚜렷한 무엇인가가 생겨났고, 그것이 나라 전역에 걸쳐 여러 지역사회의 삶을 바꾸어놓았다. 법률회사 시절도 생각했다. 법학대학원을 졸업하고 겨우 이삼 년 지난 젊은 변호사 몇 명이 뜻을 모아 법률사무소를 설립하고, 어떻게 국내 최고의 법학대학원을 돌며 신입 변호사를 모집했던가. 당시 우리는 100명 정도의 법대 학생들 앞에 서서 우리 법률회사를 변호사 200명을 둔 우리나라 법조계의 대표 주자로 키우겠다는 꿈을 이야기했다. 우리는 꿈이 있었고 헌신하고자 하는 분명한 열정이 있었다. 해마다 최고의 젊은 변호사가 작은 우리 집단에 매력을 느끼고 우리 회사를 택했고 결국에는 우리 꿈이 실현되었다. 우리는 그런 식으로 우리의 미래를 창조했다.

우리가 어떻게 공동으로 미래를 창조할 것인가 하는 문제는 리더십 포럼과 셸의 시나리오 기획에서 했던 일에서도 항상 중심에 있었다. 다만 항상 명확하게 의식하고 있지는 않았을 뿐이다. 사실 그런 문제를 부를 마땅한 단어를 찾는 것조차 쉽지가 않았다. 리더십 포럼에서 회원들과 함께 이루려 했던 목표는 우리의 사고방식과 상호 작용 방식에서의 근본 변화를 요구했다. 우리 문화 기저에 있는 각종 전제와 습관을 전체적으로 관통하는 그런 변화를 말이다. 하지만 당시를 생각하면 나는 이런 주제에 일관성 있는 글을 쓰거나 논할 만큼 충분히 이해하고 있지 못했다. 셸에 있는 동안 나는 해당 주제에 약간의 독서를 했고, MIT 조직학습센터에 있는 피터 센게와 동료의 결과물도 접했다. 그들은 이와 동일한 문제, 즉 사람들이 검증되지 않은 신념을 개인적인 확신으로 지지하게 되는 방식, 분석적 모델이 상황에 따른 가변성을 용납하지 않는 연유, 우리가 '실재reality'로 간주하는 것이 우리의 언어 및 행동과 어떻게 불가분의 관계에 있는가 등을 부지런히 연구하고 있었다.

봄과 나는 런던에서 '실재'와 언어의 관계에 대해 이야기를 나누었다.

> '접힌 질서'는 먼저 하나의 언어입니다. 이것은 실재에 대한 서술이 아니지만 하나의 언어, 말하자면 내면의 언어지요. 내면의 언어는 각각의 단어를 하나의 사물과 연결시키는 그런 언어와는 다릅니다. '접힌 질서'는 오히려 음악에 가깝습니다. 음악에서 음표 하나하나가 뭔가를 가리킨다고 할 수는 없지요. 그림과도 비슷합니다. 인상주의 화가의 그림을

보면 붓으로 찍은 수많은 점이 있습니다. 하지만 뒤로 물러서서 보면 점 하나하나와 그림에서 보이는 것이 일치하지는 않습니다. 마찬가지로 '접힌 질서'가 직접적으로 실재와 일종의 대응 관계를 이루며 실재를 설명하지는 않습니다. 이것은 그저 하나의 언어입니다. 이 언어는 명확하게 언명되지 않는 무언가를 말하고 있지요. 사실 우리에게 가장 직접적인 실재는 명확하게 언명되지 않습니다.[17]

▲

휴스턴 셸 정유회사에서 글로벌 시나리오를 발표하고 난 두 달 뒤에 나는 사업상 회의가 있어 파리에 있었다. 4월의 파리는 아름다웠다. 메이비스와 아이들이 주말을 함께 보내러 올 예정이었다. 로열 더치 셸에서의 일이 끝나가고 있었기 때문에 한동안은 파리를 방문할 기회가 없겠다는 생각에서였다. 가족이 도착하기 전날 밤 나는 글로벌 비즈니스 네트워크에서 주최하는 만찬에 참석했다. 아리 드 호이스가 친구 프란시스코 바렐라와 함께 와 있었다. 아리를 비롯한 여러 사람이 오래전부터 나에게 바렐라를 만날 것을 권했었다. 다들 그가 정말 특출한 사람이라고 했지만 나는 일상 업무의 압박 때문에 그들의 충고를 따르지 못했다.

만찬에서 아리와 바렐라가 내 맞은편에 앉아 있었다. 하지만 사교적인 인사말 이외에 깊은 대화를 나누기에는 너무 시끄러웠다. 게다가 식사 도중에 모두가 자리를 옮겨서 보다 다양한 사람과 얘기해보자는 의견이 나왔다. 자리를 옮기고 보니 미국인 여성(편의상 캐서린이라고 부르겠다) 옆에 앉았다. 그녀는 에너지가 넘치는 사람이었고 그녀와의 대화는 무척 즐거웠다. 캐서린이 내게 셸에서 무슨 일을 하느냐고 물었다. 내가 이야기를 해주자 그녀는 엄청 흥미를 보이면서 다시 물었다. "어떻게 그런 일을 하게 된 건가요?" 나는 문화회관에서 노먼 던컨을 만난 이야기, 레나타 카를린이 어떻게 내 인생에 등장했는지, 런던에서 일하게 될 것이라던 메이비스의 예견, 리더십 포럼에서의 일 등을 말해주었다. 어느 순간 나는 캐서린에게 포럼 초기에 일어났던 공시성을 이야기하고 있었다. 왠지 그것이 너무 자연스러웠고 캐서린도 완벽하게 이해했다. 이야기를 나누는 동안 우리의 대화는 새로운 차원으로 올라갔다. 나는 캐서린에게 인간이 함께 미래를 창조해가는 원동력에 관심이 있으며, 상상하지도 못한 방식으로 문이 열릴 때 생기는 힘을 좀 더 알고 싶다고 말했다.

캐서린은 자신이 버클리 대학에서 박사 과정을 밟고 있다며 현재 박사 논문을 쓰고 있는데 주제가 바로 이런 문제라고 했다. 파리에 온 이유도 인지과학과 인식론 분야의 권위자로 꼽히는 프란시스코 바렐라 교수를 만나기 위해서였다. 당시 바렐라는 파리 대학과 파리신경과학연구소에서 연구를 진행 중이었다. 캐서린이 바렐라의 책 두 권을 이야기했을 때 나는 그가 누구인지 확실히 알았다. 그는 새로운 분야를 개척하는 그야말로 선구적인 저서로 꼽히는 〈앎의 나무Der Baum der Erkenntnis〉와 〈몸의 인지과학The Embodied Mind〉의 공동 저자였다. 셸에서 일하는 동안 나는 학문 분야의 새로운 발견은 중요한 변화의 신호일 수 있으므로 놓치지 말아야 한다는 의무감에서 이 책들을 읽었다. 덕분에 낯선 인지생물학을 전반적으로 이해하게 되었는데, 불과 10년에서 15년의 역사를 가진 학문 분야로 '앎을 알아가는' 학문이라고 할 수 있다. 바렐라와 동료들이 생각과 인식을 연구한 뒤에 내놓은 중심 논지는 정말 흥미롭고도 놀라웠다. 기본 요지는 이렇다. 인식은 '밖에 있는' 세계를 나타내는 것이 아니라 오히려 '삶이라는 자체 과정을 통해서' 세계를 만들어내는 것이다. 특히 인간으로서 우리가 가질 수 있는 유일한 세계는 언어와 상호 작용을 통해 함께 만들어가는 세상이다. 더욱 중요한 것은 이들 학자들이 지적했듯이 바로 이런 지식이 우리의 세계, 우리의 공동체, 우리의 조직이 우리가 변해야만 변화할 것이라는 점을 강요한다는 사실이다.

캐서린과 나는 이런 개념에 대해 길게 대화를 나누었다. 그날 저녁 헤어지기 직전에 그녀는 프란시스코 바렐라를 꼭 만나보라고 말했다. "상상하지도 못한 방식으로 문이 열리는 현상의 원동력이 무언지 궁금하다고 하셨죠? 그와 관련해서 도움을 줄 수 있는 유일한 사람이에요."

다음 날 나는 바렐라에게 런던 셸 본부에서 만날 약속을 정했다. 그로부터 3주 뒤에 우리는 런던에서 만났다. 나는 바렐라와의 만남이 인생에서 가장 중요한 배움의 기회 중에 하나였다고 확신한다.

나는 바렐라와 만나는 자리에 알랭 바우터스와 동행했다. 알랭은 벨기에 출신으로 시나리오 팀의 새로운 팀원이자 셸에서 가장 똑똑하고 촉망받는 젊은이였다. 그는 면도날처럼 날카로운 지성을 가졌을 뿐만 아니라 나이에 비해 현명했다.

나는 바렐라와의 대화를 '문이 열리는' 혹은 '예측 가능한 기적'이라고도 할 수 있는 현상을 이야기하는 것으로 시작했다. 워터게이트 사건 이후 내 삶에서 일어난 상당히 오래전의 일부터 차근차근 이야기했다. 이혼으로 인한 위기, 이어진 유럽 여행, 몬차에서의 사건이 거론되었다. 법률회사를 그만둔 사실, 데이비드 봄을 만나 그에게서 배운 것들과 그날 만남 이후 일어나기 시작한 공시성. 나는 바렐라에게 지금까지는 공시성이 발생한 뒤에야 상황을 파악했지만 뭔가 지침이 될 만한 원리를 찾고 있다고 말했다. 그런 경험을 확실하게 나의 것으로 만들 방법과 우리가 미래를, 우리 주위의 세계를 창조할 방법도 알고 싶었다.

이어서 장장 8시간에 걸친 영원히 끝나지 않을 것 같은 대화가 시작되었다. 알랭과 나는 나중에 이야기를 나누는 동안 우리 사이에 형성된 일종의 '장'에 대한 의견을 주고받았다. 이는 촉각으로 감지할 만큼 생생하고 분명했다. 예전에도 많이 느껴본 그런 감정이었다.

바렐라는 먼저 우리가 논의하고 있는 현상이 신대륙을 탐험하는 것처럼 완전히 새로운 영역임을 인정하는 것이 중요하다고 말했다. 사실 인지과학자는 아메리카 대륙의 초기 지도를 들여다보고 있는 16세기 탐험가와 다를 바가 없다. "미지의 신대륙 지도는 아마 여러 부분에서 오류가 있을 겁니다. 하지만 확실한 것은 최소한 우리가 그런 대륙의 존재를 알고 있다는 사실이지요."

"당신이 데이비드 봄에게서 배운 것, 즉 열린 우주에서 시작해봅시다. 모든 물질은 끊임없이 움직이며 고정된 실체가 없습니다. 바위나 널빤지, 어떤 사람을 고정된 물질로 표현한 그림은 실재와 맞지 않습니다. 세계와 우주가 개별 '사물'로 이루어졌다고 하는 개념은 환상이며 끊임없는 혼란을 낳을 뿐이지요."

바렐라는 또한 자생적으로 뭔가를 창조해내는 창발성emerging property(創發性)이 우주에 있다고 주장했다. 일단의 구성 요소가 지휘자 없는 오케스트라처럼 갑자기 함께 움직여 전혀 새로운 성질을 가진, 과거에는 없던 뭔가 새로운 것을 만들어낸다는 것이다. 노벨화학상을 수상한 일리야 프리고진Ilya Prigogine의 연구는 우주의 창발성을 이해하는 데 크게 기여했다. "프리고진의 연구는 그가 산일 구조dissipative structure(散逸構造)'라고 지칭한 특정 화학계chemical systems가 환경의 요구에 반응하여 더욱 높은 수준의 자기 조직화self-organization를 이루어낼 수 있음을 입증했습니다. 이런 창발적인 속성은 다양한 영역에 걸쳐서 발견됩니다. 요동하는(프리고진은 산일 구조에서 나타나는 분자의 반복적인 미세한 움직임을 요동이라고 했는데, 이런 작은 요동이 충분한 시간 동안 반복되면 성질이 다른 새로운 것이 만들어지는 극적인 변화가 생긴다고 했다-옮긴이) 화학 반응뿐 아니라 유기체의 볼텍스, 레이저 광선, 유전자계, 면역계, 신경계, 생태계 및 사회 시스템에서 두루 발견됩니다. 겉보기에 무관해 보이는 이런 다양한 현상은 한 가지 공통점을 가지고 있지요. 어느 경우든 네트워크 형태로 연결되어 상호 작용을 하는 구성 요소가 새로운 실체를 만들어낸다는 것입니다. 예전과 완전히 다른 새로운 속성을 지닌 실체를 말입니다. 이런 현상이 일어나도록 조율하는 '지휘자'를 정확하게 집어내고자 해도 어디에서도 찾을 수가 없지요. 누구 혹은 무엇인지 특정할 수가 없으니까요."

바렐라는 이것은 일종의 역설이라고 말했다. "고전적인 사고방식을 기준으로 생각하면 이해할 수가 없습니다. 데이비드 봄은 '접힌 질서'라는 개념을 통해서 이것을 설명했지요." 나는 데이비드 봄이 나에게 말한 내용을 되짚어 생각해보았다. "접힌 질서라는 개념은 만물이 만물 안에 접혀 들어가 있다는 것입니다. 물질은 기본적으로 전체와 연결되어 전체 안에서 존재하며 국소적인 방식으로 모습을 드러냅니다. 결코 근본적인 존재가 개별 부분으로 구성되는 것이 아닙니다."

바렐라는 계속해서 말했다. "세계와 우주의 본질이 실체가 있는 것은 아니지만, 일단 우리가 분명 존재한다는 것을 제대로 이해한다면 즉시 변화의 가능성에 마음을 엽니다. 거의 자명한 이치니까요. 그러면 엄청난 가능성의 세계가 열립니다. 창조와 변화의 가능성들이요."

이 말을 듣고 알랭이 간단한 논평을 했던 것이 기억난다. "정말 심오하네요. 이제야 알겠습니다." 알랭은 워낙 두뇌 회전이 빠른 친구였고, 바렐라가 이야기를 끝내기도 전에 모든 것을 종합하고 있었다.

바렐라는 여기에 또 다른 측면이 있다면서 이야기를 계속했다. 세계가 열려 있기 때문에, 달리 말하자면 고정된 실체가 없기 때문에 제기될 수밖에 없는 질문이 있다. 그렇다면 인간이 어떻게 현실에서 세계를 경험하는가? "이것을 이해하지 못하면 우리가 세상과 어떻게 상호 작용을 하는지, 이런 '예측 가능한 기적'이 어떻게 일어나는지를 이해할 수 없습니다. 사실 우리의 언어와 신경계가 결합하여 끊임없이 환경을 만들어냅니다. 우리는 오직 우리가 이야기하는 것만을 볼 수 있습니다. 언어를 넘어서면 우리는 말하는 '맹인'에 불과하기 때문입니다. 언어는 신경계와 연결된 또 다른 눈이자 손과 같습니다. 우리는 언어를 통해서 다른 사람과 행동을 조율합니다. 우리는 언어 안에서 존재합니다. 우리는 언어화와 반복적인 행동 혹은 습관을 통해서 함께 의미를 만들어갑니다. 이것이 제가 말하는 행동 지각론입니다. 인지 혹은 지각과 행동은 분리된 것이 아니라 끊임없이 연결되어 있다는 것입니다. 우리는 거기에 살면서 세계를 규정한다는 것이지요. 이런 관점에서 보면 삶이 곧 앎이라고 할 수 있겠지요."

숟가락은 그 자체로 존재하는 것이 아니라고 바렐라가 설명했다. 그것은 인류라는 종족의 기본 특성(손, 음식의 필요성 등)과 인류의 역사(예절, 민족 고유의 방식 등) 속에서 하나의 숟가락이 된다. 여기서 인류의 특성과 역사는 계속 되풀이된다는 공통점을 가진다. 우리는 밥을 먹기 위해서 입에 숟가락을 집어넣는다. 하지만 이런 반복적인 관행이 없었다면 숟가락은 현재의 목적으로 존재하지 않았을 것이다. "이는 신체와 언어의 힘입니다. 이런 힘은 반복되는 상호 작용과 관습을 창조할 수 있고, 그렇게 해서 미래를 창조할 수 있습니다. 상호 작용 뒤에는 어떤 반응이 있게 마련입니다. 혹은 선언이나 약속을 하고 나면 조건이 충족되었을 때의 만족이 따릅니다. 그것이 이치입니다."

바렐라는 잠시 멈췄다가 차분하게 말을 이어갔다. "우리는 반복적인 인간 행동의 누적에 의해 길을 만들어냅니다. 이것이 말 그대로 인간답다는 의미지요. 커뮤니티, 가족, 또는 일, 숟가락 같은 물체처럼 구별된 세계에 존재하는 모든 것은 사실 어디에도 존재하지 않습니다. 오직 신체 행동과 인간 관습의 축적 안에서, 행동과 언어화의 관계망 안에서만 존재합니다."

"하지만 이런 현상이 본질상 집단적이라는 사실을 인식하는 것이 중요합니다. 약속이나 부탁을 하는 경우 나는 인류의 관행이라는 과거와 현재를 아우르는 관계망 속에서 그렇게 하는 것입니다. 부탁을 하거나 약속을 하거나 맹세를 하는 사람은 나지만 이는 결코 개인의 행동이 아닙니다. 이는 인류의 관행이라는 전체적인 배경 상황과 역사로부터 나왔고 다시 거기로 침투해 들어가기 때문입니다."

바렐라가 말하는 내용을 완전히 이해하지는 못했지만 그가 말하는 동안 내 안에서 새로운 이해와 통찰이 시작되는 것을 느낄 수 있었다. 지적인 깨달음이라기보다는 보다 보편적인 '앎', 보다 보편적인 통합의 느낌이었다. 하지만 하나만큼은 아주 명확했다. 내가 듣고 있는 말이 근본적으로 중요한 것이라는 믿음이었다. 그래서 나는 나중에 시간을 내서 그날 적은 메모와 대화 녹취록을 혼자서 공부했다. 나중에는 알랭과 함께 공부하기도 했다.

언어의 중요성, 인간과 세상의 상호 작용 방식을 검토하다 보니 여러 측면에서 언어의 발전은 불의 발견과 유사하다는 생각이 들었다. 언어란 불만큼이나 놀랍고 원초적인 힘이었다. 과거 나는 항상 우리가 언어를 활용하여 세상을 설명한다고 생각했지만 이제는 그렇지 않다는 것을 알았다. 반대로 우리는 언어를 통해서 세계를 창조한다. 우리가 설명하기 전까지 세상은 아무것도 아니며, 우리가 세상을 설명하는 순간 비로소 존재하게 되기 때문이다. 세상을 설명하면서 우리는 우리의 행동에 영향을 주는 구분을 창조한다. 달리 말하면 우리는 우리가 보는 세상을 설명하는 것이 아니라 우리가 설명하는 세상을 본다.

바렐라는 이야기를 하면서도 이런 모든 내용을 타인에게 전달하는 것이 얼마나 어려운가를 토로했다. "문제는 이런 모든 것을 설명할 단어나 언어를 거의 갖고 있지 않다는 겁니다. 세상에서 인간이 된다는 것이 의미하는 바를 설명해줄 단어나 언어를 말입니다." 불교에서 설명하는 전통 방식에 의지하여 이런 영역을 설명하고자 했다는 말도 덧붙였다. 그러나 생각하면 불교도의 언어는 무려 7백여 년에 걸쳐 충분히 정제하고 다듬은 결과물이다. 그런 측면에서 보면 서구인, 과학적인 전통을 가진 우리가 이런 부분을 이해하는 데서 어려움을 겪는 것은 어찌 보면 당연하다. "이쪽 방면에서는 은유적인 표현을 간신히 넘어서서 설명하는 정도까지 왔을 뿐입니다. 아직도 멀었다고 봐야지요."

대화 후반부에 우리는 내 삶에서 일어난 일에 대해 구체적인 이야기를 나누었다. 바렐라는 나에게 일어난 일을 듣고 자신의 견해를 말했다. 그는 내 내면에서 일어난 변화가 나에게만 있는 특이한 현상이 아니라고 했다. 이런 일은 인간에게서 일어난다. 정확히 말하면 우리가 우주의 나머지 영역과 마찬가지로 '열려 있고 고정되어 있지 않기 때문에' 일어난다는 것이다. 우리를 개별적으로 분리된 고형의 '사물'로 보는 습관적인 사고에도 불구하고 우리의 정신과 존재는 고정되어 있지 않다. 우리는 관계의 그물망 속에 존재한다.

바렐라는 또한 그동안 당연하게 생각했던 모든 '전제'가 흐려지는 때가 있는데 이때가 바로 내가 가능성의 세계와 만나는 순간이라고 말했다. "만약 실체가 없이 열려 있는 시스템이 있다면 우리는 창조할 수 있습니다. 안 될 이유가 없죠. 이것은 어찌 보면 역설입니다. 우주에서 그리고 우리 삶에서 실체가 없는 것과 만나는 것이 창조성의 원천이라는 사실 말입니다. 이런 순간에 우리는 스스로를 세상에 온전히 맡기는 '내맡김' 상태에 있습니다. 우리가 미래와의 관계를 변화시키고 펼쳐지는 우주의 일부가 되는 것은 바로 이런 상태에서입니다."

바렐라가 말하는 동안 나는 부버와 그린리프가 헌신의 순간에 대해 말한 내용을 떠올렸다. '사물과 본능에 지배를 받지 않는' 자유로운 의지가 작동할 수 있게 해주는 존재의 토대라고 했다. 바렐라는 계속해서 말했다. "이런 상태에서 우리는 분명한 태도를 취하며 새로운 실재를 창조하겠다고 선언합니다. 이는 아무렇게나 내뱉은 성명이 아닙니다. 세계를 재창조할 수 있다는 내면의 확신을 갖고 있기 때문입니다. 우리는 적절한 시기임을 감지하고 있습니다. 실재가 이미 시스템 안에 존재하면서 탄생하기를 기다리고 있기 때문입니다."

바렐라는 이런 상황에서 일어나는 변화는 체념에서 가능성으로 입장을 바꾼 사람한테서만 나올 수 있는 그런 종류의 선언이자 헌신이라고 설명했다. 우리는 그런 능력을 내면화하여 자신의 일부로 만드는 법을 배워야 한다. "이건 정말 중요합니다. 하지만 어떻게 하면 늘 이런 상태에 도달하느냐 하는 인식 면에서는 아직도 석기 시대에 있습니다."

바렐라의 이야기는 이어졌다. "다음으로 내가 당신에게 말하고 싶은 것은 영적인 세계에 있습니다. 인간의 마음과 관련되어 있기 때문입니다. '열린 본성'과 닿아 있고 '무(無)', 즉 비어 있는 상태에 있을 때 우리는 타인을 끌어들이는 엄청난 힘을 발휘합니다. 티베트 불교 지도자인 촉얌 트룽파가 '진짜 존재'라고 불렀던 이런 상태에는 자석처럼 사람을 끌어들이는 엄청난 매력이 존재합니다."

여기까지 말한 바렐라는 몸을 뒤로 젖히면서 미소를 지었다. "정말 아름답지 않습니까? 만약 다른 사람이 같은 공간에 있다면, 즉 거기 들어와 있다면 그들은 우리와 공명(共鳴)할 테고 우리 앞에 문이 열립니다. 이는 결코 이상하거나 신비로운 현상이 아닙니다. 자연 질서의 일부지요."

"그런 능력과 닿아 있는 사람을 아메리카 인디언 전통에서는 위대한 전사로, 동양 전통에서는 사무라이로 간주합니다. 저는 사무라이야말로 세상에서 그런 자세를 취하고 있는 사람이라는 생각입니다. 워낙 마음이 열려 있어서 대의를 위해 죽을 수도 있는 사람이지요. 이런 능력은 우리에게 중요한 열쇠를 제공하며 위대한 인류의 전통에는 항상 이런 존재가 있었습니다."

대화 말미에 바렐라는 이런 사람들을 우리와 다른 특별한 존재로 생각하는 것은 아주 위험하다고 경고했다. "그들은 특별하지 않습니다. 앞서 말했다시피 이런 능력은 자연 질서의 일부입니다. 그런 상태를 처음 보았다고 해서 놀라거나 특별하게 생각할 필요는 없습니다. 우리가 예전에 보지 못한 어떤 것의 현현이지 결코 우리가 가지지 못한 것의 현현이 아닙니다. 이런 상태는 우리 모두에게 가능한 일입니다. 또한 이는 인류가 가진 가장 소중한 자산이지요."

"이런 상태, 말하자면 우리가 타인과 깊이 연결되고 우리 앞의 문이 열리는 그런 상태는 저만치서 우리를 기다리고 있습니다. 우리가 보지 못하는 것은 일종의 착시 현상 같은 것이지요. 우리가 할 일은 그저 눈을 가늘게 뜨고 내내 거기 존재하면서 우리를 기다리고 있는 그것을 보기만 하면 됩니다. 우리가 할 일은 우리가 연결된 하나라는 사실을 아는 것입니다."

▲

거의 매일 아침 셸 본사로 가는 길에 나는 템스 강변에서 걸음을 멈추고 강변도로에 있는 특정 벤치에 앉아 있곤 했다. 명상을 하고 휴식을 취하는 곳으로 정해놓은 장소였다. 보통 30분쯤 혹은 조금 넘게 앉아 있었다. 그저 생각하면서 '존재하면서' 일기를 쓰면서. 내가 앉는 벤치는 주빌리 가든이라고 불리는 작은 풀밭 옆 아름다운 두 나무 아래에 있었다. 바로 여기서 보는 주위 풍경이 정말 아름다웠다. 바로 앞은 강으로 하루를 준비하는 보트들이 보였다. 강 건너편은 아름다운 강변도로가 펼쳐졌다. 왼쪽으로 웨스트민스터 브리지에서 오른쪽으로 워털루 브리지까지 이어지는 대로였다. 맞은편 강변도로 바로 너머는 팔리아멘트 스트리트, 화이트홀, 다우닝 스트리트였다. 왼쪽으로 멀리 보면 웨스트민스터 브리지 바로 맞은편에 빅벤 시계탑과 의사당 건물이 보였다. 역사적인 깊이가 느껴지고 뭔가 영감을 주는 풍경이었다. 셸 본사에 있는 내 사무실에서도 같은 풍경을 볼 수 있는데 아무리 봐도 질리지가 않았다.

1993년 봄과 여름 템스 강변에서 이른 아침을 보내는 동안 셸 그룹에서 임기가 끝나간다는 사실도 생각했다. 바렐라를 만난 직후에는 특히 그쪽에 신경이 쓰였다. 중요한 삶의 에피소드가 막을 내린다는 사실이 진심으로 아쉬웠다. 하지만 한편으로 새로운 여행이 시작되리라는 기대로 들떠 있었다. 이런 특별한 시기에 바렐라를 만났다는 것이 참으로 적절했다는 생각이 새록새록 들었다. 바렐라는 삶의 다음 단계를 준비하는 내게 소중한 지침과 방향을 제시해주었다. 새로운 경험에 비춰 반추해보면 오래전에 봄에게 배운 가르침 중에도 한참 뒤에야 명확해진 것이 많았다. 그러므로 바렐라와 나눈 대화의 일부분은 명확하지만 다른 부분이 오히려 의문을 가중시켰다는 사실도 이상하게 생각되지 않았다. 아직 혼란스러운 대화 내용은 삶의 다음 단계가 펼쳐지는 동안 서서히 명확해지리라는 것을 알고 있으니까.

24

미래 창조

자유와 운명은 함께 있을 것을 엄숙하게 약속하며 의미 면에서 서로 연결되어 있다.

-마르틴 부버

셸의 시나리오 기획은 오늘날 활용되는 최첨단 전략기획 시스템 중에서도 최고로 꼽힌다. 이런 시스템은 과거 20년 동안 로열 더치 셸 그룹의 여러 회사에 큰 도움이 되어 왔다. 1970년 〈포브스〉지는 셸이 일곱 개의 메이저 석유 기업 중에서 가장 약체라고 평가했고, 소위 '일곱 자매' 중에 '못난이 자매'라고까지 불렀다. 3년 뒤에 셸은 시나리오 기획을 통해서 의사 결정자의 멘탈 모델을 바꿀 방법을 찾아냈다. 1979년이 되자 셸과 엑손은 타의 추종을 불허할 만큼 훌륭하게 운영되는 회사로 평가되었고, 1994년 〈포브스〉지는 미국 이외의 기업 중 수익, 순이익, 자산, 시장 가치 등에서 가장 규모가 큰 50대 기업을 선정하면서 로열 더치 셸을 목록의 최상단에 올려놓았다.

셸 그룹에서 일을 시작하려고 런던에 도착한 1990년 나는 이미 시나리오 기획 공정에 관하여 구할 수 있는 모든 자료를 읽은 뒤였다. 그런 과정에서 나는 데이비드 봄이 10여 년 전에 설명한 양자물리학 관점에서 본 우주의 핵심 내용과 셸의 시나리오 기획의 긴밀한 연관성을 충분히 파악했다고 생각했다. 당시 나는 셸 시나리오 공정이 새로운 현실 출현에 앞서 사람들이 이를 인지하고 실현하도록 돕는다고 생각했다. 하지만 이는 오판이었다. 사실 셸의 시나리오 공정은 세상에서 뚜렷하게 드러나기 시작한 현실을 지적하고 알려주었다. 시나리오들은 셸의 관리자들이 새로운 현실이 등장하자마자 거의 즉각적으로 이에 반응하고 대처할 수 있게 도우면서 셸 내부에서 유용하게 활용되었다. 시나리오의 이런 접근법은 인간은 방어적이라는, 말하자면 우리는 상황을 바꾸지는 못하므로 통제 영역 밖의 힘에 '반응하는' 삶을 살아야 한다는 전제에 뿌리 박고 있다.

이 책을 쓰는 주된 목적은 이와는 다른 대안을 제시하기 위해서다. 만약 개인과 조직이 미래가 도달했을 때 거기에 단순히 반응하는 것이 아니라, 발전적인 자세로 체념보다 가능성을 생각하며 움직인다면 우리는 적극적으로 미래를 창조할 수 있다.

우리 눈에 보이지 않는 수준에서 세상에는 하나로 연결된 전체, 즉 '접힌 질서'가 있다. 바로 이 '접힌 질서'로부터 별개로 보이는 사건들이 생겨난다. '접힌 상태'에서 서서히 모습을 드러내는 글리세린 속의 잉크 방울처럼 모든 인간은 접힌 상태에서 끊임없이 펼쳐지고, 드러난 세계에 스스로를 드러내는 분리되지 않는 전체의 일부다.

우리가 개인으로 그리고 집단으로 할 수 있는 가장 중요한 역할 중에 하나는 마음을 열고, 즉 펼쳐지는 '접힌 질서'에 '귀를 기울이고' 우리가 마음 깊은 곳에서 일어나기를 희망하는 꿈, 비전, 이야기를 창조하는 것이다. 부버가 말한 것처럼 '인간의 정신과 행동으로 … 실현되기를 바라는 것'을 말이다. 시나리오를 이런 식으로 활용하면 엄청나게 강력한 힘을 갖는다. 우리 시대에 적합하고도 필요한 이야기를 제공함으로써 사람들이 새로운 현실을 감지하고 실현할 수 있도록 돕는다는 점에서 역사학자 토머스 베리는 '우리 아이들의 질문에 대답하는' 심정으로 미래를 준비해야 한다고 말했다.

리더십을 보는 전통적인 견해는 지위에서 나오는 힘과 눈에 띄는 성과를 중시한다. 하지만 진정한 리더십은 펼쳐지는 미래를 끊임없이 배우고 더욱 효율적으로 참여할 영역을 창조하는 것이다. 진정한 리더는 이처럼 '예측 가능한 기적'이 우연이라고 느낄 만큼 자연스럽게 일어날 수 있는 장과 실제로 일어나는 장을 마련해준다.

펼쳐지는 미래를 발견하고 참여하는 능력은 우리의 행동보다 존재 방식, 성격과 의식을 통틀어 말하는 존재 방식과 관련이 깊다. 리더십이란 우리와 주위 사람이 '실재'에 대한 이해를 심화시키고 미래를 공유하는 데 참여할 수 있는 영역을 서서히 창조해가는 것이다. 이것이야말로 리더십의 심층적인 영역으로, 세상에 무엇이 출현하기를 바라는가를 함께 '귀 기울여 듣고' 대담하게 나서서 필요한 조치를 취하는 것이다.

책에서 상술한 경험을 하면서 나는 '예측 가능한 기적'을 일으키는 역학이 무엇인가를 진지하게 연구하기 시작했다. 내가 법률회사를 떠나는 행동으로 문턱을 넘은 뒤에 어떻게 그렇게 많은 문이 열릴 수 있었을까? 마음속에 그리던 미래를 창조할 능력을 어떻게 '상실했고' 다시 되찾았을까? 나는 이런 경험과 데이비드 봄, 프란시스코 바렐라를 비롯해서 나와 함께한 많은 이들의 새롭고 심오한 아이디어를 접함으로써 어떤 원칙을 알게 되었는가? 이런 원동력이 개인들 내부에서 생긴다면 조직에서, 나아가 사회에서 생기지 못할 이유가 뭔가? 만약 그것이 가능하다면 리더십의 어떤 자질이 이런 원동력이 생기도록 자극하는 것일까?

이런 질문을 생각해보는 과정에서 우리는 인간의 지식이라는 미지의 세계를 탐험했다. 하지만 여기서 논한 내용은 그저 시작에 불과하다는 사실을 나는 주저 없이 인정한다. 바로 이런 정신 상태에서 나는 미

래에 없어서는 안 될 창조적 리더십에 필요한 세 가지 근본적인 사고방식의 변화를 경험했다.[18]

세계를 생각하는 방식의 근본적인 변화

먼저 세계가 움직이는 방식에 대한 우리의 멘탈 모델이 시계 태엽 장치처럼 확정되어 변하지 않는 기계적인 우주라는 이미지에서 열려 있고, 역동적이며, 서로 연결되어 있고, 활력이 넘치는 우주라는 멘탈 모델로 바뀌어야 한다.

데이비드 봄이 기포 상자 속에서의 삶을 이야기했을 때 나는 입자들이 작은 당구공처럼 서로 아슬아슬하게 스치면서 질주하는 왁자지껄한 세상을 이야기할 것이라고 짐작했다. 하지만 그는 때로 입자, 파동, 질량, 에너지로 서로 연결되어 있고 끊임없이 움직이는 그런 물질을 이야기했다. 일단 우리가 근본적으로 열려 있는 우주의 속성을 알아채면 우리에게 변화의 가능성이 열린다. 말하자면 미래가 고정되어 있지 않다는 사실을 알게 되므로 체념에서 가능성으로 우리의 인식이 바뀐다. 우리는 매 순간 미래를 창조하고 있다.

관계에 대한 이해의 근본적인 변화

데이비드 봄이 벨의 정리의 발견과 8년 뒤에 실험을 통해서 확인한 과정을 이야기했을 때 나는 유럽 여행 도중에서, 족제비와의 조우에서, 나중에 카이로에서 경험한 모든 것을 긍정하게 되었다. 나는 세상을 근본적으로 연결되어 있는 것으로 보게 되었다. 그때 이후 내가 공부한 모든 것은 관계가 우주의 조직 원리라는 사실을 거듭 확인시켜주었다. 물리학자 헨리 스탭Henry Stapp은 소립자를 '본질적으로 밖으로 뻗어 나가 다른 것에 도달하는 일련의 관계들'로 정의한다. 경영 이론가 마거릿 휘틀리는 입자는 다른 에너지원과의 상호 작용을 통해 순간적으로 생성된다고 말한다. 우리는 이런 에너지원 각각에 중성자, 전자 등의 명칭을 부여한다. 하지만 그것들은 '상호 작용의 그물망 안에 있는 중간 상태'이다. 일단 우리가 관계를 우주의 조직 원리로 간주하면 우리는 서로를 진정한 인간으로 받아들이기 시작한다. 마르틴 부버의 표현을 빌면 이때가 바로 우리가 스스로와 타인을 나와 그대라는 관계 안에서 보기 시작하는 때다.

헌신의 성격 변화

과거 나의 생활 방식을 보면 나는 뭔가에 전심전력을 다하는 능력, 즉 헌신하는 능력만큼은 아주 확신하고 있었다. 당시 내게 헌신이란 난관에도 불구하고 뭔가를 지속하는 데 흔들림이 없다는 의미였다. 나는 아주 초창기부터 '소송에서 이기는 법은 그렇게 되도록 만드는 것이다. 상대보다 열심히 하고, 집요하게 계속하고, 네가 하는 일에 확실하게 헌신하라'는 가르침을 받았다. 이는 운명의 목덜미를 움켜쥐고 성공을 위해서라면 무엇이든 하는 그런 종류의 헌신이었다.

헌신의 다른 측면, 더욱 깊은 측면을 이해하기 시작한 것은 훨씬 뒤의 일이었다. 이런 종류의 헌신은 의지will가 아니라 기꺼이 하려는 마음willingness에서 시작된다. 우리는 여행이 진행되는 동안 길 안내를 도와주는 내면의 목소리에 귀를 기울인다. 이런 종류의 헌신에서 근본적인 요소는 모든 것이 운명이라는 확고한 믿음이다. 이런 믿음이 있으면 '내맡김의 상태'에 있을 만큼 성실성을 갖게 된다. 바렐라가 말한 대로 그 순간 운명을 실현하는 데 필요한 것이 무엇이든 얻을 수 있으리라는 사실을 알기 때문이다. 우리가 미래와의 관계를 바꾸는 것이 바로 이 순간이다.

이런 헌신 상태에서 움직일 때 우리는 스스로를 우주의 펼쳐짐의 필수불가결한 일부로 생각한다. 이런 존재 상태에서는 우리 삶이 당연히 의미 있는 것이 되고, 부버가 말한 대로 우리는 '빈약하고 자유롭지 못한 의지'를 '위대한 의지'를 위해 희생하고, 나아가 더 이상 예정된 존재가 아니라 현실이 된다.

아메리칸 리더십 포럼을 만드는 동안 최대의 어려움에 직면한 순간에 나는 이런 원칙을 완전히 망각했다. 일단 내가 그것이 자신을 내맡기는 상태라는 것을 알자 애를 쓰면서 안달복달하던 자세를 버렸고 서서히 균형을 되찾았다. 그즈음 나는 처음으로 헌신의 힘을 이해하기 시작했다.

사람들이 모이다

이런 헌신에서 특정한 의미의 흐름이 시작된다. 사람들이 주위에 모이고 더욱 큰 규모의 대화가 만들어진다. 이런 내맡김의 상태, 경이의 상태에 있을 때 우리는 엄청난 매력을 발산한다. 우리가 특별해서가 아니라 사람들이 진짜 존재와 가능성으로 가득한 미래가 펼쳐지는 것에 끌리기 때문이다. 내가 이사진이나 기부자를 비롯하여 포럼의 성공에 너무나 중요한 사람을 끌어들이던 시기에 이런 현상이 일어났다.

공시성

아서 케스틀러Arthur Koestler는 융의 말을 보다 쉽게 표현하여 '공시성'을 '둘 다 일어날 가능성이 희박해 보이면서도 동시에 아주 중요해 보이는 우연한 사건에서 서로 관련이 없는 두 가지 인과 관계의 고리가 만나는 우연의 일치'라고 정의한다. 이런 상황에서 우리에게 오는 이들은 헌신하는 일과 관련해서 우리에게 필요한 사람들이다. 문이 열리고, 흐름이 생기고, 어쩌면 서로를 인지하지도 못하는 사람들이 일치단결하여 움직이는 장에서 본인이 움직이고 있음을 알게 된다. 이 지점에서 우리는 개인적으로 행동하지 않고 펼쳐지는 생성적 질서에서 움직인다. 이것이 바로 '접힌 질서'의 깨지지 않는 전체성이며 그로부터 겉보기에는 별개로 보이는 사건이 발생한다. 여기서 우리의 삶은 일련의

'예측 가능한 기적'이 된다.

▲

이 책에서 언급한 모든 경험과 비범한 사람과의 만남에서 나는 그런 '예측 가능한 기적'을 일으키는 리더십은 행동보다 존재 방식과 연결되어 있다는 결론을 내렸다. 이는 우리의 인격 및 내면의 활동 상태와 관련되어 있다.

근본적으로 열려 있고 서로 연결된 존재 상태에 있을 때 우리는 예리한 자각 상태에서 1세제곱센티미터의 기회가 모습을 드러내기를 기다리는, 바렐라가 말한 사무라이 전사와 같다. 그것이 모습을 드러냈을 때 우리는 의식적인 추론 과정 없이 전광석화처럼 재빠르게 움직여야 한다. 바로 이런 순간에 우리의 자유와 운명이 모습을 드러내고 우리는 우리가 살아갈 미래를 창조하게 된다.

epilogue

브레튼우즈와 하다마르

우리는 탐험을 멈추지 않을 것이다.
그리고 우리의 모든 탐험의 끝은
우리가 출발한 그곳에 도착하는 것이다.
그리고 처음으로 그곳을 알게 되리.

- T. S. 엘리엇 〈네 개의 사중주 Four Quartets〉

내가 이 책에서 말할 마지막 '예측 가능한 기적'은 여러 면에서 가장 놀라운 것이었다. 이것은 나를 순환의 시작점, 바로 아버지와 워터게이트 사건으로 데려가는 것 같았다. 그리고 동시에 삶의 다음 단계를 위한 나의 임무가 어떤 종류여야 하는가를 확인시켜주는 것 같았다.

MIT의 피터 센게의 비서로부터 전화를 받았을 때 나는 이 책 마지막 두 장에서 서술한 직장에서 일하고 있었다. 그의 비서는 피터, 나, 베티 수 플라워즈를 전화로 연결해서 회의를 할 수 있게 해주었다. 베티 수는 편집자로 내가 이 책을 집필하는 작업을 초반부터 도와주었다.(초기에는 아침 조깅 뒤에 구술하여 테이프로 녹음한 일련의 회고담 형태였다.) 그리고 나중에는 셸의 시나리오 작업 팀에 합류하여 시나리오 편집자로 활약했으며, 시나리오를 토대로 제작한 비디오테이프의 제작자로 활동하기도 했다. 그녀와 나는 지난 몇 달 동안 정기적으로 피터와 만나면서 책에 대한 의견과 그동안 내 경험에서 무엇을 끌어낼 수 있는지 생각을 교환했다. 우리 둘과 연결되자 피터는 뉴햄프셔 주의 브레튼우즈에서 몇 주 뒤에 열릴 회의를 이야기했다. 이는 학습 조직과 학습 공동체를 만드는 일에 적극적으로 참여하고 있는 350명이 모이는 3일간의 회의였다. 회의 목적은 지금까지 무엇을 배웠고 지금 배워야 할 것이 무엇인지 깊이 있는 대화를 나누는 것이었다. 피터는 우리 세 사람이 그동안 나눠왔던 이야기가 '보기 드문 훌륭한 대화'였다며, 함께 이야기하는 동안 '아주 특별한 에너지'를 느낀다고 말했다. 대화를 많이 할수록 더 많이 배워 갔다. 피터는 시간이 촉박하다는 것은 알지만 이 책 작업 과정에서 얻은 통찰을 중심으로 진행되는 대화에 그녀와 내가 함께 참석했으면 좋겠다고 말했다.

우리는 발표 형식에 대해 간단히 이야기를 나눴다. 발표 형식은 회의 이틀째 되는 날 오후 늦게 우리 세 사람이 진행하는 약식 대담이라고 했다. 어떤 이야기를 할지는 구체적으로 정하지 않았다. 기본적으로는 크게 통제하지 않고 자연스럽게 펼쳐지도록 내버려둘 예정이었다. 우리가 기본 원칙을 이야기하고, 그 원칙을 예증하는 몇 가지 이야기를 들려준 뒤에 청중이 참여하는 열린 대화를 진행할 생각이었다. 피터는 전체가 2시간 정도 걸릴 것이라고 했다.

우리는 해당 회의가 1944년 브레튼우즈 국제통화 금융회의가 열렸던 장소인 마운트 워싱턴 호텔에서 열린다는 사실이 갖는 중요성도 이야기했다. 그곳에 모인 44개국 대표의 임무는 전후 세계에 통화 안정을 가져다주는 것이었다. 당시 통화 안정은 그야말로 시급히 재건해야 할 문제였다. 피터는 해당 호텔에 갈 때마다 그곳에서 일어난 역사적인 사건과 그것이 갖는 중요성을 되새기곤 한다고 말했다.

마운트 워싱턴 호텔에 도착해서 보니 1944년 당시 거기 왔던 세계적인 리더의 이름을 딴 명판이 보였다. 골드룸 앞에 서 보았다. 바로 그곳에서 세계은행을 설립하고 온스당 35달러로 하는 금본위제를 정하고, 미국 달러를 외국환의 기축통화로 선택했던 브레튼우즈 협정이 조인되었다. 제2차 세계대전은 북아메리카를 제외한 지구상의 모든 선진국을 사실상 황폐화시켰다. 루즈벨트 대통령과 정책 입안자들은 전후 새로운 경제 질서 재건을 궁리했다. 제1차 세계대전 이후 연합국이 패전국과 맺은 일련의 강화조약으로 탄생한 베르사유 체제에서 저질렀던 실수를 피할 수 있는 방안이어야 했다. 베르사유 체제는 패전국 독일에 엄청난 전쟁 배상금과 각종 제제를 가함으로써 독일을 경제난으로 몰고갔고, 이것이 결국 나치즘이 득세하는 정치 풍토를 조성했다. 따라서 브레튼우즈 협정은 베르사유 체제에서 만들어진 것과는 완전히 다른 전후 세계를 만들어냈다.

대화가 있던 그날 오후 나와 피터, 베티 수는 잠깐 만나서 조율하는 작업을 했다. 피터는 회의에 대한 본인의 예감과 우리가 함께 청중과 대화한다는 사실이 흥분된다는 이야기를 했다. 그리고 우리는 말없이 잠시 앉아 있었다. 그때 베티 수가 회의 개최지가 역사적으로 중요한 장소일 뿐 아니라 시기도 아주 흥미롭다는 말을 했다. 다음 날이 브레튼우즈 회의 개최 50주년 기념일이었다. 그녀는 브레튼우즈 국제통화금융회의의 감동적인 부분은 승자가 패자에게 복수하려 하지 않고 오히려 적을 미래의 파트너로 대하는 새로운 세계를 탄생시켰기 때문이라고 했다.

1시간 뒤에 피터가 50년 전에 바로 이곳에서 각국 대표가 모여 참으로 역사적인 협정을 준비했다는 말로 발표를 시작했다. 피터는 자신이 의의와 중요성을 모두 이해하지는 못하지만 당시의 역사적인 순간이 어떤 식으로든 의미상으로 오늘 모임에서 펼쳐질 것과 연결되어 있음을 믿는다고 말했다.

이어서 피터가 나를 소개했다. 현재 MIT 조직학습센터와 일하고 있다는 설명과 함께 나의 배경을 이야기했고 베티 수를 소개했다. 그녀가 오랫동안 오스틴에 있는 텍사스 대학 영문학 교수로 재직하며 장학 프로그램을 책임지고 있다고 했다. 또한 그녀는 여러 권의 책을 집필하고 편집도 했지만 무엇보다 그녀를 유명하게 만든 것은 조셉 캠벨, 빌리 모이어즈와 함께 작업한 〈신화의 힘〉이라고 덧붙였다. 그녀는 〈신화의 힘〉 텔레비전 시리즈와 책을 기획한 장본인이었다.

이쯤에서 이 책 자체보다는 내가 그녀를 만난 과정을 이야기하는 것이 좋을 것 같다. 책의 핵심 원칙 중에 하나를 훌륭하게 보여주는 사례이기 때문이다. 1989년 로열 더치 셸의 제안을 받아들이고 한편으로 이 책을 집필하기로 마음먹었을 무렵 도움이 필요하다는 생각을 했다. ALF 일을 정리하고 런던으로 이사할 준비를 하는 것으로도 너무 바빠서 책의 구성 및 편집과 관련된 일을 하기는 벅찰 것이 불을 보듯 뻔했다. 더구나 집필에는 전혀 경험이 없었다. 그래서 편집자를 찾기 시작했다. 나는 그녀가 포함된 짤막한 후보 리스트를 만들었다. 그리고 어느 날 나는 도서관으로 가서 이들이 편집한 책을 꺼냈다. 이들 편집자에 대해 알아보려고 책을 훑어보기 시작했지만 베티 수 플라워즈라는 이름이 머릿속에서 떠나지 않았다. 리스트에 오른 편집자의 책을 전체적으로 훑어보는 것이 목표였지만 다른 책을 검토하기가 힘들 정도였다. 결국 나는 자리에서 일어서서 공중전화 박스로 갔고 그녀에게 전화를 했다. 텍사스 대학에 있는 그녀의 사무실로 전화를 걸어 용건을 말했다. 나는 먼저 문을 여는 목적으로 그녀에게 2분간 요약 설명을 했다. 그러고는 그녀가 임무의 중요성을 알 수 있게끔 충분히 상세한 이야기를 곁들일 예정이었다. 그녀가 모이어즈, 캠벨 텔레비전 시리즈물의 성공으로 얼마나 높은 평가를 받고 있는지 잘 알고 있었고, 내심 문에 발을 들여놓는 것만도 힘든 일이 될 것이라 생각했다. 간략한 서두 부분을 마치고 주요 설명은 시작하지도 않았는데 그녀가 흔쾌히 대답했다. “좋습니다. 하도록 하죠. 그럼 앞으로의 계획을 말해보시죠.” 너무 놀란 나머지 나는 잠시 아무 말도 못했다. 하지만 재빨리 정신을 수습하고 향후 계획을 간략하게 설명했다. 그녀는 책을 만드는 데 필요한 모든 단계를 개략적으로 설명하고 시작 단계에서 지켜야 할 최선의 공정을 말해주었다. 전화를 끊고 나서도 충격이 가시지 않았다. 나는 도서관으로 돌아가서 방금 일어난 모든 일을 이해하려 노력하면서 말없이 앉아 있었다. 마음속으로 이것이 또 하나의 '예측 가능한 기적'이라고 생각했다. 하지만 당시 우리 상황이 얼마나 드문 경우였는가를 제대로 안 것은 훨씬 뒤에 그녀를 처음 만나고 나서였다.

이어서 나는 그녀에게 그녀의 관점에서 당시 일을 말해보라고 했다. 내가 전화했을 때 그녀는 사무실에 있었고 정신없이 바쁜 상태였다. 무려 다섯 사람이 그녀와 만나려고 기다리고 있는 상황이었다. 〈신화의 힘〉이 큰 성공을 거둔 뒤로 출판 작업을 도와달라는 편지며 전화가 그야말로 빗발치고 있었다. 그녀가 모든 전화와 편지에 일일이 대응할 수도 없는 상황이었다. 그래서 그녀는 짧은 편지 형식의 글을 써서 답신으로 보내도록 하고, 전화의 경우에도 비서가 읽어줄 짧은 문장을 만들어놓았다. 내용은 시간이 없어서 누구와도 책에 관한 작업을 하기 힘들다는 것이었다. "그렇다면 왜일까요?" 그녀가 청중에게 물었다. "전혀 모르는 사람이 난데없이 전화를 해서 완전 문외한인 분야의 책을 같이 하자고 부탁한다면 여러분은 어떨까요? '좋아요'라고 대답할까요? '좋아요'라고 대답한다면 그것은 뭔가가 그렇게 시켰기 때문일 겁니다. 그게 뭔지를 이성적으로 알아낼 수는 없습니다. 그렇게 이성적으로 접근

한다면 결국 '아니오'라고 답하게 될 테니까요."

그녀는 피터에게 이런 경험이 많으냐고 물었다. 그는 수도 없이 많았다고 대답했다. "이건 마치 자석 같아요. 뭔가를 같이할 운명이라는 것을 저절로 아는 거죠. 이건 당신 일이고 그러니 해야만 한다는 식으로 말입니다."

이어서 곧장 내가 내 모험 이야기를 시작했다. ALF를 시작할 무렵의 헌신 이야기부터 런던에서 법률사무소를 떠나면서 문턱을 넘은 이야기, 데이비드 봄과의 만남까지. 나는 ALF 이사회 구성에서 정점을 찍으며 8개월이 넘게 계속된 양상과 갑자기 그런 능력을 상실할 때까지 문이 차례차례 열린 이야기를 들려주었다. 나는 이런 도움의 손길이 등장한 배경이 무엇이고, 그렇게나 빨리 사라진 원인은 또 무엇일까를 물었다. 우리 셋은 협력하여 대화를 이끌었고 대화의 흐름이 자연스럽게 운명에 관한 토론으로 연결되었다. 피터는 마르틴 부버가 쓴 훌륭한 구절을 인용했다. "그는 사물과 본능의 지배를 받는 '빈약하고 자유롭지 못한 의지'를 버리고 '위대한 의지'를 섬겨야 한다. 그렇게 되면 '위대한 의지'는 더 이상 예정된 존재가 아니고 현실이 된다."

바로 이때 한 청중이 대화에 참여하면서 이런 모든 상황에서 신의 역할이 뭐냐고 물었다. 대기업의 임원이라고 소개한 그는 기업에서 신, 즉 하느님과 관련된 문제는 토의 대상이 아니라고 말했다. 하지만 지금 같은 '예측 가능한 기적'에 관한 대화에서는 반드시 제기되어야 하는 질문 같다며 말했다. 회사에서 신을 이야기해야 하는 걸까요? 나는 잠시 생각하다가 하트퍼드 ALF 지부에서 예비 기부자를 모아놓고 발표한 이야기를 들려주었다. 발표를 마치고 나자 한 사람이 일어서서 이런 모든 상황에서 신의 역할이 무엇이냐고 물었다. 그는 내가 서번트 리더십, 즉 섬기는 리더십을 말했는데 인류에 대한 섬김과 고결한 무엇에 대한 섬김을 암시한 것이라고 해석했다며 자신의 의견을 말했다. 그러고는 물었다. "이 질문에 대한 당신의 입장이 뭡니까?"

당시 나는 자신 없는 대답을 했다. 세속에서 신이라는 미묘한 문제를 어떻게 다뤄야 할지 제대로 몰랐기 때문이다. 다음 날 나는 존 가드너에게 전화해서 이런 상황에서 어떻게 대답해야 할지 모르는 답답함을 토로했다. 그의 대답은 간단했다. "스위스의 칼 융의 집으로 들어가는 입구 위에는 라틴어로 글이 새겨져 있지요. Vocatus atque non vocatus, Deus aderit, 해석하자면 부르든 안 부르든 신은 존재한다는 말이지요."

베티 수는 세속에서 영적인 삶을 이야기할 마땅한 언어를 찾기가 쉽지 않다고 지적했다. 관심을 갖고 있는 가장 심도 있는 주제를 중심으로 사이를 갈라놓고 멀찍이 밀어내는 언어가 아니라 우리를 뭉치게 해줄 그런 언어가 필요하다. 피터는 이해나 설명 밖에 있는 신이라는 존재와 관련된 문제를 이야기할 경우 유용한 단어를 하나 찾았다며 '신령스럽다'라고 했다. 이는 어떤 단어나 개념으로 이를 표현하기에도, 어떤 식으로든 의도를 가지고 이를 분명하게 설명하려는 시도도 충분하지 않다는 솔직한 인정이다. "저는 이와 같은 대화를 진행하면서 무어라 설명할 단어를 찾지 못하는 경우를 많이 보았습니다. 실제로 굉장히 불명확하고 부정확한 단어가 회의실에 난무하는 경우도 있습니다. 그럴 경우 이들은 가만히 앉아서 서로를 바라봅니다."

피터의 말이 계속되었다. "흥미로운 것은 우리가 때로 단어를 척도measure로 여기고, 어쩐 일인지 명확하게 말로 표현하는 능력이 계량 가능한 영역이라고 생각한다는 겁니다. 하지만 우리가 가장 관심을 가지는 부분은 계량 불가능한 것들입니다. 정의할 수 없고, 구체적인 실체가 없으며, 형언할 수 없지만 실재하는 것 말입니다. 데이비드 봄의 저서 〈전체와 접힌 질서〉에는 정말 멋진 문장이 있습니다. 'measure'라는 단어의 어원을 이야기하는 부분입니다. 서구의 'measure'는 산스크리트어 'maya'와 같은 어원을 갖고 있습니다. 산스크리트어에서 'maya'는 'illusion', 즉 '환상'이라는 단어의 가장 오랜 형태입니다. 반면 동양의 주요 철학에 따르면 계량할 수 없는 것이 1차적인 가장 중요한 실재입니다. 이런 관점에서 보면 통상적인 지각과 이성 안에서 우리 앞에 모습을 드러내는 모든 형태의 구조와 질서는 일종의 막으로 간주됩니다. 감각으로 인지할 수 없고 말할 수도 생각할 수도 없는 진정한 실재를 은폐하고 있는 막 말입니다."

이어서 피터는 내게 책의 주제인 과거 20여 년간의 경험에서 얻은 교훈을 청중에게 들려주는 것이 좋겠다고 제안했다. 오늘 대화의 중심 주제를 생각하면서 시작하는 것이 좋겠다는 의견도 보탰다. 어떻게 해야 세상에서 혼자가 아니라는 의식을 갖고 행동할 수 있을까?

나는 '예측 가능한 기적'의 여정에서 일어난 세 가지 근본적인 사고방식의 변화를 이야기했다. 세상을 생각하는 방식의 변화, 관계에 대한 이해의 변화, 헌신의 성격 변화. 이런 변화로 인한 결과도 이야기했다. 사람들이 주위에 모이고 공시성이 일어난 것을 말이다.

이야기가 끝나자 피터와 베티 수가 뭐라고 하기도 전에 청중석에서 한 여성이 말했다. 마이크를 주었기 때문에 대형 회의실 안의 모든 사람이 발언 내용을 들을 수 있었다. 클레어 누에르라는 여성은 파리에서 왔다고 자기를 소개했다. 프랑스어로 말했기 때문에 동행한 딸 라라가 통역을 해주었다. 클레어는 내가 말한 첫 번째와 두 번째 근본적인 사고방식의 변화에 대해서 말했다. 존재 방식과 정체성이 바뀌면 스스로를 타인과 나아가서 우주 전체와 연결된 존재로 인식하게 된다는 내용이었다. 이런 상태에서 우리는 타인을 인종, 성별, 국적에 상관없이 '진정한 존재'로 받아들인다. 클레어는 아주 신중하면서도 강한 어조로 말했다. "말씀하신 내용은 우리 모두가 받아들일 수 있는 결정이라고 생각합니다. 그런 일이라면 누구나 전심전력을 다할 수 있습니다." 클레어의 말을 듣고 나는 잠시 가만히 있다가 피터와 베티 수를 보면서 말했다. "클레어가 말한 내용은 책에서 말하는 핵심 이슈라고 할 수 있겠네요. 우리가 불과 몇 주 전에야 발견한 내용이잖습니까?"

피터가 설명했다. "책에 관한 작업을 하면서 우리는 상당히 특이한 과정을 거쳤습니다. 책의 주된 논지를 이해했다고 생각한 순간에, 그리고 그동안의 작업을 통해 마침내 찾았다고 생각한 순간에 대화를 하다가 갑자기 전혀 다른 새로운 차원을 보게 되었지요. 우리는 처음 책에서 다루는 이야기가 워터게이트 사건에서 시작되었다고 생각했습니다. 모두가 너무나 소중하게 생각하는 세속적 믿음이 철저하게 능욕당한 사건이었지요. 우리는 우리 사회가 어떻게 그런 처참한 지경에 이르렀을까 하는 진지한 질문에서 모든 이야기가 시작되었다고 생각했습니다. 물론 워터게이트 사건과 연루된 특정 개인을 비판하자는 것은 아니었지요. 문제는 전체 시스템에 있다고 보았으니까요. 어쩌다가 우리가 이런 상태에 이르게 되었을까? 어쨌든 우리는 워터게이트가 모든 것의 진원지라고 생각했습니다. 바로 그때 생각지 못한 완전히 새로운 차원을 보았어요. 지금부터 조셉이 그 이야기를 들려줄 겁니다."

내가 이야기를 시작했다. "35세 되던 해에 아버지는 군대에 자원했고 전쟁이 끝나기 직전에 유럽에 배치되었습니다. 아버지는 당시 제2차 세계대전과 관련하여 최초로 진행된 전범 재판을 맡았습니다. 이것이 나중에 있을 뉘른베르크 전범 재판의 선례가 되었지요. 아버지는 선례를 만들 두 사건을 감독하고, 재판 일정을 짜고, 부장검사 역할까지 겸했습니다. 하다마르 재판과 뤼셀스하임 학살Russelsheim Death March이라고 알려진 사건이었지요. 아버지는 또한 다카우 강제수용소 사건의 재판도 감독하고 준비했습니다. 이런 역할을 맡았기에 아버지는 이들 강제수용소와 기타 시설이 개방되자마자 방문할 수 있었습니다. 재판에 필요한 증거물을 수집하고 보존하기 위해였지요. 그런 과정에서 아버지는 차마 입에 담기 힘든 끔찍한 참상을 보았습니다."

이쯤에서 나는 목이 메어 말을 할 수가 없었다. 그야말로 갑자기 생각지 못한 감정이 복받쳤다. 나는 350명 청중 앞에서 눈물을 흘리며 흐느꼈다. 어떻게든 계속 말을 하려고 일부러 사람들을 정면으로 쳐다보았지만 속수무책이었다. 말이 나오지를 않았다. 거기 앉은 채로 속절없이 흐느껴 울었다. 영원처럼 길게 느껴지는 순간이었다. 전체가 침묵에 휩싸였다. 마침내 내가 다시 말하기 시작했다. "그런 모든 것을 보았을 때가 겨우 열한 살이었습니다…." 다시 말이 막혔고 긴 침묵이 흘렀다. 결국 전날 안면을 텄던 디네쉬 찬드라Dinesh Chandra가 단상으로 올라왔다. 그는 나를 두 팔로 꼭 안아주었다. 디네쉬는 인도 사람으로 자국에서 회사를 경영하고 있었다. 처음 만났을 때부터 나는 가족처럼 그와 깊이 연결되는 느낌을 받았다. 디네쉬가 안아주고 위로해주는 동안 나는 평정을 되찾았다.

나는 이야기를 계속했다. "1945년 전쟁이 끝나고 아버지는 두 사건을 공판에 부쳤습니다. 나는 어머니, 누나들과 함께 휴스턴 집의 거실에 앉아 라디오에서 나오는 아버지의 음성을 들었습니다. 아버지는 자기가 맡았던 두 소송에서 일어난 일을 설명하고 있었지요. 나중에 아버지가 집에 돌아와서 서재에 서류 뭉치를 넣어뒀으니 절대로 거기 들어가지도 보지도 말라고 했습니다. 제대로 알아들었는지 재차 확인까지 하셨지요. 다음 날 나는 재빨리 서재로 가서 사진들을 봤습니다. 아버지가 이미 보았고 현재 소송에서 다루고 있는 끔찍한 참상이 고스란히 담겨 있었습니다. 그래서 방금 눈물이 났던 겁니다. 너무 끔찍해서 슬

꿨고, 아버지가 오랜 세월 그런 참상을 가슴에 품고 살아야 했다는 것에 마음이 아팠습니다."

나는 그때 저 깊은 곳에서 내가 모든 희생자와 참상 때문에 가슴이 아팠던 아버지를 대신하여 울고 있다는 것을 깨달았다. 나의 눈물은 곧 아버지의 눈물이었다. 내가 누나 클레어의 아들이 죽었다는 소식을 들은 직후 누나와 통화하면서 경험한 경계의 붕괴와 비슷했다. 다만 지금은 전혀 무섭지가 않았다. 아버지가 그 자리에 있는 것 같은 강한 느낌이 들었다. 그리고 아버지가 평생 가슴에 담고 살았던 고통스러운 질문이 떠올랐다. 어떻게 선량한 사람이 저렇게 악한 행동을 할 수 있는 것인가? 이런 일이 다시 일어나지 않으려면 어떻게 해야 하는 것인가? 나는 다시 흐느끼기 시작했다. 다시 말을 잇기까지 어느 때보다 긴 시간이 걸렸다. "너무 끔찍한 일이었기에 이후 15년 동안 아버지는 생각하고 싶지도 않았고 그 문제를 정면으로 다룰 수도 없었습니다. 그리고 아버지는 〈15년 이후After Fifteen Years〉라는 작은 책을 썼습니다. 서문에는 아버지가 책을 쓴 동기가 나와 있습니다. 아버지가 책에서 제기한 질문은 세상과 특히 이제 갓 변호사 생활 2년차에 접어든 아들에게 지속적인 영향을 미쳤으면 하는 바람에서였다고 했습니다. 예를 들면 이런 질문이었습니다. 하다마르의 특정 병원에서 일한 민간인 의사와 간호사가 수백 명의 무고한 시민을 죽였습니다. 남자와 여자, 어린아이까지 포함되어 있었지요. 뭔가 유전적인 병이 있어서 치료를 받을 것으로 생각하고 병원으로 이송되어 온 사람들이었습니다. 어떻게 군인도 아닌 민간인 의사와 간호사가 조직적으로 이들을 죽일 수 있었을까? 그들이 유대인 혹은 폴란드인, 그것도 아니면 자신들과 다르다는 이유만으로 말입니다. 어떻게 이럴 수가 있는 걸까? 아버지는 해답을 알고 싶었습니다. 일요일마다 교회에 가는 사람들이 있습니다. 평범하고 법을 준수하는 선량한 시민이면서 타인을 보살피고 치유하겠노라고 히포크라테스 선서까지 한 사람들입니다. 어떻게 그런 사람들이 매일매일 자신과 같은 사람을 죽일 수가 있는 걸까? 도대체 무엇이 이들을 그렇게 만들었을까? 독일에서 이런 일이 일어나도록 만든 힘은 도대체 뭘까? 아버지는 책에서 이렇게 말했습니다. '조심하라! 조심하지 않으면 이런 일은 미국에서도 일어날 수 있다.'"

"그래서 아버지는 그 책을 나에게 주었던 것입니다. 피터와 베티 수와 함께 작업하는 과정에서 나는 이것이 바로 내가 하려는 일이라는 것을 알았습니다. 그리고 피터가 하고 있는 일이기도 합니다. 개인의 심성뿐 아니라 조직을 어떻게 바꾸어서 이런 가슴 아픈 일이 재발하지 않게 할 것인가. 이런 일은 지구 곳곳의 여러 국가에서 일어나고 있습니다. 회사와 조직에서도 나름의 형태로 일어나고 있지요." 이어서 나는 피터가 언급한 이야기 안의 이야기를, 이 책의 핵심에 무엇이 있는가를, 우리가 발견하게 된 이야기를 들려주었다.

"2주 전 베티 수가 독일에서 팩스 한 장을 보내왔습니다. 그리고 그때 저는 이 책의 주제에 대해 그동안 생각지 못한 전혀 다른 차원을 발견했습니다. 팩스는 독일 하다마르에서 보낸 것이었습니다. 일주일 뒤에 그녀가 보스턴으로 왔을 때 나는 '당신이 거기 있는 동안은 아무 말도 하고 싶지 않았어요. 당신이 거기서 사랑에 관한 책을 집필하고 있었으니까요. 하지만 지금은 여기에 왔으니 하다마르가 나에게 어떤 의미인지를 말해야겠네요.'라고 말했습니다. 그리고 나는 방금 여러분에게 들려준 이야기를 했습니다. 아버지의 책을 보여주면서 말입니다. 이후에 우리는 책이 워터게이트 사건 이전부터 시작돼야 한다는 것을 깨달았습니다. 제2차 세계대전이 끝난 시점, 다시 말해 아버지가 어떻게 그런 악이 탄생했는가를 이해하기 위한 탐구 작업을 맡았을 무렵부터 시작해야 한다는 것을 말이죠."

내가 거기까지 이야기를 마치자 피터가 일어서서 말했다. "이런 명백한 사실을 말하기 위해 우리는 오늘 여기 있는 것입니다. 지금 여기서 뭔가 특별한 일이 일어나고 있습니다. 그리고 세계 여러 곳에서 일어나고 있지요. 1944년 세계의 리더가 이곳에 왔을 때 그들은 뚜렷한 목적의식을 품고 와서 너무나 중요한 일을 해냈습니다. 그리고 중요한 일은 지금 이 순간 이 회의실에서도 일어나고 있습니다."

"만약 여러분이 제1차 세계대전이 끝나고 사람들이 베르사유에 모였을 때 어떤 일이 일어났는가를 생각한다면, 그리고 1944년 이곳 브레튼우즈에서 일어난 일을 생각한다면 양자 사이에는 심오한 변화가 있다는 사실을 알 수 있을 겁니다. 클레어는 오늘 아침 아직도 제 귓가에 맴도는 중요한 말을 했습니다. '우리가 만약 50년 이후의 미래를 생각하고 그런 미래가 가능하도록 지금 우리가 어떤 선택을 해야 하는가를 상상한다면 바로 여기가 그런 선택과 사회적 책임이라는 관점에서 무엇이 되었든 우리에게 요구되는 것을 해야 할 장소입니다.' 지금 베티 수가 계속해서 묻고 있습니다. '그래 다음 단계는 무엇입니까? 다음 단계는 무엇입니까?' 이것은 오늘 우리 모두에게 던져진 질문입니다."

회의실은 다시 침묵에 빠졌다. 몇 분 뒤에 클레어 누에르와 딸 라라가 연단으로 걸어오는 모습이 보였다. 그들은 나한테서 아주 가까운 곳으로 와서 앉았다. 라라가 얼굴을 어머니 얼굴 아주 가까이에 대고 팔로는 어머니를 안고 있었다. 다른 손으로 그녀는 옷깃에 꽂는 소형 마이크를 들었다. 다른 사람이 들을 수 있도록 통역을 하려는 것이었다. 클레어가 머리를 숙여서 내게 거의 속삭임에 가까운 목소리로 말했다. 그녀가 엄청난 고통 속에서 슬픔에 잠긴 상태로 말한다는 것을 알 수 있었다. 그리 놀라운 일은 아니었다. 방금 이야기를 하면서 나는 청중의 얼굴에 내가 느끼는 깊은 고통이 반영되는 것을 보았다. 그들의 이런 공감 덕분에 나는 이야기를 계속할 수 있었다. 하지만 클레어가 나에게 속삭인 말은 너무 의외여서 놀라지 않을 수가 없었다. "저희 아버지는 아우슈비츠 수용소에서 돌아가셨어요." 그리고 그녀는 말을 멈추고 상당히 오랫동안 심호흡을 했다. "아버지가 그렇게 돌아가시고 50년이 흐른 뒤에 제가 당신 옆에 앉아 있다는 사실이 엄청난 일이라는 생각이 듭니다. 당신이 이 책을 집필하고 오늘 이야기한 것을 함께 나누기로 결심해준 것에 너무나 감사하다는 말을 하려고 나왔습니다." 그리고 다시 긴 침묵이 이어졌다. 이어서 클레어가 말을 이었다. "아버지는 아우슈비츠에서 불과 몇 킬로미터 떨어진 곳에서 태어났습니다. 아버지의 10명의 형제자매도 근처에 살았지요. 이제 그들은 없습니다. 모든 것이 지워졌습니다. 마치 그들 모두가 애초에 존재조차 하지 않았던 것처럼 말입니다. 오늘 이전까지 나는 우리가 할 수 있는 일이 없다고 생각했습니다. 하지만 오늘 일어난 일 덕분에 생각이 바뀌었습니다. 이제 우리가 가야 할 길이 명확해졌습니다. 아버지는 아무런 학위도 지위도 없었습니다. 그저 평범한 노동자였지요. 당신의 아버지는 많은 학위를 갖고 있었고 훌륭한 변호사였습니다. 나는 두 분이 지금 여기에 우리와 함께 있음을 느낍니다. 함께 그들이 세상을 창조했다고 느낍니다. 그것이 지금 당신 옆에 앉아서 내가 보는 현실입니다."

그녀는 오랫동안 말이 없었다. 그리고 다시 말을 이었다. "사실 이번 주에 파리를 떠나 이곳으로 오는 것은 무리였습니다. 하고 있는 일 때문에 고민이 너무 많았습니다. 하지만 뭔가가 나를 이리로 오게 했습니다." 그리고 그녀는 나를 보면서 말했다. "이제 나는 내가 여기 와야만 했던 이유를 압니다."

그리고 클레어는 말이 없었다. 350명 우리 모두는 그곳 커다란 강연장에 그렇게 앉아 있었다. 어떤 소리도 들리지 않았고 쥐 죽은 듯이 고요했다. 어떤 움직임도 없었다. 하지만 거기서 일어나는 모든 것에서 나오는 힘이 공간을 가득 채우고 있었다. 이는 내 삶에서 가장 강렬하고 감동적인 순간 중에 하나였다. 아버지의 영이 정말로 우리 모두와 함께하는 것을 느꼈다. 그곳에 있는 모든 사람에게 친밀감과 친근감, 강한 유대감을 느꼈다.

클레어가 잠깐 피터에게 말을 했다. 그녀에게 여기 모인 사람이 보면 좋을 것 같은 중요한 비디오테이프가 있다고 했다. 사람들이 모두 볼 수 있게 대형 스크린에 틀어도 좋은지를 물었다. 진행자가 기술팀과 이야기를 나눴고 가능하다는 결론을 내렸다. 잠시 뒤에 불이 어두워지고 비디오가 돌아갔다. 클레어가 불과 1년 전에 아우슈비츠에서 찍은 테이프였다. 그녀는 실로 오랜 세월이 흐른 뒤에 악명 높은 죽음의 수용소의 참상을 기록하기 위해서 어렵사리 용기를 내어 그곳에 갔다. 아름답게 찍은 필름이었다. 초현실적인 이미지 속에서 우리는 가시철사로 된 울타리, 감시용 망루, 가스실, 거대한 가스 처형실 등을 보았다. 가슴 깊은 곳에서 복받치는 슬픔 때문에 반쯤 흐느끼면서 나는 말없이 앉아 있었다. 지금 보고 있는 장면은 전쟁 기간의 아버지의 이야기를 하는 동안에 느꼈던 슬픔과 고통을 더욱 강조해주고 있었다.

그럴 즈음 테이프가 끝나는 부분에서 감미로운 음악과 함께 놀라운 이미지가 스크린에 나왔다. 겨울의 빈약한 나뭇가지 위에 앉아 있는 두 마리 새를 찍은 것이었다. 그리고 자막이 흘렀다.

> "눈송이 무게가 얼마나 되는지 알아?" 박새가 산비둘기에게 물었다.
>
> "눈송이에 무게 따위는 없어." 산비둘기가 답했다.
>
> "그렇다면 내가 너에게 놀라운 이야기를 하나 해줘야겠군."

박새가 말했다.

"그때 나는 전나무 가지 위에 앉아 있었어. 나무의 몸통 가까운 곳에 말이야. 그때 눈이 내리기 시작했지. 펑펑 내리는 것도 성난 눈보라도 아니었어. 꿈속에서처럼 아무런 느낌이 오지 않는 그런 눈이었지. 하나도 아프지 않고 격렬하지도 않은 그런 눈이었어. 그때 나는 달리 할 일이 없어서 잔가지와 내가 앉은 가지의 침엽수 위에 쌓이는 눈송이를 셌어. 정확히 3,741,952까지 셌지. 그리고 3,741,953번째 눈송이가 가지 위에 떨어졌을 때 네가 '무게 따위는 없다'고 말한 눈송이 때문에 나뭇가지가 부러졌어." 그렇게 말하고 박새는 날아갔다.

산비둘기는 노아 시대부터 그런 일에 정통했기에 그 이야기를 잠시 생각했다. 그리고 마침내 혼자 중얼거렸다, "어쩌면 세상에 평화를 가져오기 위한 단 한 사람의 목소리가 부족한 것인지도 몰라."

아주 오랫동안 어느 누구도 움직이거나 말을 하지 않았다. 마지막 말이 내 귓속을 맴돌았다. "어쩌면 세상에 평화를 가져오기 위한 단 한 사람의 목소리가 부족한 것인지도 몰라." 나는 생각했다. 그 말이 책이 전하고자 하는 바를 완벽하게 표현하고 있다고. 우리 작업이 지향해야 하는 바를.

마침내 오랜 침묵 뒤에 사회자가 연단으로 올라와서 한 마디로 모임을 마무리했다. “우리가 부르든 안 부르든 신은 존재한다.”

참고 주

1. 존 가드너는 1993년 2월 17일 〈국가의 부활(Rebirth of a Nation)〉이라는 주제로 발표한 포럼 클럽 연설에서 '시민의 나태함과 방종', '주어진 권력을 남용하는 파렴치한 리더가 만들어내는 문제를 언급했다.

2. 흐름 상태에 흥미가 있는 독자라면 미하이 칙센트미하이(Mihaly Csikszentmihalyi)의 다음 책을 참고하라. 〈몰입(Flow: The Psychology of Optimal Experience)〉, 한울림, 2004.

3. 에리히 프롬의 〈사랑의 기술(The Art of Love)〉은 사랑하는 능력을 개발하고 싶은 사람이 읽어야 할 필독서로 사랑의 감동적이고 날카로운 통찰을 담고 있다. 프롬은 사랑은 원래 특정 사람과의 관계가 아니라 개인이 전체로서의 세계와 어떤 관계를 맺느냐를 규정하는 태도이자 성향이라고 말한다.

4. '버나데트'는 가명이다.

5. '합일 의식'에 관심이 있는 독자라면 켄 윌버(Ken Wilber)의 다음 책을 참고하라. 〈무경계(No Boundary: Eastern and Western Approaches to Personal Growth)〉, 정신세계사, 2012.

6. 로버트 그린리프(Robert Greenleaf), 〈The Servant as Leader〉, Newton Center, MA: Robert K. Greenleaf Center, 1973[1970].
내가 받은 소책자에 담긴 에세이는 나중에 그린리프의 에세이를 모은 〈서번트 리더십 원전(Servant Leadership: A Journey into the Nature of Legitimate Power and Greatness)〉이라는 책에 수록되었다. 개인적인 변화와 서번트 리더십으로의 여정에 따르게 마련인 두려움과 상실감을 그린리프 자신의 이야기를 통해 풀어내는 10장 '내면으로의 여행' 부분이 특히 감명 깊었다. 이런 여정의 놀라운 통찰을 보여주는 그린리프의 다른 에세이로 〈My Debt to E. B. White〉가 있다. 그린리프는 55년이라는 기간 동안 화이트가 미친 영향을 반추하면서 특히 화이트의 '사물을 전체로 보는' 능력에서 많은 것을 배웠노라고 고백한다. 사물을 전체로 보는 능력은 서번트 리더십의 핵심 자질이기도 하다. 로버트 K 그린리프 센터에 가면 그린리프의 모든 에세이와 저서를 접할 수 있다.

7. 존 가드너(John W. Gardner), 〈No Easy Victories〉, NY: Harper Colophon Books, 1968.
가드너는 12장에서 공동체 리더십의 필요성을 역설한다. 어떤 자료에서보다 명쾌하게 감동적으로 표현되어 있으며, 비록 25년 전의 주장이지만 오늘날도 여전히 유효한 내용을 담고 있다.

8. 롤로 메이(Rollo May), 〈Freedom and Destiny〉, NY: W. W. Norton & Company, 1981.
리더십의 내면적 속성에 관심을 가지고 있다면 이 책을 추천한다. 메이는 정반대 개념인 운명이 없이는 자유는 탄탄한 토대를 상실한다고 말했다. 운명은 반드시 필요한 창조적인 긴장을 조성하고 자유에 생명력을 불어넣는다고 말한다. 그는 또한 오랜 세월 운명을 좇다 보면 자유와 운명이 하나로 통합된 것 같은 그런 경지에 도달할 것이라고 말한다. 이는 종교개혁의 선구자 마르틴 루터가 1517년 면죄부 판매에 항의하여 비텐베르크 성당 정문에 95개조 반박문을 내건 다음 '제가 여기 있습니다, 이럴 수밖에 달리 도리가 없으니까요. 주여 도와주소서.'라고 말했을 때의 그에게도 해당되는 말이다. 메이는 지적한다. 그런 행동은 '자유와 운명이 통합되는 이 중대한 결정에서 최고조에 이른 많은 작은 결정이 오랜 세월 모여서 나온 산물'이라고.

9. 아흐메드 만나이(Ahmed Mannai)는 카타르에서 진주조개를 채취하는 잠수부로 일하다가 세계 14개국에 사업체를 둔 사업가로 성장한 입지전적인 인물로 국제적으로 명성이 자자하다. 나는 봄을 만난 직후에 런던에서 그를 처음 만났다. 리더십 포럼을 준비하는 초기에 그를 만난 것은 나에게 중요한 의미를 지닌다. '보이지 않는 도움의 손길'이 존재한다는 또 하나의 증거이기 때문이다. 상당한 액수의 초기 자금을 제공한 것 이외에도 그는 미국에서 훌륭한 리더십을 발전시키고자 하는 나의 꿈을 함께 나누고 지지해주었다. 말하자면 그는 금전적으로뿐만 아니라 정신적으로도 내게 많은 도움을 주었다.

10. 나는 콜로라도 아웃워드 바운드 활동에 참여한 적이 있는 데이비드 크리슬립(David Chrislip), 레올라 펠프스(Reola Phelps), 에릭 맘보르그(Eric Malmborg)와의 대화를 통해서 아웃워드 바운드의 활동과 역사를 알았다. 추가 정보를 알고 싶다면 다음 자료를 참고하라.
Mark Zelinski, Gary Shaeffer, 〈Outward Bound: the Inward Odyssey〉, Hillsboro, OR: Beyond Words Publishing, 1991.
Thomas James, 〈Education at the Edge: The Colorado Outward Bound School〉, Denver, CO: Colorado Outward Bound School, 1980.

11. 조안 할리팩스(Joan Halifax), 〈The Fruitful Darkness〉, NY: Harper Sand Francisco, 1993, p. ix.

12. 아메리칸 리더십 포럼 회원이자 코네티컷 교구 주교인 아서 왬슬리(Arthur Walmsley)가 쓴 편지로 해당 교구 잡지에 실린 것이다.
'Good News: The Newspaper of the Diocese of Connecticut', September 1987.

13. 여러 시간에 걸쳐 윌리엄 아이작스(William N. Isaacs)와 의견을 교환한 것이 이 장에 나오는 대화의 논의에 도움이 되었다. 아이작스는 MIT 조직학습센터에서 대화 관련 프로젝트를 담당하고 있다. 아래 내용을 참고하라.
'Taking Flight: Dialogue, Collective Thinking, and Organizational Learning', Organizational Dynamics, Fall 1990. pp. 24-39.
아이작스와 동료들은 데이비드 봄, 마르틴 부버를 비롯한 관련 전문가의 뛰어난 통찰을 어떻게 활용할지, 실천 가능한 구체적인 기술과 역량으로 어떻게 바꿀지 연구하고 있다. 아이작스의 저서 〈대화의 재발견(Dialogue: The Art of Thinking Together)〉은 과거 십년 동안 많은 이들이 조직적인 차원에서 연구한 것을 총망라하고 있다. 관련하여 아이작스와 피터 센게의 다음 책을 참고하라.
William N. Isaacs, Dialogue', The Fifth Discipline Fieldbook, eds. P. Senge, C. Roberts, R. Ross, B. Smith, and A. Kleiner. NY: Doubleday, 1994. pp. 357-364
피터 센게(Peter Senge), 〈학습하는 조직(The Fifth Discipline)〉, pp. 238-249.

14. 나는 런던에서 시나리오 작업을 하는 동안 할런 클리블랜드(Harlan Cleveland)와 나눈 대화에서 '역사의 사북'이라는 용어를 처음 들었다. 그는 바바라 워드

(Barbara Ward)의 말을 인용하면서 자신의 책에 이 용어를 썼다. 〈Birth of a New World: An Open Moment for International Leadership〉, San Francisco: Jossey-Bass Publishers, 1993.

15. 이 문장을 쓴 아이디어는 할런 클리블랜드와의 대화에서 나왔다. 그는 '새로운 세계의 탄생일'이라는 토마스 페인이 말한 구절을 〈신세계의 탄생(Birth of a New World)〉이라는 자신의 책 제목을 짓는 데 활용했다.

16. 몽플뢰르 시나리오는 남아프리카공화국에서 〈위클리 메일(The Weekly Mail)〉과 〈가디언 위클리(The Guardian Weekly)〉의 부록으로 출판되었다. 나중에는 비디오로도 나왔다.

17. 봄의 말은 1980년 런던에서 우리가 나눈 대화 녹취록에서 가져왔다.

18. 토머스 베리 인용과 리더십의 이런 통찰을 표현하는 방식은 피터 센게가 1995년 9월에 편지에서 제안한 것이다. 피터 센게는 페가수스 커뮤니케이션즈가 후원하는 회의의 기조연설에서 같은 문구를 인용하기도 했다. 당시 기조연설은 '학습 조직 기반(Organizational Learning Infrastructures)'이라는 제목의 오디오테이프로 나와 있다. 빌 모이어즈는 〈신화의 힘〉, p.139에서 비슷한 구절을 인용했다.

21세기가 다가오면서 우리는 점증하는 다양성, 불연속적인 변화, 가속화되는 복잡성에 직면해 있다. 이 책에서 이야기하는 새로운 철학이 우리로 하여금 이런 어려움에 대처할 수 있게 해주리라고 나는 믿는다. 하지만 동시에 우리는 효율적인 리더십에 필수인 전통적인 능력도 계속해서 발전시켜야 한다. 이 책에서 언급되는 많은 저자와 공동 저자가 있다. 조직적 리더십 혹은 사회적 리더십으로 가는 과정에서 깨달음을 구하는 이들에게 강력하게 추천한다. 여기에는 워렌 베니스, 제임스 맥그리거 번즈, 데이비드 크리슬립, 칼 라슨, 할런 클리블랜드, 스티븐 코비, 맥스 두 프리(Max Du Pree), 존 가드너, 하워드 가드너, 로버트 그린리프, 로널드 하이페츠, 로자베스 모스 캔터, 피터 쾨스텐바움(Peter Koestenbaum), 존 코터, 제임스 콘제스(James M. Konzes), 배리 포스너, 피터 센게, 마거릿 휘틀리 등이 포함된다.

역동적인 질서에 따라서 펼쳐지는 연결된 하나로서의 우주를 더욱 깊이 이해하고자 하는 독자라면 데이비드 피트(F. David Peat)의 다음 책을 참고하라.
〈Synchronicity: The Bridge between Matter and Mind〉, New York: Bantam Books, 1987.
소아마비 백신을 개발한 조너스 소크(Jonas Salk) 박사는 깊이 배어 있는 질서에 따라서 만화경처럼 변화무쌍하게 펼쳐지는 우주를 이야기했다. 그는 사람이 이렇게 끊임없이 펼쳐지는 우주의 '활력'에 참여할 능력을 개발할 수 있다고 믿었다. 사람들이 미래가 펼쳐지기를 바라는 방식을 감지할 수 있고 '서둘러 따라갈 수 있다'고. "나는 마침내 진화를 깨달았다. 내가 항상 경험하고 있는 진행 중인 과정으로서뿐만 아니라 나의 선택에 의해서 내가 이끌어갈 수 있는 어떤 것으로서…." 그는 자신이 1950년대 초반 일반 상식을 거부하고 살아 있는 바이러스 대신 죽은 바이러스를 활용해서 소아마비 백신을 개발하도록 이끈 것도 바로 이런 힘이라고 말했다.(〈뉴욕타임즈〉, 24 June 1993, pp. 1, 9.)

마르틴 부버(Martin Buber), 〈I and Thou〉, trans. Smith, p. 59.
조셉 캠벨은 대담집인 〈신화의 힘〉에서 'thou'라는 단어와 그것이 암시하는 타인에 대한 존경을 언급했다. 조셉 캠벨의 이 논평을 읽은 뒤에야 나는 왜 그 단어가 그렇게 강력한 힘을 가지는가를 이해할 수 있었다. 캠벨은 이렇게 말했다.

"당신은 무엇이든 'thou'라고 부를 수 있다. 그렇게 하면 스스로의 심리상에 변화를 느낄 수 있다. 'thou'를 보는 자아는 'it'을 보는 자아와 다르다. 그리고 당신이 사람들과 함께 전쟁에 나갔을 때 신문들의 문제는 그런 사람들을 (사람에 대한 존경이라고는 느껴지지 않는) 'its'로 바꿔놓는다는 것이다."(〈신화의 힘〉, pp 78-79)
I-Thou의 관계에 대해 추가 정보를 원한다면 다음 자료를 참고하라.
Danah Zohar, 〈The Quantum Self: Human Nature and Consciousness Defined by the New Physics〉, NY: William Morrow, 1990, pp. 128-132.
'thou'로서 다른 사람을 만나면 각각이 새로운 어떤 것의 일부가 된다. 그것은 'itself'보다 크다.(p.132) 또한 프레드 코프먼(Fred Kofman)과 피터 센게의 다음 글도 참고하라. 'Communities of Commitment'.

싱크로니시티

Synchronicity

1판 1쇄 발행 | 2021년 5월 7일
1판 2쇄 발행 | 2023년 4월 25일

지은이 | 조셉 자보르스키
옮긴이 | 강혜정
펴낸이 | 이동희
펴낸곳 | ㈜에이지이십일

출판등록 | 제2010-000249호(2004. 1. 20)
주소 | 서울시 마포구 성미산로 1길 5 202호 (03971)
이메일 | eiji2121@naver.com

ISBN 978-89-98342-64-7 (03320)